国家林业局职业教育"十三五"规划教材

生态文明教育

吉登星 郭起华 彭 轶

主编

中国林业出版社

图书在版编目(CIP)数据

生态文明教育 / 吉登星,郭起华,彭轶主编. —北京:中国林业出版社,2016.11(2020.9重印)

国家林业局职业教育"十三五"规划教材

ISBN 978-7-5038-8784-0

Ⅰ.①生… Ⅱ.①吉… ②郭… ③彭… Ⅲ.①生态环境-环境教育-高等职业教育-教材 Ⅳ.①X171.1

中国版本图书馆 CIP 数据核字(2016)第 271396 号

国家林业和草原局生态文明教材及林业高校教材建设项目

中国林业出版社·教育出版分社

策划编辑:吴 卉 杨长峰
责任编辑:高兴荣 吴 卉
电 话:(010)83143552

出版发行	中国林业出版社(100009 北京市西城区德内大街刘海胡同7号)
	E-mail:jiaocaipublic@163.com
	电话:(010)83143500
	http://lycb.forestry.gov.cn
经 销	新华书店
印 刷	河北京平诚乾印刷有限公司
版 次	2016年11月第1版
印 次	2020年9月第6次印刷
开 本	797mm×1092mm 1/16
印 张	18.75
字 数	330千字
定 价	38.00元

未经许可,不得以任何方式复制或抄袭本书之部分或全部内容。

编写人员

主　　编　吉登星　郭起华　彭　轶

编写人员（按姓氏笔画排序）

　　　　　　马小焕　乐　晨　吉登星　张凤英

　　　　　　林世滔　林　芳　胡　澎　衷亮云

　　　　　　郭起华　赖艳艳　彭　飞　彭　轶

　　　　　　魏萧萧

主　　审　肖忠优　曾东东

前言 FOREWORD

本生态文明建设是中国特色社会主义事业的重要内容，关系人民福祉，关乎民族未来，事关"两个一百年"奋斗目标和中华民族伟大复兴中国梦的实现。生态文明素质和观念直接影响着经济、社会可持续发展的进程，推进生态文明教育，增强生态文明意识，学校教育有着义不容辞的责任，为此我们编写了本书。

为保证本书的编写质量，我们成立了跨学科、多元化的编写小组，编写小组采取分工合作的方式，将自然科学与人文科学相结合，进行模块分析整理，从知行合一的角度出发，做好教材编写准备工作，确保教材的编写质量。

本书既是一本教材，又是一本科普读物，全书共分为四篇十四章，分别是："第1篇 绿色之忧：生态危机""第2篇 绿色新政：生态文明""第3篇 绿色发展：生态产业""第4篇 绿色生活：生态实践"，统称为《生态文明教育》。具体编写分工如下：乐晨编写第一章，林世滔编写第二章，魏萧萧编写第三章，马小焕编写第四章，赖艳艳编写第五章、第六章，林芳编写第七章，衷亮云编写第八章、第十一章，胡澎编写第九章、第十二章，彭飞编写第十章，张凤英编写第十三章，郭起华编写第十四章。

由于编者水平有限，书中难免会存在一些不足之处，敬请读者批评斧正，不盛感激之至。

编 者

2016年9月

目录 CONTENTS

第1篇 绿色之忧：生态危机

〔天空阴霾〕
01.

第一节 天空怎么了——003
第二节 全球性大气污染问题——009
第三节 "会呼吸的痛"——光化学污染与雾霾——020

〔大地疮疤〕
03.

第一节 土地——人类的母亲——054
第二节 能源——人类发展的动力——066
第三节 矿产——一把华丽的双刃剑——070

〔水体污染〕
02.

第一节 水—你知道多少——030
第二节 我们的水怎么了——031
第三节 海洋危机——045

〔食品安全〕
04.

第一节 什么是食品安全——076
第二节 我们的食品怎么了——077
第三节 哪些是安全的食品？——094

第 2 篇　绿色新政：生态文明

〔人类文明的历史进程〕

05.

第一节　原始文明——099
第二节　农业文明——110
第三节　工业文明——114
第四节　生态文明——119

〔生态文明建设的思想基础〕

06.

第一节　马克思主义的生态思想——124
第二节　中国传统文化的生态思想——127
第三节　西方文化的生态思想——136

〔中国生态文明建设〕

07.

第一节　中国生态文明建设的历程——141
第二节　中国生态文明建设面临的突出问题——151
第三节　中国生态文明建设的基本内容——156

第 3 篇　绿色发展：生态产业

〔生态农业〕

08.

第一节　走进生态农业——165
第二节　生态农业的具体表现——168
第三节　生态农业的发展路径——174

〔绿色工业〕

09.

第一节　走进绿色工业——179
第二节　绿色工业的具体表现——182
第三节　绿色工业的发展路径——184

第4篇 绿色生活:生态实践

[现代林业]

10.

第一节 走进现代林业——195
第二节 现代林业的具体表现——197
第三节 现代林业的发展路径——205

[生态旅游]

11.

第一节 走进生态旅游——210
第二节 生态旅游的具体表现——215
第三节 生态旅游的发展路径——219

[美丽乡村]

12.

第一节 走进美丽乡村——229
第二节 美丽乡村的具体表现——232
第三节 美丽乡村的建设路径——237

[生态社区]

13.

第一节 走进生态社区——251
第二节 生态社区的具体表现——256
第三节 生态社区的建设路径——257

[绿色校园]

14.

第一节 走进绿色校园——271
第二节 绿色校园的具体表现——274
第三节 建设绿色校园的建设路径——284

参考文献——289

第1篇

绿色之忧：生态危机

第一章 天空阴霾

第一节 天空怎么了

一、地球的美丽外衣——大气层

包围地球的空气称为大气。在地球表面覆盖着厚厚的一层大气,连续的大气组成了地球的大气圈,它是地球最重要的组成部分,是地球母亲的美丽外衣。遨游太空的宇航员,从遥远的空间站鸟瞰地球,大气层就像一层淡蓝色的薄雾紧裹着地球,把地球装扮成茫茫宇宙中最美丽的天体(图1-1)。

图1-1 包围地球的大气层

大家都知道,大气的主要成分是氮、氧、氩和二氧化碳,这四种气体占空气总体积的99.98%。其中,氮气占空气体积的78%,是大气中含量最多的气体,由于其化学性质不活泼,因此,在自然条件下很少能与其他成分起化合反应,只有在豆科植物根瘤菌的作用下才能变为被植物体吸收的氮化合物。氮是地球上生命体的重要成分，是工业、农业化肥的原料；氧气约占空气体积的21%，其化学性质活泼，通常情况下是以氧化物形式存在于自然界中。氧是生命活动的根本。正是由于氧的存在，才使得一切生物体的生命活动得以进行。

此外，空气中还有水蒸气、二氧化碳以及氖、氦、氪、氩、氙、臭氧等稀有气体和悬浮颗粒物。

地球大气的总质量约为 5.136×10^{21} 克，相当于地球总质量的百万分之0.86。由于地球的强大吸引力，使全部的气体几乎都集中在离地面100千米的高度范围内。一般把大气层在垂直方向上划分为对流层、平流层、中间层、热层和散逸层五个层次。这几个气流层其实是相互融合在一起的(图1-2)。

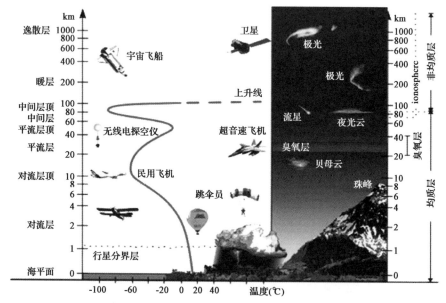

图1-2　大气层结构图

①从地面至海拔8~14.5千米都属于对流层，它集中了大气质量的3/4和几乎整个大气中的水汽和杂质，但对流层并不均匀，在两极较薄，赤道较厚。

②对流层上面的大气层被称为平流层，顾名思义，平流层中的气体流动十分平稳，能见度好，是良好的飞行气流层。它的范围是对流层以上至海拔大约50千米的大气圈区域。

③中间层自平流层向上至海拔约85千米的区域，温度在这里随高度升高而降低，终至约-93℃，几乎是整个大气层中的最低温。

④热层是中间层以上至海拔约 600 千米的区域。由于太阳辐射，这里的温度随高度增加而升高。这里的化学反应相对于地表要快许多，物质基本上都以其高能状态存在。热层中的氮气、氧气、臭氧气体在强烈的太阳紫外辐射和宇宙射线作用下，处于高度电离状态，因而又称为电离层。电离层具有吸收和反射无线电波的能力，能使无线电波在地面和电离层间经过多次反射，传播至远方。

⑤散逸层是指 800 千米高度以上区域的大气层。这一层的气温随高度增加而升高。

在这几个气流层中，对流层和平流层与人类生活的联系最为密切。对流层是人类及生物主要活动的区域，一般情况下，大气污染物会在这里产生，人们通常所说的大气污染也是指在本范围内的空气污染。然而更为严重的是，如果污染物上升到对流层以上的大气区域，那么它就很有可能造成更严重的危害。

二、受污染的天空

无垠的大气有着极为宽广的胸怀，它无私地为地球生物提供所需要的气体资源，当少量的有害物质进入大气时，大气能将它们无限稀释，超强的自净能力使有害物质的危害化为乌有，保持了空气的洁净。但是，当排入大气的有害物质超过大气的自净能力时，大气就被污染了，而被污染的大气会对人类和环境造成巨大的危害。

大气污染就是指大气中污染物或由它转化成的二次污染物的浓度达到了有害程度，以至破坏生态系统和人类正常生存和发展的条件，对人或生物造成危害的现象。它主要表现为大气中尘埃、二氧化碳、一氧化碳、氮氧化物、二氧化硫等可变组分含量的增加，超过了正常空气的允许范围，从而危及到生物的正常生存。

据不完全统计，大气圈中有数百种大气污染物，主要可分为粉尘微粒、硫化物、氧化物、氮化物、卤化物及有机化合物等。粉尘微粒主要由碳粒，飞灰，硫酸钙，氧化锌，二氧化铅，以及镉、铬、砷、汞等金属微粒和非金属微粒。其中影响范围广、对人类环境威胁较大的有粉尘、二氧化硫、二氧化氮、一氧化碳、氟和氟化氢、硫化氢等。

目前全世界每年排入大气中的污染物总量超过 10 亿吨，其中粉尘和二氧化硫占 40%，一氧化碳占 30%，二氧化氮、碳氢化合物及其他气体占 30%。

这些污染物来源各异，性质也极其复杂。按它们产生的原因，也可分为自然污染源和人为污染源。

自然污染源是由自然原因造成的。如火山爆发喷出大量的火山灰和二氧化硫气体，大风刮起地面的沙土灰尘，森林火灾产生大量的二氧化碳、二氧化硫及灰尘，陨星坠落在大气层中燃烧变成尘埃和多种气体等。自然污染物目前还难以控制，但它所造成的污染是局部的、暂时的，通常在大气污染中起次要作用。

人类生产和生活活动所造成的污染称为人为污染源。人类的活动，尤其是近代工业的发展，向大气中排放了巨量的污染物质，其数量越来越多，种类也越来越复杂，是导致大气污染的主要因素，一般所说的大气污染问题，主要是指人为因素引起的污染。人为污染源主要分为工业污染源、生活污染源、交通污染源三类。

1. 工业污染源

是指人类工业生产活动过程中所造成的大气污染的污染源。几乎所有的工矿企业在生产过程中都要排放污染大气的有害物质，包括生产过程中的排气、燃料燃烧排放的有害气体和生产过程中排放的各类颗粒粉尘（图1-3）。特点是排放量大而集中，所以在工业集中区往往易发生大气污染。排放的污染

图 1-3　工业废气排放

物中绝大部分都含有煤和石油燃烧形成的烟尘、二氧化硫、一氧化碳和二氧化氮，尤其以火力发电厂、冶炼厂、炼焦厂、石油化工厂、钢铁厂、氮肥厂的排放最为严重。

2. 生活污染源

是指人们由于烧饭、取暖、洗浴等生活上的需要，燃烧煤和木柴等燃料而向大气排放烟尘所形成的污染源。由于生活原因向大气中排放的污染物不仅数量大、分布广，而且排放高度低，排放的污染物常常弥漫于居住区的周围，成为低空大气污染中不可忽视的污染源。

3. 交通污染源

是指汽车、火车、飞机、船舶等交通工具排放尾气所形成的一种污染源。近年来，随着道路建设的加快，全球交通工具制造业的发展，各种交通工具的数量急剧上升，尾气污染也日益严重。特别是在一些工业发达国家，这类污染已成为大气污染的主要污染源之一（图1-4）。

图1-4　川流不息的汽车

三、空气污染造成的影响

空气是人类生存最重要的环境因素之一，清洁的空气是保证人体生理机能和健康的必要条件，而被污染的空气则会给人体健康带来巨大的危害。

空气中对人体健康影响较大的污染物主要有粉尘、一氧化碳、二氧化硫、硫化氢、氮氧化物、芳烃、氯乙烯等，这些污染物可以通过呼吸系统进入人体内，也可以通过接触皮肤、眼睛等部位危害人体。

人体呼吸的空气量很大，成人在平静的状态下，每天至少要吸入10立方米的空气，就重量来说，它比食物和水的总量还多。人通过呼吸器官吸入空气，在细胞内经物理性扩散，进行气体交换。空气中的氧进入血液，血液中的二氧化碳通过肺泡交换，随呼吸排出体外。当人呼吸时，空气中的各种污染物也被吸进呼吸道，并经呼吸道进入肺部，滞留在肺泡壁上，甚至可以穿透肺泡壁或借助于气体的弥散作用，进一步侵入体内，引起各种疾病。

由于各种空气中污染物的物理化学性质不同，它们在人体内的落脚点也大不相同。粒径大于5微米的飘尘颗粒，绝大部分被阻留在鼻前庭的鼻毛、鼻腔和咽喉部黏膜的黏液中；粒径小于1微米的细小飘尘则大量侵入肺部，粒径小于2微米的飘尘粒子有相当一部分能直接侵入肺泡，但也有一小部分未来得及沉积就又被呼出的气体带出。有害气体二氧化硫等具有易溶于水的特性，它们被吸入气管时很容易被气管壁上的黏液所吸收，很难到达细支气管和肺泡。与其相反，氮氧化物、臭氧等难溶于水，可冲过气管，直入肺泡。而一氧化碳在肺泡中，则会趁气体交换之机，扩散进入血液，与红细胞中的血红蛋白结合，并被输送到体内的每一个器官。由于各种污染物侵犯部位不同，其作用的器官和危害性也明显不同。

大气污染还可经饮食侵入人体内。当大气污染物降落到水体内，污染水中的动植物，人食用水生生物或饮水，污染物就会间接侵入人体；当大气污染物降落到土壤中，被农作物吸收，人食用后会使污染物间接侵入体内。

空气中的污染物进入人体，会造成多种有害影响，导致急性中毒、慢性疾病及重要机能障碍等。严重的空气污染和有毒废气而引起的急性中毒事件时有发生。在过去的100年间，全世界发生过多起重大空气污染事件，直接死亡人数二万余人，还有更多的人因此而患病。如比利时的马斯河谷事件、英国伦敦烟雾事件、美国的多诺拉事件都是由大气污染造成的。

空气污染引起的慢性疾病主要是呼吸道疾病，因为呼吸道是大气污染物侵入人体的主要途径。呼吸系统包括鼻腔、咽喉、气管、支气管、细支气管，就像树的枝杈一样，越分越多，由细支气管连接着呼吸细支气管、肺泡道、肺泡囊和肺泡。

由于呼吸道与空气频繁接触，而且对空气中各种有害物质都很敏感，当它在大气污染物的一次大量的偶然冲击下，或者在低浓度但长期持续地侵犯下遭到破坏，就会导致各种急性、慢性疾病。

空气污染对呼吸功能有明显的影响作用，在重污染地区居住的人，其肺活量比居住在污染较少区域的人低24%。由于大气污染会引起各种各样呼吸道疾病，所以大气污染严重的地区，其呼吸道疾病导致的死亡率也高得多。据我国广州地区的调查，污染严重的地区，其呼吸道疾病死亡率为150.37/10万。近年来，世界上各大工业城市居民中呼吸道疾病发病率不断上升，也正是与空气污染的逐渐严重有关。

第二节 全球性大气污染问题

一、臭氧层空洞

（一）地球的保护伞—臭氧层

距地面15~50千米高度的大气平流层中，集中了地球上约90%的臭氧，其中离地22~25千米处臭氧浓度值达到最高，称为臭氧层。臭氧在大气中的含量非常稀少，1千万个大气分子中只有3个臭氧分子。如果将地球上臭氧压缩至1个大气压，其厚度仅有3毫米左右。大气中臭氧的含量虽然很少，但是它在地球环境中所起的作用却非常重要。

臭氧是引起气候变化的重要因素。臭氧对太阳紫外线辐射的吸收是平流层的主要热源，臭氧吸收太阳光中的紫外线并将其转换为热能来加热大气，平流层中臭氧浓度及其随高度的分布规律直接影响平流层的温度结构，从而对大气环流和地球气候的形成起着重要影响作用，因此，平流层臭氧浓度的变化是大气的重要扰动因子。

薄薄的臭氧层能吸收太阳光中波长300微米以下的紫外线，保护地球上的人类和动植物免遭短波紫外线的伤害。只有长波紫外线和少量的中波紫外线能够辐射到地面，起着杀菌、消毒的作用。臭氧层中臭氧含量的减少，导致太阳对地球紫外线辐射增强。科学研究表明，如果大气中臭氧含量减少1%，地面受紫外线辐射就会增加2%~3%。

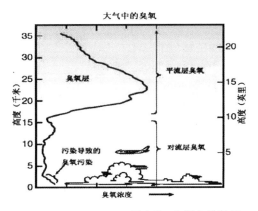

图1-5 大气中的臭氧

这样大量的紫外线照射进来，就会严重损害动植物的基本结构，降低生物生产量，使气候和生态环境发生异变，特别是对人类健康造成重大损害。因为这些高能射线会破坏生物蛋白和基因物质脱氧核糖核酸，造成细胞死亡。所以臭氧层犹如一件宇宙服保护地球上的生物，使生物得以生存繁衍（图1-5）。

臭氧层的破坏，到底会对生态系统有怎样的危害呢？

过量紫外线的照射会损害人的免疫系统，使患呼吸道系统传染病人增多；还会增加皮肤癌和白内障的发病率。科学家研究表明，臭氧层每损耗1%，人类的皮肤癌发病率将增加5.5%。全世界每年约有10万人死于皮肤癌，大多数病例与紫外线照射有关，尤其是在长期受太阳照射地区的浅色皮肤人群，50%以上的皮肤病是阳光诱发的；在我国的青藏高原，臭氧层变薄的现象十分明显，那里白内障的发病率明显升高，近年来甚至出现了儿童白内障的现象。

臭氧层的破坏，对水生系统也有潜在的危险。研究表明，紫外线辐射的增加会直接导致浮游植物、浮游动物、幼体鱼类、幼体虾类、幼体螃蟹以及其他重要水生生物受到破坏。浮游生物死亡，导致以这些浮游生物为食的海洋生物相继死亡，臭氧消耗导致海洋鱼类每年减少数百万吨。

臭氧层还会使自然生态平衡被严重破坏，使全球气候变暖加速。此外，还会导致农作物大幅减产；森林、草地面临荒漠化。

（二）"保护伞"被破坏

自20世纪70年代以来，科学家发现臭氧层中臭氧含量正在减少，与之相伴的是皮肤癌的发病率显著增高。据统计，从1979—1990年，全球臭氧层总量大致下降了3%。南极附近臭氧量减少尤为严重，大约低于全球臭氧平均值的30%~40%，出现了"南极臭氧洞"。臭氧层这个地球保护伞，正在遭到严重的破坏（图1-6）。

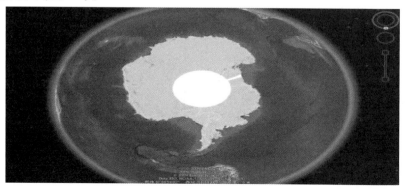

图1-6 臭氧层空洞

大气中的臭氧可以与许多物质起反应而被消耗和破坏,已知影响臭氧层化学反应物的数目大约有一万种。在所有与臭氧起反应的物质中,最简单而又最活泼的是含碳、氢、氯和氮几种元素的化学物质,如氧化亚氮(N_2O)、水蒸气(H_2O)、四氯化碳(CCl_4)、甲烷(CH_4)和现在最受重视的氯氟烃(CFCs)等。

(三)破坏臭氧层的"杀手"—氟氯化碳和氟里昂

氟里昂又称为氟氯烃化合物,是美国1928年首先开发使用的一种化合物,广泛应用于制冷系统。它具有优良的化学性能,如对化学试剂具有稳定性、无腐蚀性、不燃、不爆炸、低导热性、良好的吸热、放热性和低毒性等,因而还广泛用于制做洗净剂、杀虫剂、除臭剂、发泡剂等。

还有四类化学物质具有与氟氯烃相似的行为,它们的名称和用途分别是:①哈龙,用于灭火器具和灭火系统;②四氯化碳,是制造氟氯烃的原料,也是干洗店常用的干洗剂;③三氯乙烷,也称甲基氯仿,用于金属元件和电子元件的清洗;④甲基溴,用于农业大棚的熏蒸。这四类物质挥发性强,在高空中也能分解臭氧分子,与氟氯烃一起被统称为"消耗臭氧层的物质"。

为了控制这些物质对臭氧层的危害,必须全面禁止破坏臭氧层物质的使用。

许多国家采取了一系列政策措施:一类是传统的环境管制措施,如禁用、限制、配额和技术标准,并对违反规定的实施严厉处罚,欧盟国家和一些经济转轨国家广泛采用了这类措施;另一类是经济手段,如征收税费、资助替代物质和技术开发等。美国对生产和使用消耗臭氧层物质实行了征税和可交易许可证等措施。另外一些国家的政府、企业和民间团体还发起了自愿行动,采用各种环境标志,鼓励生产者和消费者生产和使用不带有消耗臭氧层物质的材料和产品。

二、空中死神—酸雨

(一)什么是酸雨?

降水是大自然的一种很普通的自然现象。雨水可以扫去满天尘埃,使空气更加清新。雨水可以浇灌土壤,滋润庄稼,使大地万物充满勃勃生机。

酸雨,顾名思义,是一种酸性的雨,它是雨水中包溶一些酸性物质所形成的。正常情况下的雨水由于溶解了大气中的二氧化碳,故偏酸性,pH值约为 6，国际上规定 pH 值小于 5.6 的雨，称为酸雨。

据历史资料，早在 1852 年，英国化学家史密斯发现，在工业化城市，由于烟尘的污染而使雨水呈酸性。直到 20 世纪 40 年代以后，酸雨频繁发生。尤其是在发达国家如美国、英国、法国、德国、比利时、荷兰等，曾多次出现酸雨。

1982 年 6 月 13 日夜里，在我国重庆东南郊，降下 pH 值在 4 左右的酸雨。大片农作物叶片出现赤褐色斑点，禾苗犹如火燎一般，几天以后纷纷枯死。酸雨严重地腐蚀着嘉陵江大桥，使大桥维修周期越来越短，维修费用大幅提高。市区供电系统线路中的金属器件也因此受到酸雨的侵蚀，使用周期缩短了一半。

1998 年上半年，中国南极长城站 8 次测得南极酸性降水，其中一次 pH 值为 5.46。有趣的是，当刮偏南风或偏东风时，南极大陆因为没有人为排放，大气是新鲜的，降水都接近于中性；当刮西北风时，来自南美洲和亚太地区的大气污染物将吹到中国南极站所处的南极半岛，遇到降水，形成酸雨。

北欧的瑞典是一个美丽的多湖国家，全国共有大小湖泊 9 万多个，由于酸雨的影响，已有 1.8 万个湖泊呈酸性，主要分布在瑞典南部，其中污染严重的 4000 个湖泊中鱼类正在急剧减少，或几乎所有的鱼都已死光成为死湖。挪威南部有 1500 个湖泊的 pH 值小于 4.3，其中 70% 没有鱼类；许多河流中，随着河水酸性的增加，先是鲑鱼，然后是鳟鱼都消失了。

位于北美的加拿大由于酸雨倾泻，有 4000 个大小湖泊中生命绝迹，变成死亡之湖，大片的森林枯败坏死。

人类进入工业社会以后，大批机器投入使用，大量的工厂竞相建立，高大的烟囱不停地向空中喷云吐雾，每年把数以亿吨计的二氧化硫、氮氧化物、氯化氢及其他化合物排放到大气中。各种汽车、火车等交通工具的发动机在燃烧汽油的同时，也把含有大量上述成分的废气排放到大气中，造成大气的严重污染。据估计，由于人类活动，世界上每年有二亿多吨含有二氧化硫和氮氧化物的气体排放到大气之中。进入大气中的二氧化硫和氮氧化物等，在大气中与蒸汽结合生成硫酸和硝酸。一旦遇到降雨天气，它们便随同雨水飘落下来形成酸雨。带有酸雨的云还会随着强风一起，把它们传送到很远的地方。

（二）酸雨的危害

1. 酸雨是建筑物的腐蚀剂

酸雨腐蚀各种建筑，破坏古代艺术作品。从美丽的雕塑到古老的建筑，从钢铁桥梁到水泥房屋,都在酸雨的腐蚀下受到严重破坏,造成十分巨大的损失。

酸雨对大理石建筑物的腐蚀作用最为强烈,它可与建筑石料发生化学反应,生成不溶于水的硫酸钙,被水冲刷掉。石料中雨水淋不到的部位,碳酸钙转化为硫酸钙后形成外壳,然后成层剥落。

北京故宫有很多精美的大理石、汉白玉雕刻艺术作品,都是中国古代艺术家创作的国宝,但近几十年来在酸雨的作用下开始变得模糊不清,甚至起了斑点。

印度著名古建筑泰姬陵,原以洁白晶莹举世闻名,可是近二十年来,由于酸雨的腐蚀,这座白色大理石建筑竟泛出黄色。

雅典古城堡,是2000年前人类文明的杰出代表,是希腊民族的骄傲,在著名的巴台农神庙,昔日光滑无瑕的白色大理石柱,被酸雨侵蚀后在表面凝结了1厘米多厚的石膏(硫酸钙)层,完全失去了原先的光泽;神庙上端那些以古希腊神话为题材的大理石浮雕和花纹图案,已被酸雨溶蚀得斑斑驳驳,面目模糊。亭亭玉立在埃雷赫修庙前的6位少女神像也已变得污头垢面,失去了往日的神采(图1-7)。

图1-7 酸雨对建筑物的腐蚀

酸雨对金属材料的腐蚀同样不可小视。酸雨对金属材料有很强的腐蚀作用,使世界各地的钢铁设施、金属建筑物迅速锈蚀,由此造成的损失难以估量。据研究,酸雨对金属材料的腐蚀速率为非酸雨区的2~4倍。

法国的埃菲尔铁塔由于受到酸雨的侵蚀,每年都要花大量金钱来维修保养。美国纽约自由岛上的自由女神铜像,早已披上了一层厚厚的铜绿,近20年来,由于酸雨侵蚀速度显著加快,不得不耗巨资进行清洗和保护。酸雨还使火车轨道、金属桥梁、工矿设施、电信电缆等加速腐蚀,使用期限大大缩短。

2. 酸雨对地球生物产生危害

当今世界,酸雨已成为一大环境公害,它的危害性极大,对生物和生态环境的危害尤为严重。

酸雨对植物造成的破坏。酸雨降落在植物叶片上,会破坏其角质保护层,伤害叶片细胞,干扰新陈代谢,使植物叶绿素减少,光合作用受阻,引起叶片萎缩和畸形,严重影响植物生长。目前全世界大约有6500万公顷森林遭酸雨污染。中欧有100万公顷森林受酸雨伤害。德国人引以为豪的黑森林,已有3/4的面积或没树冠,或少树叶,或只剩下枯枝。在北美,也有成片的森林因遭酸雨、酸雾的危害而死亡或生长缓慢(图1-8)。

图1-8 被酸雨危害的森林

酸雨降落在土壤中,犹如用稀酸溶液淋洗土壤,使土壤中的钙、镁、钾等营养元素溶出,并迅速流失,使土壤日益贫瘠化;其次,酸雨使土壤酸度增加,从而使土壤中的微生物活性受到抑制,造成大量有机物不能及时、有效地分解,无法被植物吸收,导致土壤肥力下降;酸雨溶进土壤可使本来固定在土壤中的有毒金属镉、铝等分离出来,通过水分一起被植物根吸收,从而影响植物生长,甚至造成植物死亡。此外,降落到土壤中的酸雨还能被植物吸收,直接进入植物体内,使植物体内细胞的生长发育受到阻挡,对植物体造成伤害。

酸雨对生物的危害,首当其冲的是水生生物。江河湖泊中的水一般都是中性或弱碱性,各类水生生物在长期进化过程中,早已适应了这种酸碱度和生长环境。当水体遭受酸雨侵袭后,酸碱度发生变化,就会对水中鱼类等的生存产生灾难性的影响。研究表明,当水的pH值为6.5时,大多数水生生物就会出现活动失常现象，如果水的pH值降到4.5时，几乎所有的水生生物都将趋于死亡。酸雨降落到河湖中，或由酸雨形成的径流流入河湖中，均可导致河湖的酸化。在酸性水体里，鱼卵不能孵化，幼鱼不能成长；虾类等小生物减少，甚至不能生存；水体中的浮游生物和藻类等低等生物也减少或灭绝，这就断绝了鱼类的食物，鱼类也不能生存，这样野鸭、潜鸟、鱼鹰、水獭等以鱼为食的动物，也就无法生息繁衍。酸雨还可将有毒金属从土壤和底泥中溶出，对鱼类造成伤害，使之死亡甚至灭绝。酸性水质还影响微生物对有机物残体的分解速度，使水质变化，造成鱼类死亡（图1-9）。

图1-9 死于酸雨酸雪污染的溪鳟

酸雨还严重损害人体健康。酸雨或酸雾对人的眼结膜、呼吸道等的伤害程度要比干性的二氧化硫大10倍。酸雨还会通过饮用水源等渠道进入人体，对人体造成伤害，诱发多种疾病。据美国有关报告预测，如果酸雨继续泛滥下去的话，美国每年死于酸雨污染的人数将达到6万。受酸雨伤害最重的是老人和儿童。据有关资料表明，1980年，德国有4000名老人和孩子死于酸雨污染，美国有2.5万人死于酸雨污染。

酸雨还对动物的呼吸道、皮肤造成直接危害，还可以通过食物及饮水进入动物体内造成伤害。

（三）酸雨的防治

酸雨是世人公认的全球性重要区域环境污染问题之一，防治酸雨也得到广泛的重视。由于酸雨在高空雨云中形成，并可长距离传输。因此，防治酸雨不但要控制和削减酸雨地区的酸性物质排放，还要控制和削减其周边地区酸性物质排放，特别是要控制和削减大城市的酸性物质排放才能完全解决酸雨问题。

酸雨控制的根本途径是减少酸性物质向大气的排放。目前的有效手段是使用干净能源，发展水力发电和核电站，使用固硫、脱硫、除尘新技术，发展内燃机代用燃料，安装尾气催化净化器，培植耐酸雨农作物和树种等。

目前世界上减少二氧化硫排放量的主要措施如下：

①原煤脱硫技术，可以除去燃煤中大约40%~60%的无机硫。

②限制高硫煤的开采与使用，优先使用低硫燃料，如含硫较低的低硫煤和天然气等。

③改进燃煤技术，减少燃煤过程中二氧化硫和氮氧化物的排放量。

④对燃煤形成的烟气，在排放到大气中之前进行烟气脱硫。

三、地球"发烧"的元凶——温室效应

多年来，科学家一直在追踪地球表面温度的变化，他们发现一个显著的变化就是全球变暖现象，即由于地表温度上升而导致的气候变化。近年来，全球气温升高，气候异常，极端气候频发。部分气象学家们认为，这些现象与"温室效应"有关。

地球被大气层包围，包围地球的大气是多种气体的混合物。阳光照在地球上，为地球带来能量；地球通过辐射释放能量，以维持内部平衡。大气层中的一些分子（主要是二氧化碳，还有水蒸气、甲烷等）特别容易吸收长波辐射，而对短波透明。因此，太阳的短波辐射可以长驱直入通过大气层被地球表面吸收，这就导致了地面温度的升高，地面升温又会释放长波热辐射，比如红外辐射，这些热辐射会被大气中的二氧化碳等分子吸收（图1-10）。这些分子阻碍了一部分能量的散发，积聚的能量使地表平均温度不断上升。整个过程很像温室用了透明罩而提高了温度，科学家把这种地球大气的保温效应称为"温室效应"。

事实上，温室效应早在地球形成时就开始了。如果没有温室效应，地球表面的温度只有零下20℃，海洋呈结冰状态。温室效应导致的全球变暖的一部分原因可能是自然界自身的变化。然而，几乎所有的科学家都一致认为：最主要的原因可能还是人类自身的活动。

人类的活动可使大气中的二氧化碳、尘埃、水汽等增加，从而改变大气

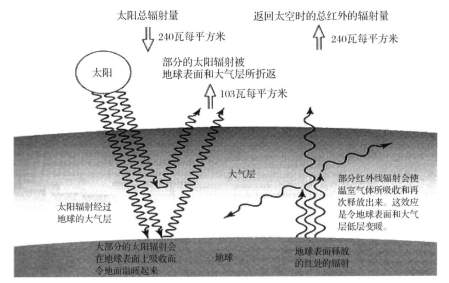

图 1-10　太阳辐射的收入与支出

的成分，随之影响大气的透明度和热辐射，从而导致地球气温发生变化。

二氧化碳是产生温室效应的主要气体，对温室效应有 55% 的贡献。自然界中每年有 400 亿～900 亿吨的二氧化碳被绿色植物光合作用所固定，同时每年动植物呼吸、微生物的分解及燃烧等，又把数量相当的二氧化碳释放到大气中去，所以千百年来大气中的二氧化碳含量基本保持不变，长期保持在占大气组分的 0.03% 这个水平上。但近一个世纪以来，随着现代工业和运输业的迅速发展，大量的化石燃料被燃烧，数亿万吨的二氧化碳释放到大气中去，每年的排放量可达 500 亿吨，严重干扰了大气中二氧化碳的动态平衡。二氧化碳越多意味着地球表面附近积聚的热量也越多，这就是我们所说的全球变暖。大气中有多种气体都与全球变暖有关，包括氟氯烃、甲烷、低层臭氧和氮氧化物气体，其中氟氯烃的吸热和隔热作用甚至大大高于二氧化碳。

全球变暖会导致海平面上升。冰山是巨大的冰，它们会从大陆上脱落进入海洋。气温升高会导致冰川不再坚固，出现更多裂缝，使冰块更容易脱落，从而形成更多的冰山。冰山掉到海中，海平面就会升高一些。

目前世界上最大的覆盖着冰的大陆块是南极洲，地球上 90% 的冰都在那里。覆盖南极洲的冰层的平均厚度是 2133 米。如果南极洲所有的冰都融化，全球海平面将升高大约 61 米（图 1-11）。

国际气候变化委员会在 1995 年公开了一项报告，提供了对到 2100 年海平面升高的几种推测。报告指出到2100年，海平面可能升高50厘米，最低估值为15厘米，最高估值为95厘米。主要来自海洋温度的升高和冰川冰层的融化。50厘米可不是小数字，对居住在沿海地区约占全球50%的人口将带来严重的影响，一些沿海低地和岛屿可能被淹没，其中包括著名的国际大城市：纽约、上海、东京和悉尼。

图1-11　冰川融化

由于温室效应引起的气候变暖并不是均匀的，而是高纬升温多，低纬升温少；冬季升温多，夏季升温少。而在中纬度地区，夏季温度可能上升到超出地球平均温度的30%~50%。这种变化必然造成气候带的调整，气候带的调整又必然引起自然带的变化。据估计，全球平均气温升高1℃，气候带和自然带约向极地方向推移100千米。如全球平均气温升高2.5℃，则现在占陆地面积3%的苔原带将不复存在。

全球变暖会使地球表面气温升高，各地降水和干湿状况也会发生变化，现在温带的农业发达地区，由于气温的升高，蒸发加强，气候会变得干旱，农业区退化成草原，干旱区会变得更干旱，土地沙漠化，使农业减产（图1-12）。

图1-12　牛倒毙在干旱的草原上

气候变暖引起降水量和降水空间分布和时间分布的变化，不少地区的旱涝灾害可能增加。我们每年会见到更多更强的风暴，如飓风和龙卷风，同时气候变暖可能使病虫害增加。

对于应该采取何种措施来阻止全球变暖，人们的意见分歧很大。但有一点毋庸置疑，那就是要控制温室效应，就要减少温室气体的排放。

二氧化碳是主要的温室气体，故要控制二氧化碳的排放。

二氧化碳的排放主要是由燃料燃烧造成的，而电力生产产生的二氧化碳比其他任何部门都多（在美国，电力部排放的二氧化碳超过35%），因此，减少二氧化碳排放的方法，可以采用不产生二氧化碳的新能源来代替煤等燃料，比如，风能（图1-13）、核能和水能（图书1-14）。

另外，要开发新技术，以更有效地利用燃料。如日本的"综合发电系统"可使总功率提高到70%~80%；"同步发电"的新系统可两次提取能源，大大提高了百万千瓦级热电设备的功率，从而使大型热电设备的能耗降低30%。

图1-13 风能

图1-14 水能

图1-15 热带雨林和草坪吸收二氧化碳

海洋中的浮游生物和陆地上的森林可以吸收大量二氧化碳，尤其是热带雨林和草坪（图 1-15）。因此，我们要保护好森林和海洋，不乱砍滥伐森林，不让海洋受到污染以保护浮游生物的生存。我们还可以通过植树造林、不践踏草坪等行动来保护绿色植物，使它们吸收更多的二氧化碳来帮助减缓温室效应。

第三节 "会呼吸的痛"——光化学污染与雾霾

一、淡蓝色杀手——光化学烟雾

洛杉矶位于美国西南海岸，西面临海，三面环山，是个阳光明媚、气候温暖、风景宜人的地方。早期金矿、石油和运河的开发，加之得天独厚的地理位置，使它很快成为了一个商业、旅游业都很发达的港口城市。

从20世纪40年代初开始，人们就发现这座城市一改以往的温柔，变得"疯狂"起来。每年从夏季至早秋，只要是晴朗的日子，城市上空就会出现一种弥漫天空的淡蓝色烟雾，使整座城市上空变得浑浊不清。

这种烟雾称为光化学烟雾，光化学烟雾出现时，会对人的眼、喉、鼻等器官产生强烈刺激，产生红肿，使人流泪、喉痛、胸痛，并造成呼吸衰竭等现象，严重时可使人丧命。

光化学烟雾的形成是大气污染造成的。大气中的氮氧化物、碳氢化合物等一次污染物在紫外线照射下发生光化学反应生成"二次污染物"，其主要成分是臭氧、甲醛、丙烯醛、过氧乙酰硝酸酯等。参与光化学反应过程的一次污染物与二次污染物的混合物形成淡蓝色的烟雾即光化学烟雾，对人有强烈的刺激和毒害作用。而制造烟雾的罪魁祸首主要是工业文明的骄子——汽车。

洛杉矶常年阳光明媚，尤其5~10月，光照十分强烈。在高能阳光照射下，使污染气体发生化学反应，又因为洛杉矶三面环山，一面靠海，形如簸箕，一年中有100多天逆温天气，上热下凉的空气无法交流，逆温层像盖子一样扣在洛杉矶上空，使光化学烟雾在低空蓄积，扩散不开。这导致洛杉矶一年有1/4以上时间处在蓝色烟雾之中，常有烟雾事件发生。尤其1940年以后，烟雾更加肆虐。每年5~10月，城市上空就会出现弥漫天空的淡蓝色烟雾，使整座城市上空变得浑浊不清，能见度很低。烟雾还使远离城市100千米以外的海拔2000米高山上的大片松林枯死，柑橘减产。这就是最早出现的新型大气污染事件——光化学烟雾污染事件(图1-16)。

光化学烟雾不仅危害人体健康,对植物危害也很严重。洛杉矶烟雾期间,郊区蔬菜全部由绿色变为褐色,无人愿意食用。大批树木落叶、枯萎、致死。烟雾还使家畜生病,橡胶制品老化,建筑物和机器腐蚀损坏。人们称之为淡蓝色的杀手(图1-17)。

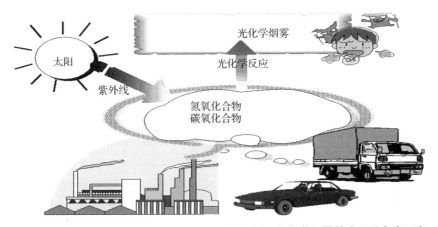

图1-16　光化学烟雾的成因及危害示意

图1-17　洛杉矶光化学烟雾事件

随着我国汽车拥有量的剧增,大城市氮氧化物污染逐渐加重,发生光化学烟雾的可能性越来越大。

汽车尾气排放的主要污染物为固体悬浮颗粒、一氧化碳、碳氢化合物、氮氧化物、硫化物和铅等,这些物质都会对人体造成很大的危害。其中固体悬浮颗粒物随呼吸进入人体肺部,以碰撞、扩散、沉积等方式滞留在呼吸道的不同位置，引起呼吸系统疾病；一氧化碳会与人体红血球中的血红蛋白结合，它的亲和力比氧强几十倍，亲和后生成碳氧血红蛋白，从而削弱血液向各组织输送氧气的功能，危害中枢神经系统，造成人的感觉、反应、理解、记忆力等机能障碍，重者危害血液循环系统，导致生命危险；碳氢化合物与氮氧化物在强烈太阳光紫外线照射后，产生具有刺激性的浅蓝色烟雾——光化学烟雾。

大气中的铅80%来自于汽车尾气。铅除了通过大气被人体吸收外，还能污染水源、土壤，通过饮水、进食的途径进入人体。由于铅中毒是累积性的，进入人体后，除了部分通过粪便、汗液、头发排泄外，大部分沉淀于骨髓，溶化到血液中，损害骨髓造血系统、大脑神经系统、泌尿系统及生殖器官等。

至今，我国还没有发生过像美国、日本等国家那样严重的光化学烟雾事件，这是因为光化学烟雾的形成与气候和阳光有关，只要有充足的阳光、干燥的气候，加上汽车尾气的排放和污染，就会具备形成光化学烟雾的外部条件。在以北京、太原、上海、南京、成都为中心的重污染地区，随时都可能处在发生光化学烟雾事件的危险之中。因此，应采取各种有效的措施，制定严格的环保法规，加大治理汽车尾气污染的力度，避免光化学烟雾事件发生，以防患于未然(图1-18)。

图1-18　尾气对人体危害很大

目前，国际上主要采取以下几种途径：推广使用无铅汽油、在汽车尾气系统中安装催化转换器、以液化石油气和压缩天然气为汽车燃料或者通过改变汽车的动力系统，以电能来推动汽车的行驶，从而来减少汽车尾气的排放。

二、都市之殇——雾霾

(一)雾霾来了

十年前,许多人还不认识"霾"这个字,现在,雾霾已经成为众人皆知的一个常用词。近年来,我国部分大城市雾霾现象日趋严重,雾霾已成为一种新的灾害性天气。

2013年1月28日开始,我国中东部地区大范围受雾霾天气影响,空气质量明显下降,北京、天津、石家庄、济南等城市空气质量为六级,属严重污染;郑州、武汉、西安、合肥、南京、沈阳、长春等城市空气质量为五级,属重度污染。全国许多大城市的严重雾霾天气持续了一个多月,如陷入"十面霾伏"(图1-19,图1-20)。

图1-19 雾霾笼罩下的中央电视台大楼

图1-20 雾霾之下的东方明珠

知识链接

空气质量标准

空气质量指数(AQI)是定量描述空气质量状况的无量纲指数。空气质量等级情况见表1-1。

表1-1 空气质量指数标准及相关信息

AQI 数值	AQI 级别	AQI 类别及表示颜色		对健康影响情况	建议采取的措施
0~50	一级	优	绿色	空气质量令人满意,基本无空气污染	各类人群可正常活动
51~100	二级	良	黄色	空气质量可接受,但某些污染物可能对极少数异常敏感人群健康有较弱影响	极少数异常敏感人群应减少户外活动
101~150	三级	轻度污染	橙色	易感人群症状有轻度加剧,健康人群出现刺激症状	儿童、老年人及心脏病、呼吸系统疾病患者应减少长时间、高强度的户外锻炼
151~200	四级	中度污染	红色	进一步加剧易感人群症状,可能对健康人群心脏、呼吸系统有影响	儿童、老年人及心脏病、呼吸系统疾病患者避免长时间、高强度的户外锻炼,一般人群适量减少户外运动
201~300	五级	重度污染	紫色	心脏病和肺病患者疾病显著加剧,运动耐受力降低,健康人群普遍出现症状	儿童、老年人和心脏病、肺病患者应停留在室内,停止户外运动,一般人群减少户外运动
>300	六级	严重污染	褐红色	健康人群运动耐受力降低,有明显强烈症状,提前出现某些疾病	儿童、老年人和病人应当停留在室内,避免体力消耗,一般人群应避免户外活动

(二)PM2.5与雾霾的真实面容

1. 什么是雾霾

气象学上对雾、霾是有划分标准的。霾本来是一种自然现象,原指刮风落尘,泛指扬沙、尘卷风、沙尘暴、浮尘等天气现象。现在我们常说的霾是指空气中的硫酸盐、硝酸盐、黑炭、有机物等粒子使大气浑浊、视野模糊、消光作用增加,能见度恶化,并危害人体健康的一种大气污染现象。

现实生活中,我们很容易将雾和霾混淆,雾和霾都是由漂浮在大气中的粒子形成的,都会使能见度下降从而形成灾害性天气,但二者不尽相同(表1-2)。

有时两者很难截然分开，只能统称为雾霾。

表1-2 雾与灰霾的区别

种类	水分含量	能见度	厚度	颜色	边界
雾	≥90%	<1千米	只有几十米至200米	乳白色、青白色或纯白色	很清晰，过了"雾区"就是晴空万里
灰霾	<80%	1~10千米	1~3千米	黄色、橙灰色	霾与周围环境边界不明显

2. 什么是PM2.5

颗粒物是指大气中的固态和液态的颗粒状物质，按照颗粒物动力学粒径范围，可将颗粒物从大到小划分为总悬浮颗粒物（TSP，粒径小于等于100微米的颗粒物）、可吸入颗粒物（PM10，粒径小于等于10微米的颗粒物）和细颗粒物（PM2.5，粒径小于等于2.5微米的颗粒物）。PM2.5直径还不到人头发丝粗细的1/20，也被称为可入肺颗粒物。虽然PM2.5只是地球大气成分中含量很少的组分，但与较粗的大气颗粒物相比，PM2.5粒径小，含有大量有毒有害物质，且在大气中的停留时间长，输送距离远，因而对人体健康和大气环境质量的影响更大（图1-21）。

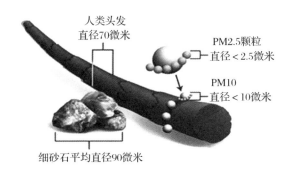

图1-21 PM2.5粒径大小示意

PM2.5主要来源于日常发电、工业生产、汽车尾气排放等过程中产生的一次粒子及由气体向颗粒物转化而生成的二次气溶胶等。近年来，煤烟型污染及建筑施工中扬尘增加，机动车保有量迅速增加，机动车除排放大量细颗粒物外，还排放许多有害物质，这些气态污染物会在大气中发生化学反应，生成二次气溶胶粒子，如硫酸根粒子、硝酸根粒子等。

研究发现，粒径大于10微米的颗粒物，会被挡在人的鼻子外面；粒径在2.5~10微米的颗粒物，能够进入上呼吸道，但部分可通过痰液等排出体外，对人体健康的危害相对较小;而粒径在 2.5 微米以下的细颗粒物(即 PM2.5),直径相当于人类头发丝的 1/20,被吸入人体后会进入支气管,干扰肺部的气体交换,可引发哮喘、支气管炎和心脑血管等方面的疾病,是危害身体健康的隐形杀手(图 1-22)。

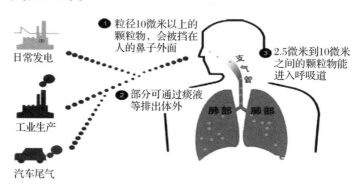

图 1-22　PM2.5 进入人体示意图

3. 雾霾对人的伤害

雾霾天对人呼吸系统伤害最大,这已成为多数人的共识。呼吸系统与外界环境接触最频繁,且接触面积大,数百种大气颗粒物能直接进入并黏附在人体上下呼吸道和肺叶中,并且有部分会被人体吸入。有的霾带有一股呛人的怪味,对呼吸道而言是一种恶性刺激,会使人出现流鼻涕、打喷嚏、咳嗽、憋闷、气短等症状。

其次,雾霾天气导致近地层紫外线减弱,容易使空气中病菌的活性增强,细颗粒物会"带着"细菌、病毒来到呼吸系统的深处,造成感染。

雾霾也是心脏猝死的加速器。雾霾天气,特小的微粒可直接侵入人体呼吸系统、肺部和血液。呼吸系统的病变会累及心脏,呼吸系统的不畅会造成低氧,导致心脏供血出现问题,加上霾天气温会比较低,容易引起血管的收缩、痉挛,这种情况对有心血管病的患者更是雪上加霜,极易诱发高血压、急性心肌梗死、心律失常等并发症而危及生命。

另外,终日雾霾缭绕不见阳光的天气,会使人体缺钙,小儿易患佝偻病,中老年人可加重骨质疏松症。而且,雾霾天比吸烟更易使人患癌症、抑郁症等疾病。

4. 如何防治雾霾

(1) 优化能源结构

加大洁净煤的开发力度，提高天然气的使用比例，同时积极发展风能、太阳能、地热、生物能、潮汐能和核能等清洁能源和可再生资源；提高机动车燃油品质，严格控制机动车排放污染，完善机动车新车准入制度，不断提高新车尾气排放标准；提高能源利用效率，鼓励节约能源，加强建筑扬尘、道路扬尘的监督管理，进一步控制和削减中心城区烟尘、粉尘排放量，改善主城区的大气环境状况。

(2) 科学布设规划

在城市规划中，对城区重污染企业实施搬迁和节能环保技术改造，避免企业排出的污染物从近地面流向城区。同时在重点区域实行更加严格的大气污染物排放特别限值。同时，增加城市绿化面积，以使植物吸收和吸附大量的有毒有害颗粒物。

(3) 发展公共交通

应彻底转变利用汽车经济拉动 GDP 的思维，加大公共交通的建设和支持力度，从政策和基础设施上支持和鼓励乘坐公共交通工具和骑自行车的交通方式，增加公共交通的覆盖范围和运力，让公共交通工具更加快捷、方便、舒适，杜绝机动车挤占自行车道的现象，降低机动车数量和使用频次，减少尾气排放(图 1-23)。

图 1-23　大力发展公共交通

(4) 建立预警预报制度

应当加强环境保护局与气象局的通力合作，联合开展灰霾天气预报预警，根据气象观测和PM监测结果，定期发布雾霾监测评价报告，发布中度以上雾霾天气预警，为大气环境治理提供气象决策服务。健全极端不利天气条件下，大气污染监测报告和预警体系。

5. 雾霾天的生活指南

雾霾天气下，每个人的肺都会变成了吸尘器。怎样才能尽量降低恶劣天气对身体的损害，避免"黑肺"危险呢？

（1）少出行、停运动

气象专家提醒：在雾霾天气出现时，早上和傍晚时分的空气质量是最差的，大气中悬浮的细颗粒物含量最高。因为这时地表气温较低，气流呈下沉趋势，污染物容易在近地面积聚。因此，在这个时间段，市民一定要减少出行。不少人有晨练的习惯，然而在雾霾天气下运动会导致吸入肺部的毒物更多，这无异于"慢性自杀"，必须暂停。

（2）戴口罩、勤清洗

无法避免出行时，最好戴上口罩隔离空气中的粉尘和颗粒。出门回家后，要清洗面部及裸露的皮肤，清除残留粉尘颗粒。

如今市面上最常见的口罩包括普通纱布口罩、医用一次性口罩及医用N95口罩。普通口罩只能挡住一些灰尘和大、粗颗粒物，对PM2.5以下颗粒是无效的；医用一次性口罩就是医生经常佩戴的口罩，相对而言保护作用更好一些；N95型口罩防护效果最好，但不宜久戴。

（3）远人群、多郊游

交通主干和人口密集的地方，雾霾最为严重、空气毒性也最大，有呼吸道疾病的易感人群应当远离。周末闲暇的时候，应争取到郊外或山间走走，多呼吸新鲜空气。

（4）多喝水、排毒素

多喝水，这是最基本也是最简单的方法，每天保持一定量水分摄入就能达到清理杂质、排除毒素的效果。

（5）低碳生活

日常生活中，尽量使用天然气，减少使用煤炭等污染重的燃料，可以在很大程度上减少PM2.5产生。

倡导绿色、节约、低配的生活方式。每个人都少开点车、不放烟花、少用电、少一些生活中的浪费，这都是在为减排、为保护环境作贡献。

第二章 水体污染

唯有地球才有水,只有地球上才有生命。其实地球应该叫"水球"(图2-1),从太空看地球,地球是一个蔚蓝的水球,大陆只是漂浮在水面的几叶扁舟。地球拥有的水量非常巨大,总量达到13.86亿立方米,其中96.5%分布在海洋,有约1.78%是地表水分布在冰川、冰盖、冻土中,约1.69%分布于地下,其余分布在江河湖泊、大气和生物体中。因此,我们赖以生存的家园从天空到地下,从陆地到海洋,到处都是水的世界。

水是一种宝贵的自然资源,是我们人类赖以生存和发展的基础。但是由于人类不合理的开发利用,水问题正威胁到我们的生存。水资源的短缺更是引起了全球水危机。如果说19世纪是煤炭的世纪,20世纪是石油的世纪,那么21世纪则是水的世纪。水资源问题无疑是当前乃至今后相当长一段时间内人类所面临的最严峻的一个社会经济问题和环境问题。我国是一个发展中国家,人口众多,水资源开发利用水平较低,加上区域水土资源分布的不均衡,水问题更为严重。洪涝灾害、干旱缺水、水体污染和水土流失四大问题严重制约了我国社会经济的发展。

图2-1 地球更像是"水球"

第一节 水—你知道多少

一、你了解水吗

人类很早就知道水、利用水，水无色、无味、无嗅、透明，是自然界中最常见的液体。古代哲学家们认为，水是万物之源，万物皆复归于水，所以一直把水、火、气、土当做四个基本元素，由它们构成世界上一切物体。直到1784年英国科学家卡文迪许用实验证明水不是元素，是由两种气体化合而成的产物。1809年，法国化学家盖吕萨克测定，1体积氧和2体积氢化合，生成2体积水蒸气。后来的科学家定义了水的分子式：H_2O（图2-2）。

图2-2 H_2O

水资源是一种可以更新的自然资源。广义的水资源包括海洋、江河、湖泊、冰川、沼泽等所有地表水，还包括地下水、土壤水、大气水等；狭义的水资源专指在一定经济技术条件下，人类可利用的淡水。

二、水资源的分布与循环

（一）水资源的分布和利用

目前人类比较容易利用的淡水资源，主要是河流水、淡水湖泊水以及浅层地下水，储量约占地球总水量的0.26%。在这部分水中，还需扣除被污染的水体含水，余下的才是可用的水资源。在可用的水资源中，70%用于农业，20%用于工业，剩余的10%供饮用和其他生活用途。在低收入国家，这个比例是89%、5%、6%。

大陆水资源在地区上的分布极不均匀，有些地方多年干旱，有些地方接连洪涝。一般来说，离海洋越近，大气湿度越大，降水越多，水资源就越丰沛。海拔高、植被密的地区，水资源也较丰富。水资源是否丰富还与人口数量有关，人口密集的地方，水资源就紧张。水固然是大自然对生物的恩赐，但并非慷慨，滥用、浪费和污染会加重了水资源的短缺。

（二）水的循环

地球上的水是一个有联系的整体。地球上的水不是静止的，它是在不断运动变化和相互交换的，形成一个巨大的循环系统(图2-3)。其中包括水的自然循环和社会循环。水的自然循环是海水在阳光的照射下，不断蒸发，形成水汽弥漫在海洋上空；一部分水汽被气流输送到陆地上空，遇冷就凝结成细小的水滴，变成云，降落到地面就是雨或者雪；降水落地后，有的流到洼坑里，有的渗入地下，有的流入小溪，汇进江河，奔向海洋。水是关系人类生存发展的一项重要资源。水的社会循环是人类社会为了生产、生活的需要，抽取附近河流、湖泊等水体，通过给水系统用于农业、工业和生活。在此过程中，部分水被消耗性使用，而其他则成为污、废水，需要通过排水系统妥善处理和排放。

图2-3　水循环

第二节　我们的水怎么了

适合人类居住的大都是沿海地区。据统计，全球75%的人口聚集在离海洋不到300千米的地带。这一地带地势相对平坦、土质肥沃、物产丰富、舟楫便利，更主要的是这里淡水资源相对丰富。随着地球上人口的不断增长，沿海地区的人口越来越稠密，致使供水压力越来越大。由于降水和人口分布的不匹配，水环境问题成为人类仅次于"温室效应"的第二大问题。

纵观人类几千年来的历史，几乎可以说是与水奋斗的历史，逐水而居的历史。毫不夸张地说，与水争斗是人类前进的一个引擎。人类对水的依赖就如同鱼儿对水的依赖，没有与大江大河旱涝灾害的斗争，就没有古代文明的诞生——埃及文明起于尼罗河(图2-4)、中华文明来自黄河之畔(图2-5)、印度文明源于恒河(图2-6)、古巴比伦文明崛起于两河流域(图2-7)。虽然战争和杀戮可以减少一个种族的人口，但缺水却能灭绝一种文明，少水的城市或国度虽也能繁华一时，但终必消亡。所以，人类几千年的历史，说到底就是与水奋斗的历史，就是自然界不断给人类施加灾害危机，从而不断促使人类产生新方法、新思路、新技术、新学说，使危机和压力转换成人类前进的动力。

地球上的水不停地运动着，变化着，形成一个巨大的循环系统。水循环保证了人类淡水的供应和生命的延续，但地球人口急剧膨胀，资源急剧消耗，环境急剧恶化等形形色色的问题，也给人类带来了不和谐的水问题，可归结为洪涝灾害、干旱缺水、水体污染、水土流失。洪涝灾害侵吞着我们的家园，

图2-4　埃及尼罗河畔的法老雕像

图2-5　黄河——中国的"母亲河"

图2-6　恒河——印度文明的摇篮

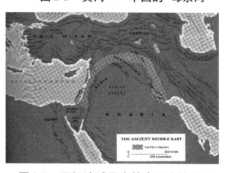

图2-7　两河流域孕育的古巴比伦文明

干旱缺水撕裂着大地的皮肤，水污染毒害着我们的身体，水土流失带走了肥沃的土壤，地球生态环境遭受严重破坏。中国水资源也主要面临上述水问题的挑战。

一、水问题

（一）洪涝灾害（水多问题）

洪水是一种自然现象，只有当洪水、涝渍威胁到人类安全和影响社会经济活动并造成损失时，才称为洪涝灾害。自古以来，洪涝灾害一直是困扰人类社会发展的自然灾害（图2-8）。洪涝灾害具有双重属性，既有自然属性，又有社会经济属性。

图2-8　安徽省宣城市洪涝灾害

将洪水与猛兽相提并论，说明它们一样残酷无情。洪水不仅侵吞生命，还淹没田园、毁坏财产（图2-9），对人类的危害更大，造成的损失受严重。无形水灾的发生具有隐蔽性和渐进性，灾害效应持续时间长，灾害的发展又往往以潮灾、洪灾、海啸（图2-10）等形式表现出来。人们有时遭难不知有灾，遭灾不知损失，因此，是一种无形水灾。今后我国洪涝灾害表现出经济损失增长的趋势、小水大灾现象不断发生、流域洪涝灾害治理态势不平衡，中小河流治理相对滞后、城市防洪排涝问题凸显等趋势特征。

图 2-9 洪水淹没街道

图 2-10 海啸吞噬大地

(二)干旱缺水(水少问题)

仅仅从自然的角度来看,干旱和旱灾是两个不同的科学概念。干旱通常指淡水总量少,不足以满足人的生存和经济发展的气候现象。干旱一般是长期的现象,而旱灾却不同,它只是属于偶发性的自然灾害,甚至在通常水量丰富的地区也会因一时的气候异常而导致旱灾。干旱和旱灾从古至今都是人类面临的主要自然灾害。即使在科学技术如此发达的今天,它们造成的灾难性后果仍然比比皆是。尤其值得注意的是，随着人类的经济发展和人口膨胀，水资源短缺现象日趋严重，这也直接导致了干旱地区的扩大与干旱化程度的加重，干旱化趋势已成为全球关注的问题。

没有水，我们再也不能欣赏黄山的茫茫云海、关外的北田银妆，奔腾不息的江河将会断流，星罗棋布的湖泊将会干涸（图2-11），浩瀚无际的海洋就会消失，耕种的农田也将干涸（图2-12）。

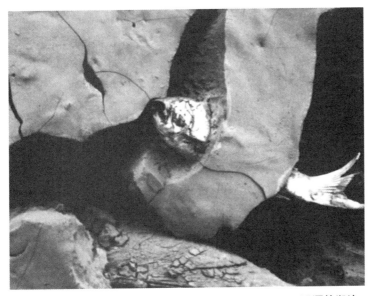

图 2-11 干涸的湖泊

图 2-12 农田严重干旱

(三)水体污染(水脏问题)

水是万物之源,水孕育着一切生命,包括人类。地球上的生命是从单细胞开始逐渐演变的,都是在水中诞生的。没有水,即没有生命。人,就是从一个受精卵细胞浸泡在母体的羊水中发育成胎儿的。羊水的质量与小生命的发育成长息息相关。水,这无色无味无处不在的透明液体——在你的血液中占90%,在你的脑中占85%,在你的心脏中占80%,在你的肾脏中占83%,在你的骨骼中占22%……

在中国古代文学中,水也成为文人墨客争相常用不衰的主题。但是,近年来人们谈"水"色变。自来水、雨水、河水,这些最常见的不同形态的水,给人们的心中蒙上了一层阴影。面对地球上有限的水资源,人们在不断开采和利用的同时,也在不断地制造水污染,对人类自身而言,无疑将是一场悲剧。有人比喻说。在地球这个大水缸里可用的淡水只有一汤匙,而这一汤匙水又遭到严重污染。

造成我国水污染的原因可归纳为以下几点。

造成水污染的成因可以分为:一是自然污染,由于自然规律的变化和土壤中矿物质对水源造成污染;另一个是人为污染,由于人类的生活、生产活动所造成的污染。当前对水体危害较大的是人为污染。它包括工业废水污染、农业污染、生活污水污染以及城市生活垃圾带来的水污染。

1. 工业废水污染

工业废水是水体主要污染源,它面广、量大、含污染物质多、组成复杂,有的毒性大,处理困难(图2-13)。如电力、矿山等部门的废水主要含无机污染

图 2-13　工业废水污染河流

物，而造纸、纺织、印染和食品等工业部门，在生产过程中排出的大量废水有机物含量很高，BOD_5 常超过 2000 毫克/升，有的达 30000 毫克/升。2014 年，全国废水排放总量为 716.2 亿吨。其中，工业废水排放量为 205.3 亿吨，占全国废水排放总量的 28.67%。

2. 农业污染

农业污染源是指由于农业生产而产生的水污染源，包括农药、化肥的施用、土壤流失和农业废弃物等。例如，化肥和农药的不合理使用，造成土壤污染，破坏土壤结构和土壤生态系统，进而破坏自然界的生态平衡；降水形成的径流和渗流将土壤中的氮、磷、农药，以及牧场、养殖场、农副产品加工厂的有机废物带入水体，使水质恶化，造成水体富氧化等（图2-14）。

图 2-14　"毒"步"田"下

随着化肥施用量的快速增长，导致土壤板结、耕作质量差，肥料利用率低，土壤和肥料养分易流失，污染了地表水和地下水。农药对水体所造成的污染非常严重。我国农药总产量目前已经超过 40 万吨，生产品种从 1986 年的 5 个发展到 200 多个，每年农药使用量在 23 万吨左右，平均使用农药 2.33 千克/公顷。根据分析，一般只有 10%~20% 的农药附着在农作物上，而 80%~90% 则流失在土壤、水体、空气中，在灌溉水与降水等的淋溶作用下污染水体。

3. 生活用水污染

城市每人每日排出的生活污水量为 150~400 升，其量的多少与生活水平有密切关系。生活污水中含有大量有机物,如纤维素、淀粉、糖类、脂肪蛋白质等;也常含有病原菌、病毒和寄生虫卵;无机盐类的氯化物、硫酸盐、磷酸盐、碳酸氢盐和钠、钾、钙、镁等。这些生活污水的总的特点是有机物含量高,易造成腐败(图2-15)。

图 2-15　生活污水直接排放

我国生活污水排放量由1998年的195亿吨增长至2013年的485亿吨,复合增长率为6.38%。生活污水排放量占全国污水排放总量的比重亦由2000年的53.21%上升至2013年69.76%,未来随着我国人口数量的不断增加、城市化进程的继续推进和人民生活水平的提高,生活污水排放量将继续增长,成为新增污水排放量的主要来源。

4. 生活垃圾带来的水污染

生活垃圾主要是厨房垃圾、废塑料、废纸张、碎玻璃、金属制品等等。我国人口众多,居民的生活垃圾数量也很大(图2-16)。五亿多城镇人口按每天产生1千克计,十亿多农村人口按每天产生0.5千克计,每天共产生100万吨生活垃圾。由于人口不断增长,生活垃圾正以每年10%的速度增加。生活垃圾利用率低,在堆置或填埋工程中,产生大量酸性、碱性有毒物质,以及工业、生活排放出来的含汞、铅、镉等废水,渗透到地表水或者地下水造成水体污染,浅层地下水不能使用,甚至水质恶化,全国60%的河流存在的氨氮、挥发酚、高锰酸盐污染,氟化物严重超标,水体丧失自净功能,影响水生物繁殖和水资源利用,导致生态环境恶化,威胁饮水和农产品安全。

图 2-16　河道飘满生活垃圾

(四)水土流失(水浑问题)

古语有云：皮之不存，毛将焉附。这是对我国水土流失严重的深切感受。水土流失是指在水流作用下，土壤被侵蚀、搬运和沉淀的整个过程。在自然状态下，纯粹由自然因素引起的地表侵蚀过程非常缓慢，常与土壤形成过程处于相对平衡状态，因此坡地还能保持完整，此类侵蚀称为自然侵蚀，也称为地质侵蚀。在人类活动影响下，特别是人类严重地破坏了坡地植被后，由自然因素引起的地表土壤破坏和土地物质的移动，导致流失过程加速，即发生水土流失(图 2-17)。

图 2-17　水土流失导致河道堵塞

19世纪以来，全世界土壤资源受到严重破坏。在我国水土流失严重地区，每年流失的土层厚度均在1厘米以上。"民以食为天""有土则有粮"，拥有丰富的水土资源是立国富民的基础。如果水土资源遭到破坏，进而衰竭，将危及国家和民族的生存。这个结论在世界历史发展进程中已经得到了证明：古罗马帝国、古巴比伦王国衰亡的重要原因之一，就是水土流失导致生态环境恶化，致使民不聊生；希腊人、小亚细亚人为了取得耕地而毁林开荒，造成严重的水土流失，致使茂密的森林地带变成荒无人烟的不毛之地。水土流失、土壤盐渍化、沙化、贫瘠化、渍涝化，以及由自然生态失衡而引起的水旱灾害等，正使耕地逐渐退化而丧失生产能力。目前，全球约有15亿公顷的耕地，由于水土流失与土壤退化，每年损失500万~700万公顷。如果土壤以这样的毁坏速度计算，全球每20年丧失掉的耕地就等于今天印度的全部耕地面积(1.4亿公顷)。而由于世界人口的不断增加，人均占有土地面积将进一步减少。因此，水土流失问题已引起了世界各国的普遍关注，联合国也将水土流失列为全球三大环境问题之一。

我国是世界上水土流失最严重的国家之一，根据全国第二次水土流失遥感调查，20世纪90年代末全国水土流失总面积为356万公顷，其中：水蚀为165万公顷；风蚀为191万公顷；水蚀风蚀交错区水土流失面积为26万公顷。由于特殊的自然地理条件，水蚀、风蚀、冻融侵蚀广泛分布，局部地区存在滑坡、泥石流等重力侵蚀。随着城市化和工矿业的发展，地表扰动，植被被破坏，进一步加剧了水土流失。水土流失成为我国的头号环境问题，给社会经济发展和人民群众生产、生活带来严重危害。主要表现在耕地减少，土地退化严重；泥沙淤积，加剧洪涝灾害；影响水库资源的综合开发和有效利用，加剧干旱的发展；生态环境恶化，加剧贫困等方面。

水土流失是我国生态环境恶化的主要特征，是贫困的根源。尤其是在水土流失严重地区，地力衰退，产量下降，形成"越穷越垦，越垦越穷"的恶性循环。目前全国农村贫困人口90%以上都生活在生态环境比较恶劣的水土流失地区。生态系统失衡造成各类农业自然灾害加剧，受灾面积扩大到年均4000万公顷。因灾害导致年均损失粮食2000多万吨，棉花22万吨。20世纪90年代中期至21世纪初，我国北方地区"沙尘暴"频繁发生，危害程度不断加剧。

二、保护水环境

目前我国的洪涝灾害、干旱缺水、水体污染和水土流失等四大水问题日趋严重，国家将采取综合措施着力解决这四大水问题。主要措施包括：在解决防洪问题上，最核心的是要"给洪水以出路"；在解决干旱缺水问题上，关键是要建设节水型社会；在解决水污染问题上，重点是要发展循环经济，严格控制污染物的排放；在解决水土流失问题上，最根本的是要充分利用和发挥大自然的自我修复能力。

①解决水多问题靠的是防汛，要调整思路，从控制洪水向管理洪水转变，特别要重视给"洪水以出路"和洪水资源化。

②解决水少的对策统称抗旱，主要包括：一是修水库，从时间上调节水资源；二是调水，从空间上调节水资源，如南水北调；三是节水，建设节水型社会，这是解决水少问题的科学性、革命性措施；四是配置，是合理地开发利用水资源的必要手段；五是应急调水、运水、抽水、增水等，是解决缺水的非常措施。

③解决水脏的对策总体上是要促进各行各业推行循环经济。水利部门要做好水资源保护工作：一是对水质进行监督；二是实行排污权管理，提出河流的纳污总量；三是应急调水释污。

④解决水浑的办法是靠水土保持，主要对策就是以水土资源的可持续利用和生态环境的可持续维护为根本目标，监督、修复、治理、测评四管齐下，当前重点是充分依靠大自然的修复能力，同时注意保护饮水安全和建设美好家园。

案例：

治水之变：从"人力胜天"到"给洪水出路"最终"变害为利"

1998年的那场防洪抗洪，成为推动中国从传统水利向现代水利转变的重大契机，而1998年后中国所用的治水之道，将在今天遇到最为严峻的考验。

一、人力能否胜天

1998年抗洪，人们印象最为深刻的莫过于"严防死守"。在中国堤防标准与安全性无法令人满意的情况下，依靠人力优势死保堤防安全，最大限度地发挥河道、湖泊行洪与蓄水能力，以尽可能减少水淹面积，减少水灾损失。减少分洪区域，河道、湖泊的水位必然上涨。因此，"死守"成为唯一的选择。选择"严防死守"的根本原因，还是水利设施的薄弱。

尽管1991年中国已经提出"要把水利作为国民经济的基础产业，放在重要战略地位"；1995年又建议"把水利列在国民经济基础设施建设的首位"。然而统计资料表明，1991年至1997年水利累计完成投资仅占全社会投资比例的1%，远低于能源的12.4%、交通的7.85%和邮电的4.2%。长江治水的真正开始是在1954年的大洪水之后。当时在中央的指导下，地方在洞庭湖、荆江区域建起了很多防洪工程。建国初期基本防洪工程建设采取"义务出工"的模式。

国家对水利真正的大规模投入是在1998年抗洪之后，连续几年发行国债，从国债中提供财力，用于长江的堤防建设、水库的除险加固。短短几年的投入，超过了新中国成立以后到1998年期间的全部防洪投入。1998年至2002年，中央水利基建投资1786亿元，是1949年至1997年累计投资的2.36倍。年度平均投资357亿元，是1991年至1997年平均投资强度的4.2倍。1998年后国家的巨大投入，体现了大灾之后有大治的特点。

二、给洪水以出路

1998年的洪水，不仅令各级政府清醒地意识到防洪抗洪的严峻形势，也使人们开始从社会、经济、生态、环境等更广阔的视野上，广泛探讨洪水问题。原来治水的思路是以修建大量工程为主，以为通过人的努力，就能把洪水防住，是一种'控'的角度。但在1998洪水后，意识到洪水的问题是大自然的随机事件，不是单纯凭借人力就能直接去抗争的，我们需要用系统的方法全盘考虑长江洪水灾害的治理。例如，人们开始意识到"围湖造田"的行为存在问题。新中国成立以后，为大力发展农业生产，对有调蓄长江水作用的洞庭湖等湖泊，进行大片围垦造田。这些围垦地完全依靠土堤，也就是圩垸保护。垸堤标准低，堤质差，平常还能勉强自保，一旦遇上1998年这样的特大洪水就是灭顶之灾。

国务院随后提出"封山植树、退耕还林，退田还湖、平垸行洪，以工代赈、移民建镇，加固干堤、疏浚河道"32字政策措施。国家投资100多亿元对湖南、湖北、江西、安徽四省的1200多个圩垸进行了平退。规划平退1405个圩垸，在2003年年底以前完成。时任水利部部长的汪恕诚在2003年全国水利厅局长会议上指出，这是我国历史上自唐宋以来第一次从围湖造田、与水争地，自觉主动地转变为大规模的退田还湖。但是，这种较好的治水方针因为疾风暴雨的推进速度，也遗留下一些问题。在某种程度上，这种速度隐藏了"大灾之后图大治"的惯有思维，一旦遭遇大洪灾，就快速采取某种治理措施或掀起一阵水利工程建设的高潮。随着国人对防洪安全保障需求的提升，社会更加渴望长效的治水方略。2000年开始，国家陆续出台《防洪法》等多项法律法规。其中《蓄滞洪区运用补偿暂行办法》作为《防洪法》的配套法规的实施，在2003年淮河大洪水中，为减少行蓄洪区运用的阻力发挥了重要的作用。

三、变害为利

进入21世纪后，中国在治水思路上更加强调的是：从社会经济可持续发展的各种因素，综合考虑防洪战略，形成更加现代的治水思路。2003年，国家防总与水利部明确提出，防洪在思路上，要从控制洪水向管理洪水转变。

一是要从综合的角度去考虑洪水。它不仅是灾害，在一定条件下也可能变成资源。二是从风险的角度去考虑洪水的问题：洪水灾害是风险的概念，它只能降低或转移，不可能完全消除，人们要从降低风险的角度，来考虑一系列行为。

在新时期的治水过程中，更加紧急的是"普通民众、管理部门以及指挥机构的综合应急能力"。任何级别的灾害发生的时候，都有应对的应急管理和非工程措施。"现在很多地方发生的人员死亡，实际上是对灾害认识不足，准备不足，造成的后果。"

案例：

节水从我做起

一、树立节水意识

长期以来，人们普遍认为水是"取之不尽，用之不竭"的，不知道爱惜，而是浪费挥霍。当知道我国水资源人均量并不丰富，地区分布不均匀，年内变化莫测，年际差别很大，再加上污染，使水资源更加紧缺，自来水其实来之不易。节水要从爱惜水做起，树立"节约水光荣，浪费水可耻"的信念，才能时时处处注意节水。

二、养成好习惯

据分析，家庭只要注意改掉不良的习惯，就能节水70%左右。浪费水的习惯很多，比如：用抽水马桶冲掉烟头和碎细废物；为了接一杯凉水而白白放掉许多水；先洗土豆、胡萝卜后削皮，或冲洗之后再择蔬菜，用水时的间断（开门接客人，接电话，改变电视机频道时），未关水龙头；停水期间,忘记关水龙头;洗手、洗脸、刷牙时,让水一直流着;睡觉之前、出门之前,不检查水龙头;设备漏水,不及时修好。

三、用节水器具

家庭节水除了注意养成良好的用水习惯以外,采用节水器具很重要,也最有效。有的人宁可放任自流,也不肯更换节水器具,其实,交这么多水费长期下来是不合算的。节水器具种类繁多,有节水型水箱、节水龙头、节水马桶等。从原理来说,有机械式(扳手、按钮的)和全自动(电磁感应和红外线遥控)两类。

四、查漏塞流

在家中"滴水成河"并非开玩笑。要经常检查家中自来水管路。防微杜渐,不要忽视水龙头和水管节头的漏水。发现漏水,要及时修理,堵塞流水。一时修不了的漏水,干脆随时用总节门暂时控制水流也是可考虑的。管好水龙头,把水龙头的水门拧小一半,漏水流量自然也小了,同样的时间里流失水量也减少一半。

测量自来水的流量

流量,就是单位时间(比如1秒钟)流出(流过)的水量。测定家中自来水的流量,道理和测定长江的流量一样,只是办法不相同。先准备一个规则的水桶,计算出它的容积(比如18.6升);再准备一块马表(跑表、停表),没有马表,普通手表也行。测量时,首先最大限度地打开水龙头的开关,待水流平稳以后,将水桶移入,开始接水,同时进行计时,待水桶水满之际,停止计时,读出历时(比如23.4秒);所测得的流量值是容积被历时除,即18.6升/23.4秒=0.795升/秒。为可靠起见。测三次,取三次结果的平均数。如果家中装了水表,读一下水表就可以知道过水量,测流就更加方便。

案例:

人民日报快评:绿水青山就是金山银山

以小流域综合治理为抓手的赣南水土保持和生态修复,探索出了一条实现"绿水青山就是金山银山"的路子,可复制可推广。

生态文明建设事关中华民族永续发展。但近年来一些地方在处理发展与环保时,觉得"鱼与熊掌"难以兼得,究其原因在于割裂了"金山银山"与

"绿水青山"的关系,没能按照生态文明建设的要求找到其中的利益结合点。由于得天独厚的自然优势和政策优惠,在30多年的治理水土流失中,赣南居民逐渐告别了原始粗放的"吃山"办法,努力将生产方式、生活方式转换到绿色化的轨道上来,初步实现了环境保护与群众增收的多赢。

当然,根据绿色化的新要求,植树造林防治水土流失,只是绿色发展的初级阶段,赣南仍属于集中连片的国家级贫困区。今后在工业化、城镇化过程中,赣南面临着远比治理水土流失更加复杂艰巨的生态治理任务,绿色发展之路能走多远,关键看绿色产业能够培养多大、多强。只有将产业结构和生产方式真正转变到资源消耗低、环境污染少的模式上来,才能让群众守护好山水,才能真正实现青山常在、清水长流、空气常新。

第三节 海洋危机

海洋,是生命的摇篮,是人类文明的赋予者。海洋为生命的诞生进化与繁衍提供了条件;海洋是风雨的故乡,它在控制和调节全球气候方面发挥有重要的作用;海洋是资源的保护,它为人们提供了丰富的食物和无穷尽的资源;海洋是交通的要道,它为人类从事海上交通,提供了经济便捷的运输途径;海洋是现代高科技研究与开发的基地,它为人们探索自然奥秘,发展高科技产业提供了空间。

然而,谁也不可否认,20世纪全球环境的恶化,经济的畸形发展,使能源、粮食和水危机的阴影重重笼罩在人们的头上。陆地已不堪重负,而海洋有可能是人类第二个生存空间。但是海洋也正遭受来自人类造成的环境污染而引发的海洋危机。

一、石油污染

当今全球经济在高速地发展,石油的开发对经济的发展有着举足轻重的作用,由于石油在开采、运输、装卸、加工和使用过程中,泄漏或者乱排放造成了一系列的海洋污染(图2-18)。石油漂浮在海面上,迅速扩散形成油膜,油

图2-18 被石油污染的动物

类可黏附在鱼鳃上，使鱼窒息，抑制水鸟产卵和孵化，破坏其羽毛的不透水性，降低水产品质量。油膜形成可阻碍水体的复氧作用，影响海洋浮游生物生长，破坏海洋生态平衡，此外还可破坏海滨风景，影响海滨美学价值(图2-19)。

图 2-19　渔民清理发生在大连港附近的石油泄漏

二、核污染

2011年3月11日，日本福岛第一核电站1号反应堆所在建筑物爆炸后，日本政府13日承认，在大地震和海啸中受损的福岛第一核电站2号机组可能正在发生"事故"(图2-20)，2号机组的高温核燃料正在发生"泄漏事故"。该核电站的3号机组反应堆面临外部氢气爆炸风险。

图 2-20　日本地震引发核泄漏

一定量的放射性物质进入人体后，既具有生物化学毒性，又通过辐射作用造成人体损伤；体外的电离辐射照射人体也会造成损伤，放射性核素可以对周围产生很强的辐射，形成核污染。放射性沉降物还可以通过食物链进入人体，在体内达到一定剂量时就会产生有害作用。人会出现头晕、头疼、食欲缺乏等症状，发展下去会出现白细胞和血小板减少等症状。如果超剂量的放射性物质长期作用于人体，就能使人患上肿瘤、白血病以及造成遗传障碍（图2-21）。

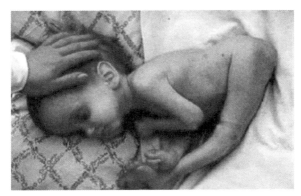

图 2-21　核泄漏事故后出生的畸形婴儿

三、水体富营养化

1971年某天早晨，日本濑户内海的渔民正要出海打鱼，忽然发现了一种奇妙的景象：海水在一夜之间由蔚蓝色变成了赤红色，好像是在海湾上铺了一块硕大无比的红地毯（图2-22），一时间消息不胫而走。附近的人们都来观看这闻所未闻的奇景，然而这并不是什么奇观，而是一场灾难，没过多久海风带来阵阵恶臭，死鱼大批飘向岸边，这时渔民们才恍然大悟：我们的生计完了。

1. 什么是水体富营养化

水体富营养化是指在人类活动的影响下，氮、磷等营养物质大量进入湖泊、河口、海湾等缓流水体，引起藻类及其他浮游生迅速繁殖，水体溶解氧量下降，水质恶化，鱼类及其他生物大量死亡的现象。

2. 什么是赤潮

赤潮是在特定的环境条件下，海水中某些浮游植物、原生动物或细菌爆发性增殖或高度聚集而引起水体变色的一种有害生态现象。

图 2-22 赤潮现象 I

知识链接

何为赤潮？

赤潮，被喻为"红色幽灵"，国际上也称其为"有害藻华"。赤潮又称红潮，是海洋生态系统中的一种异常现象。它是由海藻家族中的赤潮藻在特定环境条件下爆发性增殖造成的。海藻是一个庞大的家族，除了一些大型海藻外，很多都是非常微小的植物，有的是单细胞植物。根据引发赤潮的生物种类和数量的不同，海水有时也呈现黄、绿、褐色等不同颜色（图 2-23）。赤潮的危害如下：

一是大量赤潮生物集聚于鱼类的鳃部，使鱼类因缺氧而窒息死亡。

二是赤潮生物死亡后，藻体在分解过程中大量消耗水中的溶解氧，导致鱼类及其他海洋生物因缺氧死亡。同时，还会释放出大量有害气体和毒素，严重污染海洋环境，使海洋正常的生态系统遭到严重的破坏。

三是鱼类会吞食大量有毒藻类，引起鱼类中毒。

四是有些藻类会分泌有毒物质使水体污染导致鱼类死亡。

赤潮发生后，除海水变成红色外，同时海水的 pH 值也会升高，黏稠度增加，非赤潮藻类的浮游生物会死亡、衰减；赤潮藻也因爆发性增殖、过度聚集而大量死亡。

图 2-23　赤潮现象 II

四、过度捕捞

浩瀚的海洋为生物生长提供了最为广阔的空间。人类自古就开始的渔猎生活，到今天已经被大规模的工业化渔业生产取代，人类在向海洋进军的回程中对海洋的索取越来越多，当人类的索取超过了海洋能够负载的限度时，海洋的渔业资源开始逐渐萎缩，如果不加限制，渔业资源最终会走向枯竭。近年来，随着世界人口的急剧增长，世界渔业生产的发展速度很快，很多渔区都有过量捕捞的现象。

人类对某些传统经济鱼类的过度捕捞，使近海的鱼虾资源跌到了接近零的程度(图2-24)，不仅数量减少，质量下降，还导致部分非经济生物由于天敌锐减而大量繁殖，从而导致海洋生态系统失去平衡，海洋环境遭到破坏。

捕鲸曾经是人类破坏海洋资源最严重的做法。由于鲸油可以食用，鲸肉可以食用，鲸鱼皮可以制革，鲸的肝脏可以制作鱼肝油。所以在以石油为原料的化工业兴起之前，鲸成为一种重要的工业原料的来源。20世纪初捕鲸业的兴旺给世界鲸类资源带来了灭顶之灾。早期的捕鲸船使用风帆作动力。猎手们手持带倒钩的长矛刺中鲸背，任由鲸扎到筋疲力尽，然后用粗绳捆住鲸的尾鳍，把它们拖上船来，屠宰加工。捕鲸炮的发明使捕鲸业兴旺发达起来，捕鲸叉被安装在炮口前，射手瞄准在海面换气的鲸，当捕鲸叉刺进鲸的身体后，人们听到鲸鱼绝望的叫声，这些被刺中的鲸要经过半小时才会痛苦地死去，人类成为残忍的刽子手（图2-25）。在善良的人们的倡导下，国际社会终于通过了保护鲸类资源的国际公约。但是，一些有食用鲸肉习惯的民族仍旧在从事非法的捕鲸贸易。

图2-24　过度捕捞

图2-25　捕杀鲸鱼

案例：

拯救海洋，全球在行动

2012年2月24日，世界银行行长罗伯特·佐利克在新加坡宣布发起"拯救海洋全球联合行动"，并声明"我们现在需要发出新的求救信息：救救我们的海洋！"他希望集合政府、非政府组织、科研机构以私人企业界等各方力量，共同努力保护海洋系统的健康，恢复渔业资源。

罗伯特在《经济学家》杂志主办的世界海洋峰会上说，这一行动的目标包括：在未来10年内，使海洋保护区的面积占全球海洋总面积的比例由目前的不足2%提高到5%；未来10年内使目前被认为已枯竭的渔业资源有至少一半得到恢复；未来10年内使全球渔业经济效益由目前的每年亏损50亿美元转变为有200亿至300亿美元的收益等。

"保护海洋环境免受陆源污染全球行动计划"(Global Programme of Action for the Marine Environment from Land-based Activities)简称GAP。它是1995年由多个涉海国家和地区在联合国形成并通过的一项国际协定。各国政府声明，决心通过在国家层面发起行动并通过区域的合作，保护海洋环境，使之免受污水、物理改造和生境破坏、营养物、沉积物松动、持久性有机污染物、油类、垃圾、重金属和放射性物质的危害。

知识链接

日本捕鲸业

日本捕鲸活动是日本渔民在日本政府的鼓励下以"科学考察"为借口进行的捕鲸活动(图2-26)，他们甚至商业捕杀一些稀有鲸种，是世界各国少见的大规模捕鲸活动(从1986年起世界绝大多数国家都禁止商业捕鲸)。

日本商业捕鲸有400多年的历史，日本是目前世界上最大的捕鲸、食鲸国家。东京南部的和田町毗邻太平洋，西积32.45平方千米，人口约5800人，是日本历史最悠久的捕鲸渔村，是目前日本四大捕鲸基地之一，当地人捕鲸和屠宰鲸的手艺娴熟，鲸肉是当地人主食之一。南槌鲸每年6月会到和田町的房总半岛附近海域觅食，当地渔民们的捕鲸忙季从6月一直持续到9月为止。日本在太平洋海域有捕鲸船1000余艘，捕鲸渔民及相关产业工人约10万人，拥有6个捕鲸基地。

图 2-26　捕杀鲸鱼的场面

　　日本的捕鲸活动受到世界许多国家反对，阿根廷、巴西、智利、墨西哥、秘鲁等拉丁美洲 9 国发表联合声明宣布成立"布宜诺斯艾利斯集团"，共同反对日本在南极海域的鲸类保护区以科研名义猎捕鲸鱼。声明指出，日本不顾国际社会强烈反对，每年前往南极海域捕鲸，其中包括一些濒危鲸类，这不仅威胁特殊鲸类的繁衍和生存，更使得各国不能就捕鲸禁令达成一致。如果日本不停止捕鲸，他们将在国际法庭对日本提起诉讼（图 2-27）。

图 2-27　捕鲸船用高压水阻止绿色和平组织的抗议活动

我们只有一个地球，地球上只有一捧海水。洁净明亮的海水，对于我们人类，对于地球上所有的生灵是非常重要的。

让我们记住一位哲人曾经说过的话：海洋养育了我们，我们要感谢海洋。作为生命最初的摇篮中的后代，我们光滑的皮肤，我们血管里的血，我们体内循环的水，都是海洋的所有，我们只是海洋的一分子。

第三章　大地疮疤

　　土壤、能源、矿产是我们生活离不开的重要资源。我国虽然地大物博，但资源相对紧张的矛盾正日益加剧，危机已经开始显现。认识我们生活的大地，了解我们大地存在的各种问题，有利于生态文明建设的开展和推动。

　　土壤是覆盖在地球陆地表面上能够生长植物的疏松层，是地球系统无机界向生物有机界转化的"桥梁"，是陆地生态系统和生命发展的基础。严格保护耕地和集中式饮用水水源地土壤环境、加强土壤污染物来源控制、严格管控受污染土壤的环境风险、开展土壤污染治理与修复和提升土壤环境监管能力是国务院强调的当前我国土壤污染防治的主要任务。能源是人类赖以生存和社会经济发展的物质基础与重要支柱。人类的生活水平、生产活动方式，一个国家或地区的经济结构、技术水平和社会文明，无不与能源紧密相关。在人类历史上，从钻木取火到蒸汽机的发明，从电流的发现到电能的广泛应用，从新能源的研究开发到原子能的和平利用，能源利用的每一次突破，都使人们改造社会的能力上升到一个新的水平，进而把人类社会推向更高的发展阶段。矿产资源指经过地质成矿作用，使埋藏于地下或出露于地表，并具有开发利用价值的矿物或有用元素的含量达到具有工业利用价值的集合体。矿产资源是重要的自然资源，是社会生产发展的重要物质基础，现代社会人们的生产和生活都离不开矿产资源。

第一节　土地——人类的母亲

一、土地的精髓——土壤

　　土壤处于陆地生态系统中的无机界和生物界的中心，不仅在本系统内进行着能量和物质的循环，而且与水域、大气和生物之间也不断进行物质交换，一旦土壤产生问题，三者之间就会相互传递、相互影响，进而引发并带来一系列严重的危害。

(一)土壤的六大功能

土壤具有以下六大基本功能：①生产功能，生产了地球上90%以上的食物和纤维；②生态功能，承担了地球表层生态系统中物质流和能量流的调蓄与再分配；③基因保护功能，保护土壤与地表生物的多样性，即起到基因库的作用；④基础支撑功能，是社会经济发展的空间与物质基础；⑤原材料功能，提供砂石、黏土，用于建筑、陶瓷等；⑥文化景观功能，维护自然景观与文化遗迹。

(二)土壤的"生、老、病、死"

土壤可以经历产生、发育、成熟和衰老等不同的阶段，从"新生土"(土壤分类学上称为"新成土"土纲)、"幼年土"(土壤分类学上称为"雏形土"土纲)、"中年土"(土壤分类学上称为"淋溶土"等土纲)、"老年土"(土壤分类学上称为"老成土"等土纲)。从土壤的发育到土壤的消亡，类似生命周期，因而可以把土壤的发育描述视为"活机体"(图3-1)。

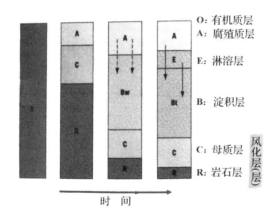

图3-1 不同发育阶段的土壤剖面特征
转引自《美丽中国之健康的土壤》

知识链接：

土壤与土地的区别

土壤是地球陆地表层具有的，肥力能够生长植物的疏松层，而土地是陆地表层一定范围内全部自然要素相互作用形成的自然综合体；构成土壤的物质包括矿物质、有机质、水分和空气，构成土地的要素成分包括岩石、地貌、气候、水文、土壤、植物、动物和微生物等。可见土壤仅仅是土地的构成要素之一，土壤能持续提供和协调植物生长所需要的水分、养分、空气和热量的能力称为土壤肥力，而土地生产力是指土地的生物生产能力，一般以产量表示，是土地质量的重要依据。据专家测算，我国南方地区土地的生物生长量比华北地区高1倍左右，比黄土高原高1~2倍，比东北地区高2~3倍，这凸显保护南方地区土壤和土地资源的重要性。

（三）土壤的"更新"和"再生"

土壤的可更新性是指依靠土壤与生物、大气的物质循环而形成的物质重复利用型，在此意思上把土壤视为可更新的自然资源。据研究报道，形成稳定状态的土壤腐殖质层（A层）需要550~1000年。土壤表层不仅与土壤肥力有密切的关系，而且可以保护土壤免受侵蚀，一旦植被和土壤表层遭受破坏，在一些地区就很容易引起崩岗、滑坡等严重的水土流失现象。

（四）土壤的自我净化

土壤自净是指进入土壤的污染物在土壤矿物质、有机质和土壤微生物的共同作用下，经过一系列的物理、化学及生化反应过程，降低其浓度或改变其形态，从而消除或者降低污染物毒性的现象。它对维持土壤的生态平衡起着极其重要的作用。

也正是土壤拥有这种特殊的功能，少量的有机污染物进入土体后，可经过生化反应降低其活性变为无毒物质；进入土壤的重金属元素通过土体的吸附、沉淀、络合、氧化还原等化学作用可变为不溶性化合物，使其某些重金属元素暂时退出生物循环并脱离食物链。

土壤的自净作用主要有3种类型，分别是物理自净作用、化学和物理化学自净作用和生物化学自净作用。

二、耕地到哪儿去了

地球上万物的生长都离不开土壤。仅占全球陆地面积的十分之一左右的耕地，养活着地球陆地上60多亿人口。土地是人类赖以生存和发展的基础，耕地是保障粮食生产能力的根本。然而，昔日的万顷良田，却在渐渐萎缩。我国耕地面积排世界第3，仅次于美国和印度。但由于我国人口众多，人均耕地面积排在126位以后，人均耕地仅1.4亩，还不到世界人均耕地面积的1/2。加拿大的人均耕地是我国的18倍，印度是我国的1.2倍。我国人均土地面积在世界上200多个国家中排110位以后。

（一）荒漠化在蔓延

荒漠化或沙漠化，是指由于气候变化和人类活动等因素使原来有生产力的土地上植被破坏、表土流失、沙漠扩展或土质恶化，已经基本丧失生产能力的土地退化过程。荒漠化的主要表现形式有土地沙漠化、草原退化、林地退化和耕地退化等。荒漠化可以发生在世界任何地方，任何土壤，但全球荒漠化主要发生在干旱、半干旱及某些半湿润地区。在历史上，荒漠化曾经扼杀了许多古代文明。现在，特别是在干旱和半干旱地区，在3600万平方千米的土地上，100多个国家，占世界六分之一人口即10亿人受到荒漠化的威胁，荒漠化的土地每年以600万平方千米的速度扩展。

（二）"水土不容"

结构和孔隙比良好的土壤是个潜在的巨大的水库，对于调节地表径流的作用不可忽视。我们对1998年的长江洪水记忆犹新，植被破坏、水土流失、土壤蓄水容量下降、地面拦蓄、截流和入渗能力变小，是导致江河水位暴涨、暴落的原因（图3-2）。

图3-2　1998年抗洪抢险

城市化快速发展导致城区不透水地面面积大量增加，改变了地面径流的时空模式和水量平衡状况，洪峰流量和频次增加，而雨洪不易蓄积，地下水补给减少。可见，城市土地利用导致土壤面积减少，非渗透地面比例增大，也是造成城市内涝的因素之一。

(三)人与地的矛盾

随着工业化、城市化的推进,农业用地与建设用地此消彼长。由于生态退耕、经济建设占用、农业结构调整、自然灾害等原因,我国耕地数量持续下降,1996—2007年,耕地从1.30亿公顷减少到1.21亿公顷。人均耕地也从1996年的0.106公顷降到了2007年的0.092公顷。当前,我国人均耕地面积不及世界平均水平的1/2。全国耕地总面积约为1.21亿公顷,人均耕地面积在0.1公顷以下,其中,北京、上海、天津、浙江、福建和广东等6省(直辖市)的人均耕地面积不足0.06公顷。全国有23.7%的县级行政区划单位(含直辖市和县级市)人均耕地面积低于联合国粮农组织所确定0.053公顷的警戒线。

由于我国农业开发历史悠久,绝大部分平原、沿河阶地、盆地和山间盆地、坝地和平缓坡地等条件优越的土壤资源均早已开垦耕种。目前,我国耕地资源的垦殖系数已达13.7%,已超过世界3.5%平均数。开垦条件较好的土壤资源所剩不多,宜农后备土壤资源明显不足。

三、我们的土地怎么了

(一)土壤污染

土壤污染是指人类活动所产生的污染物质通过各种途径进入土壤,其数量超过了土壤的容纳和同化能力,而使土壤的性质、组成及性状等发生变化,并导致土壤的自然功能失调、土壤质量恶化的现象。

1. 土壤污染的"元凶"

土壤污染物的来源具有多源性,其输入途径除地质异常外,主要是工业"三废",即废气、废水、废渣,以及化肥农药、城市污泥、垃圾,偶尔还有原子武器散落的放射性微粒等。

2. 土壤污染的后果

(1)土壤污染导致严重的直接经济损失

仅以土壤重金属污染为例,全国每年因重金属污染而减产粮食1000万吨。另外,被重金属污染的粮食每年也多达1200万吨,合计经济损失至少200亿元。对于农药和有机物污染、放射性污染、病原菌污染等其他类型的土壤污染所导致的经济损失,目前尚难以估计。

(2)土壤污染导致食物品质不断下降

我国大多数城市近郊土壤都受到了不同程度的污染,有些地方的粮食、蔬菜、水果等食物中镉、砷、铬、铅等重金属含量超标或接近临界值。据报道，仅沈阳某污灌区被污染的耕地已超过2500公顷，致使粮食遭受严重的镉污染，稻米的含镉浓度高达0.4~1.0毫克/千克（这已经达到或超过诱发骨痛病的平均含镉浓度）。对一些大城市近郊的蔬菜重金属含量的调查结果表明：重金属也在蔬菜中有所积累。另外，北京、上海、南京等大中城市蔬菜的硝酸盐超标现象也有发生。

(3) 土壤污染危害人体健康

土壤污染会使污染物在植物体中积累，并通过食物链富集到人体和动物体中，危害人畜健康，引发癌症和其他疾病等。

20世纪50年代，在日本富山市神通川流域曾出现过"骨痛病"，后来的研究证实是由于当地居民长期食用被矿山和冶炼厂的镉污染了的稻米——"镉米"和大豆所引起的。到1979年为止，这一公害事件先后导致80多人死亡，直接受害者的人数更多，赔偿的经济损失也超过20多亿日元（1989年的价格）。

(4) 土壤污染导致其他环境问题

土壤受到污染后，含重金属浓度较高的污染表土容易在风力和水力的作用下分别进入到大气和水体中，导致大气污染、地表水污染、地下水污染和生态系统退化等其他次生生态环境问题。

知识链接：

土地利用方式与面源污染

不当的土地利用方式往往造成面源污染，导致水质下降，如土地耕垦产生水土流失，继而引起泥沙、土壤养分和农用化学肥料进到地下水和河流中。在云南小江流域的研究表明，耕地扩张和大量使用化肥、农药导致面源污染，造成地下水中的NH_4^+、SO_4^{2-}、NO_3^-、NO_2^-、Cl^-含量及水的pH值、总硬度、总碱度明显升高并超标，而林地减少或林地质量的下降，使土地发生沙漠化，地下水中的Ca^{2+}、HCO^-的浓度明显降低。分析发现，地下水各指标的空间变化与土地利用空间格局的变化表现出动态一致性。农田中施用的化肥和农药，当遇到降水后经过径流将形成十分严重的面源污染。

(二) 土壤退化

随着人口—资源—环境之间矛盾的尖锐化，人类赖以生存和发展的土壤及土地资源的质量退化日趋严重，从20世纪60年代以来，世界各国对这个问题给予了极大的关注和重视。土壤及土地资源质量退化，是直接影响地球表面系统土壤的生产力及其稳定性、土地承载力，并诱发全球变化，最终能从根本上动摇人类生存和发展的物质基础。

土壤（地）退化（soil degradation）是指在各种自然和人为因素影响下，导致土壤生产力、环境调控潜力和可持续发展能力下降甚至完全丧失的过程。简而言之，土壤（地）退化是指土壤数量减少和质量降低。数量减少表现为表土丧失、或整个土体毁坏、或被非农业占用。质量降低表现为物理、化学、生物方面的质量下降。

1. 土壤退化的"元凶"

土壤退化的原因是自然因素和人为因素共同作用的结果。自然因素包括破坏性自然灾害和异常的成土因素（气候、母质、地形等），它是引起土壤自然退化过程（侵蚀、沙化、盐化、酸化等）的基础原因。而人与自然相互作用的不和谐即人为因素是加剧土壤（地）退化的根本原因。人为活动不仅仅直接导致天然土地的被占用，更危险的是人类盲目的开发利用土、水、气、生物等农业资源（砍伐森林、过度放牧、不合理农业耕作等），造成生态环境的恶性循环（图3-3）。例如，人为因素引起的"温室效应"，导致气候变暖和由此产生的全球性变化，必将造成严重的土地退化。水资源的短缺也促进土壤退化。

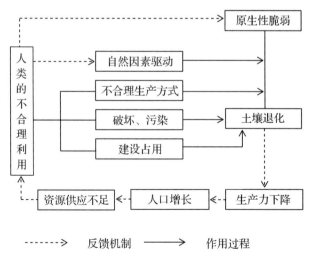

图3-3 土壤退化与人类活动的关系
引自《美丽中国之健康的土壤》

2. 土壤退化的"症状"

(1) 土壤沙化和土地沙漠化

我国沙漠化土地面积约33.4万平方千米,根据土壤沙化区域差异和发生发展特点,我国沙漠化土壤(地)大致可分为三类:干旱荒漠地区的土壤沙化;半干旱地区的土壤沙化和半湿润地区的土壤沙化。

土壤沙化对经济建设和生态环境危害极大。首先,土壤沙化使大面积土壤失去农、林、牧生产能力,使有限的土壤资源面临更为严重的挑战。我国从1979年到1989年10年间,草场退化每年约130万公顷,人均草地面积由0.4公顷下降到0.36公顷。其次,使大气环境恶化。由于土壤大面积沙化,使风挟带大量沙尘在近地面大气中运移,极易形成沙尘暴,甚至黑风暴。20世纪30年代在美国,60年代在苏联均发生过强烈的黑风暴。70年代以来,我国新疆发生过多次黑风暴。土壤沙化的发展,造成土地贫瘠,环境恶劣,威胁人类的生存。我国汉代以来,西北的不少地区是一些古国的所在地,如宁夏地区是古西夏国的范围,塔里木河流域是楼兰古国的地域,大约在1500年前还是魏晋农垦之地,但现在上述古文明已从地图上消失了。

(2) 土壤盐渍化

土壤盐渍化是指易溶性盐分在土壤表层积累的现象或过程,也称盐碱化。我国盐渍土或称盐碱土的分布范围广、面积大、类型多,总面积约1亿公顷。主要发生在干旱、半干旱和半湿润地区。盐碱土的可溶性盐主要包括钠、钾、钙、镁等的硫酸盐、氯化物、碳酸盐和重碳酸盐。硫酸盐和氯化物一般为中性盐,碳酸盐和重碳酸盐为碱性盐。

土壤盐渍化会引起植物"生理干旱":当土壤中可溶性盐含量增加时,土壤溶液的渗透压提高,导致植物根系吸水困难,轻者生长发育受到不同程度的抑制,严重时植物体内的水分会发生"反渗透",导致凋萎死亡。土壤中过多的盐分会直接毒害作物。盐渍化土壤中的碳酸盐和重碳酸盐等碱性盐在水解时,呈强碱性反应,高pH值环境会降低土壤中磷、铁、锌、锰等营养元素的溶解度,从而降低了土壤养分对植物的有效性。当土壤中含有一定量盐分时,特别是钠盐,对土壤胶体具有很强的分散能力,使团聚体崩溃,土粒高度分散,结构破坏,导致土壤湿时泥泞,干时板结坚硬,通气透水性不良,耕性变差。同时,不利于微生物活动,影响土壤有机质的分解与转化。

(3) 土壤潜育化

土壤潜育化是土壤处于地下水、饱和、过饱和水长期浸润状态下,在1

米内的土体中某些层段氧化还原电位(Eh)在200毫伏以下,并出现因铁还原而生成的灰色斑纹层、或腐泥层、或青泥层、或泥炭层的土壤形成过程。土壤次生潜育化是指因耕作或灌溉等人为原因,土壤(主要是水稻土)从非潜育型转变为高位潜育型的过程。常表现为50厘米土体内出现青泥层。

我国南方有潜育化或次生潜育化稻田400多万公顷,约有一半为冷浸田,是农业发展的又一障碍。广泛分布于江、湖、平原,如鄱阳湖平原、珠江三角洲平原、太湖流域、洪泽湖以东的里下河地区,以及江南丘陵地区的山间构造盆地,以及古海湾地区等。

(4)水土流失

水土流失是指在水力、风力、重力及冻融等自然营力和人类活动作用下,水土资源和土地生产力的破坏和损失,包括土地表层侵蚀及水的损失,亦称水土损失(图3-4)。

图3-4 水土流失地貌

四、呵护土壤健康

(一)坚守耕地"红线"

随着我国工业化、城镇化进程加快,对土地的需求持续扩大,人口增长、基础设施建设等都需占用耕地。在过去30年里,中国的耕地面积逐年递减。随着中国从农业社会向工业社会跨越,中国耕地还将持续减少。土地用途变更的结果是,虽然土地总面积基本不变,但宝贵的土壤资源不断在减少。为了确保国家粮食安全,我国实施了最严格的耕地保护制度,通过土地利用规划和管理,设立基本农田保护区,遏制因土地用途变更而导致优质农业土壤面积减少。2006年3月,十届全国人大四次会议通过的《国民经济和社会发展第十一个五年规划纲要》明确提出，18亿亩（1亩=0.067公顷）耕地是一条不可逾越的红线。2011年，国土资源部重申：任何时候，中国的耕地不能少于18亿亩。保护基本农田，坚守15.6亿亩的基本农田，是保证18亿亩耕地红线不突破的一个重要措施。

知识链接：

土地分等定级及其应用

我国国土资源部2003年颁布了《农用地分等规程》《农用地定级规程》和《农用地估价规程》，在全国31个省（自治区、直辖市）农用地分等定级估价工作实践中得到应用和检验，对进一步规范我国农用地质量等级评定与价格评估、实现农用地资源数量与质量并重管理、加强农用地资源保护与建设发挥了重要支撑作用，主要体现在：①完善耕地占补平衡制度；②实行"按价征地"；③实现基本农田的分级保护制度，强化基本农田的质量保护；④实现耕地资源核算；⑤完善土地开发整理制度。

（二）加强土壤污染防治，维护土壤健康

国务院强调当前我国土壤污染防治的主要任务包括：①严格保护耕地和集中式饮用水水源地土壤环境。确定土壤环境优先保护区域，建立保护档案和评估、考核机制。国家实行"以奖促保"政策，支持工矿污染整治和农业污染源治理。②加强土壤污染物来源控制。强化农业生产过程环境监管，控制工矿企业污染，加强城镇集中治污设施及周边土壤环境管理。③严格管控受污染土壤的环境风险。开展受污染耕地土壤环境监测和农产品质量检测，强化污染场地环境监管，建立土壤环境强制调查评估制度。④开展土壤污染治理与修复。以受污染耕地和污染场地为重点，实施典型区域土壤污染综合治理。⑤提升土壤环境监管能力。深化土壤环境基础调查，强化土壤环境保护科技支撑。

（三）变废为宝有妙法

垃圾分类是指将性质相同或相近的垃圾分类装置，按照指定时间、种类，将该项垃圾放置于指定地点，由垃圾车予以收取，或投入适当回收系统。进行垃圾分类收集可以减少垃圾处理量和处理设备，降低处理成本，减少土地资源的消耗，具有社会、经济、生态三方面的效益。

按照现行的"产生多少—收运多少—建设多少填埋场或焚烧厂"的治理模式，已无从破解"垃圾围城"的困局。因此，需转变垃圾管理理念，以垃圾减量和分类为突破口，确立预防产生与多元治理并举的垃圾管理新思路，逐步建立"避免产生—资源回收—分类处理—能量循环"的垃圾管理新模式，这样可以从源头上避免或减少垃圾产生，提高资源回收利用率，达到减少垃圾最终处理量、变废为宝、减少二次污染等目标，还可以有效增强市民环保意识，有助于培养保护环境、减少废弃的价值观念和文明生活习惯，推动市民文明素质的提升，促进精神文明与生态环境建设，提升城市品位和形象。

1. 旧长筒袜做靠垫

将穿破的长筒袜筒部剪下，里面塞满棉花或剪碎的海绵，后将一个个袜筒接缝起来，盘卷成圆盘状，用针线缝好，上面再加一些小装饰，则成了美观实用的靠垫了。

2. 废旧海绵使花木长时间得到充足的水分

将废旧海绵放在花盆底部，上面盖一层土，在浇花的时候，海绵可以起到蓄水作用，较长时间地供给花木充足的水分。

3. 废油巧利用

使用的材料为：平常炸食物用过的废油、餐巾纸。步骤为：①将厨房用纸浸泡在油里，浸透为止；②用浸了油的纸巾擦抹有油污的抽油烟机；③5分钟后再用热水冲洗，抽油烟机就很干净了。这是由于油类之间相互接触容易产生渗透，所以在油渍涂抹废油后能比较容易地去除油渍。

4. 巧用废瓶子

自制小喷壶。有些饮料瓶的色彩鲜美，丢弃可惜，可用来做一个很实用的小喷壶。用废瓶子做小喷壶时，只要在瓶子的底部锥些小孔即可。

①制量杯。有的瓶子（如废弃不用的奶瓶等）上有刻度，只要稍加工，就可利用它来做量杯用。

②使衣物香气袭人。用空的香水瓶、化妆水瓶等不要立即扔掉，把它们的盖打开，放在衣箱或衣柜里，会使衣物变得香气袭人。

③擀面条。擀面条时，如果一时找不到擀面杖，可用空玻璃瓶代替。用灌有热水的瓶子擀面条，还可以使硬面变软。

④除领带上的皱纹。打皱了的领带，可以不必用熨斗烫，也能变得既平整又漂亮，只要把领带卷在圆筒状的啤酒瓶上，待第二天早上用时，原来的

皱纹就消除了。

⑤护手表。将小塑料药瓶剪开，手表放在上面，用圆珠笔画下手表的形状后按样剪下，两边剪出穿表带的长形口子，将表带从口子中穿出，再从表的两端栓柱内通过，然后戴在手上，既平整、防汗，又不易脱落。

⑥制漏斗。用剪刀从可乐空瓶的中部剪断，上部即是一只很实用的漏斗，下部则可作一只水杯用。

⑦制筷子筒。将玻璃瓶从瓶颈处裹上一圈用酒精或煤油浸过的棉纱，点燃待火将灭时，把瓶子放在冷水中，这样就会整整齐齐地将玻璃瓶切开了，用下半部做筷子筒倒也很实用。

⑧制风灯。割掉玻璃瓶底，插在竹筒做的灯座里即成。灯座的底上要打几个通风小洞，竹筒的底缘也要开几个缺口，这样把灯放在桌上，空气就能从缺口里进去。

⑨制吊灯罩。找一个大的、带瓶盖的、色彩艳丽的空酒瓶(白兰地酒瓶等)，割瓶子打磨光滑。在瓶子里装上吊灯头和灯泡，在原来的瓶盖上钻个孔，让电线穿过，拧上瓶盖。在瓶颈上套8厘米长的彩色塑料管，在瓶子中部贴上一圈金色的贴胶纸，就成了一盏美丽的吊灯了。

⑩制洗发器。用塑料瓶可做一个齿形洗发器，将瓶子在其颈下面一点剪成两半，用剪刀修成锯齿形(锯齿尽可能地剪得尖一些)即可。

5. 巧用废瓶盖

①洁墙壁。将几只小瓶盖钉在小木板上，即成一个小铁刷，用它可刮去贴在墙壁上的纸张和鞋底上的泥土等，用途很广。

②刮鱼鳞。将五六个啤酒瓶或饮料瓶盖交错地固定在一块木板上，留出把手，用它来刮鱼鳞，既快又安全(图3-5)。

图3-5　废瓶盖去鱼鳞

③垫肥皂盒。将瓶盖垫在肥皂盒中，可使肥皂不与盒底的水接触，这样还能节省肥皂。

④制洗衣板。将一些废药瓶上的盖子(青霉素瓶上的橡皮盖子等)搜集起来，然后按纵横交错位置，一排排钉在一块长方形的木板上(钉子必须钉在盖子的凹陷处)，就成为很实用的搓衣板。因橡皮盖子有弹性，洗衣时衣服的磨损程度也比较轻。

⑤护椅子的腿。在地板上搬动椅子时常会发出令人刺耳的响声，为避免

这一点，可在椅子的腿上安上一个瓶盖（青霉素瓶上的橡胶盖）作为缓冲物，这样既不会发出刺耳的声音，又可以保护椅子的腿。

⑥护房门面。将废弃无用的橡皮盖子用胶水固定在房门的后面，可防止门在开关时的碰撞，起到保护房门的作用。

6. 零碎布的利用

边角碎布的用途很多，例如，做孩子衣服时，可以选择一些色泽鲜艳的碎布，剪成有趣的小动物图案，作为贴布花，贴在儿童的膝盖等处，既能增加美观，起到装饰作用，还可以增加这些部位的牢固性，延长穿着寿命。

7. 废旧盒子的妙用

用废旧的盒子（如牙膏盒）做一个笔筒，制作过程如下：①把牙膏盒在1/3门处剪下，将它和2/3的另一部分并列用双面胶黏在一起。②用彩色卡纸画2个比黏好的盒子略高一些的动物画像，如用长颈鹿装饰一下。③把2个动物画像黏在牙膏盒的两边，一个漂亮的笔筒就做好了。④也可以用其他盒子做一些实用的杂物盒。

第二节　能源——人类发展的动力

一、什么是能源

能源亦称能量资源或能源资源。是指可产生各种能量（热量、电能、光能和机械能等）或可做功的物质的统称。能源能够直接取得或者通过加工、转换而取得，包括煤炭、石油、天然气、煤层气、水能、核能、风能、太阳能、地热能、生物质能等一次能源，电力、热力、成品油等二次能源，以及其他新能源和可再生能源。

1. 按能源形成条件分类

①一次能源。直接来自自然界的未经过任何加工或转换的天然能源被称为一次能源。如煤炭、石油、天然气、流水、阳光、风等。

②二次能源。由自然界的天然能源直接或间接转化来的人工能源被称为二次能源。如焦炭、煤气、电力、石油、沼气等。

2. 按能源利用的技术状况分类

①常规能源。已经被大规模开采并广泛应用的能源称为常规能源。如煤

炭、石油、天然气、水能等。

②非常规能源。新近才被利用或正在开发研究的能源称为非常规能源，也称新能源。如太阳能、风能、热能、核能、潮汐能等。

3. 按能源的使用持续性分类

①再生能源。能重复产生并永不枯竭的能源被称为再生能源。如太阳能、风能、水能、潮汐能、生物质能等。

②非再生能源。不能重复再生、随开采利用而减少的能源称为非再生能源。如煤炭、石油、天然气、核燃料铀等。

4. 按能源使用性质分类

①燃料能源。能通过化学或物理反应（或核反应）释放能量的物质原材料被称为燃料能源。包括可以直接燃烧的矿物燃料（煤、油、气等）、生物燃料（柴草、沼气及各种有机废料等）、核燃料（铀、钍、氚等）3种。

②非燃料能源。不能直接燃烧的能源被称为非燃料能源。如太阳能、风能、水能、潮汐能、地热能等。

知识链接：

我国各种能源概况

中国探明的煤炭资源占煤炭、石油、天然气、水能和核能等一次能源总量的90%以上，煤炭在中国能源生产与消费中占支配地位。20世纪60年代以前中国煤炭的生产与消费占能源总量的90%以上，20世纪70年代占80%以上，20世纪80年代以来煤炭在能源生产与消费中的比例占75%左右，其他种类的能源增长速度较快，但仍处于附属地位。据《中国统计年鉴（2012）》统计表明，2011年中国能源生产总量为31.8万亿t标准煤，其中煤炭占77.8%，比2010年增加1.2%；原油占9.1%，比2010年下降0.7%；天然气占4.3%，比2010年增加0.1%；水电、核电、风电共约8.8%，比2010年下降0.6%。

二、我国的能源现状与问题

中国是一个多煤少油的国家，已探明煤炭保有储量约1万亿吨，占世界煤炭储量的33.8%；探明可采储量约1886亿吨，居世界第二位，生产量位居世界第一位。但中国人均煤炭可采储量约145t，为世界平均数的41.4%；人均探明石油储量2.9吨，为世界平均数的11%；人均探明天然气为世界平均数的 4%；探明可开发水能资源按平均计算也低于世界人均数。

1. 能源以煤炭为主，可再生资源利用程度低

在世界能源由煤炭为主向油气为主的结构转变过程中，中国仍是世界上极少数几个能源以煤为主的国家之一。

2. 能源消费总量不断增长，能源利用效率低

随着经济规模的不断扩大，中国的能源消费呈持续上升趋势。

3. 能源使用引发污染

能源消费以国内供应为主，环境污染状况加剧，优质能源供应不足。中国经济发展主要建立在国产能源生产与供应基础之上，能源技术装备也主要依靠国内供应。20 世纪 90 年代中期以前，中国能源供应的自给率达 98% 以上。随着能源消费量的持续上升，以煤炭为主的能源结构造成大气污染，过度消耗生物质能引起生态破坏，生态环境压力越来越大。世界银行认为，中国空气和水污染所造成的经济损失，大体占国内生产总值的 3%～8%。中国有的学者甚至认为中国环境破坏经济损失可占到国民生产总值的 10%。

三、能源清洁开发与利用

1. 煤的清洁利用

从环境保护的角度来看，煤炭是不清洁能源，其污染贯穿于开采、储存、流通和利用的全过程。一方面，我国煤炭的利用率低，尤其是直接燃烧的煤，燃烧技术落后，另一方面，我国的煤炭储量非常丰富，是我国的第一大能源，也是我国最可靠的能源，其在能源生产和消费结构中所占的比例逐年上升。可见，煤炭仍将长期作为我国能源的主力，燃煤污染物排放量也会逐年增加。因此，开发和使用洁净煤技术，使煤炭高效、清洁利用是我国当前解决煤炭带来环境污染问题的关键。

我国洁净煤技术包括煤炭加工技术、煤炭转化技术、煤高效清洁燃烧技术以及污染控制与废弃物处理。如煤矸石的利用：可用于发电或作为基建材料，或者用于填充和复垦绿化等。洁净煤技术的开发和推广应用有效地推进我国清洁生产步伐，促进能源与环境的发展。

2. 石油的清洁利用

石油作为一种重要的能源，可以说是现代经济的血液。我国是石油消费大国，同时又是世界排名第五的石油生产大国。石油的利用已遍及工业、农业、国防以及人民生活的各个方面。但石油作为一种燃料,传统的开采、利用方法对环境的污染非常严重。因此,开发新的方法利用石油,提高石油的利用率及燃烧值是我国能源利用清洁化的重要方向之一。目前,燃料电池和石油生物技术是清洁利用能源的新方法。

3. 燃料电池(fuel cell)

这是一种将存在于燃料与氧化剂中的化学能直接转化为电能的发电装置。甲醇、天然气、煤气、沼气、含氢废气、液化石油气、汽油、柴油、轻油等经过净化和重整后均可作为燃料电池的燃料。燃料电池在发电过程中没有燃烧,反应产物为水和二氧化碳,但是二氧化碳的排放量比常规火电厂减少40%~60%,二氧化硫和氮氧化物的排放量也很低,对环境几乎没有污染,而且对燃料的利用率非常高。

4. 加快清洁能源的开发

由于新型的清洁能源对环境无污染,具有取之不尽、用之不竭的可再生性,因此备受各国关注,生物质能、水能、太阳能、氢能、风能等清洁能源得到了广泛地开发和利用,清洁能源的开发利用对我国清洁能源的推广使用具有重大意义。

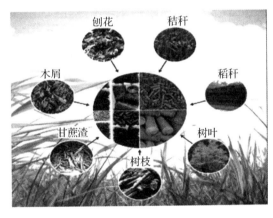

图3-6 生物质能的类型

(1)生物质能

生物质能主要是指植物通过叶绿素的光合作用将太阳能转化为化学能贮存在生物质内部的能量(图3-6)。生物质能一直是人类赖以生存的重要能源,目前它是世界能源消费总量排第四位的能源,在整个能源系统中占有重要地位。据估计,地球上每年通过光合作用生成的生物质总量达1440亿~1800亿吨。通过生物质转化技术可以高效地利用生物质能,生产各种清洁燃料。目前,生物质能发电装机容量约为200多万千瓦时,既能提供清洁能源,减少环境污染,又能增加农民收入。

(2)水能

水能又称为水力发电,是将水的势能和动能转变为电能来发电的方式。水力发电的优点是成本低、可连续再生、无污染,缺点是受分布、气候、地貌等自然条件的限制较大。我国的水能资源理论蕴藏量近7亿千瓦时，是世界上水能资源总量最多的国家，截至2003年年底，我国水电装机容量达9 217万千瓦时，占发电总装机的24%，占总发电量的15%。

(3) 太阳能

太阳能是由太阳内部氢原子发生聚变释放出巨大核能而产生的能量，通过太阳的辐射的方式传送至地球。太阳能因其无毒、无味、无污染，开发利用可大大减少温室气体的排放，宜于储存和转化等优点而被世界各国的普遍应用。应用方式之一就是太阳能发电，太阳能发电是先将太阳能转化为热能，再将热能转化成电能。截至2007年底，我国太阳能热水器产量达2300万平方米，总保有量达1.08亿平方米，占世界的76%。成为全球太阳能热水器生产和使用的第一大国。我国除了太阳能发电和太阳能热水器广泛使用外，还有太阳能的其他应用，如太阳能灶、太阳能照明用具、太阳能空调、太阳能建筑、太阳能海水淡化等。

第三节　矿产——一把华丽的双刃剑

我们的日常生活几乎每天都离不开矿产资源。每天所接触到的金属、建造房子所用的沙石、所使用的煤炭与石油、所喝的矿泉水、所泡的温泉，无不是大自然赋予人类的宝藏。矿产资源按其特点和用途，通常分为金属矿产、非金属矿产和能源矿产三大类，有些也把它们分为四大类。但是长期以来，我国粗放式经营和高消耗低产出的经济模式，使资源的消耗非常巨大；同时由于生态环境保护意识的淡薄，矿产资源的开发造成了一系列生态环境问题。现在，矿区不仅受到严重的生态破坏，同时也成为环境污染的源头。我们一边享受着矿区的丰富资源，享用丰富的宝藏，一边也遭受着矿区所带来环境问题的折磨。矿区造成的环境破坏主要有：地表下沉、大气和水污染、山体滑坡、水土严重流失、生态系统退化、生物多样性丧失、景观遭受破坏、农作物减产，并威胁到人体健康。同时，我国矿山开采中发生的地质灾害也是触目惊心的。

随着矿区的不断开采，其造成的环境污染日益加重。矿业污染已经成为一个重大生态问题，矿产开发污染常常伴随着重金属的污染，被污染的生态系统包括水体，土壤和大气。矿区废弃物中的酸性、碱性、毒性或重金属成分．通过径流和大气扩散会污染水、大气、土壤及生物环境，其影响的区域远远超过了矿区的范围。矿物中有的物质还有放射性，这样的情况下，其污染程度和对人类健康影响程度更加严重。

广东某矿区废水流入河中，使其变成了"红河"（图3-7）。该矿区是一座以铁、铜为主的大型金属硫化物矿区，作为我国重要的金属矿区，从1970年开采至今，目前铁、铜开采已经接近尾声，但又新勘测到更为珍贵的钼矿，预计将继续长期开采。矿山使用剥采方式，废土露天堆放，一遇下雨，泥水和洗矿水直流而下，污染严重。

图3-7　广东某矿区周边的"红河"
引自《美丽中国之生态恢复》

一、变废为宝与环境修复

矿产资源开发给我们人类带来巨大的环境问题，如何去克服它们呢？我们在获取宝藏的同时，怎样才能对环境不造成破坏？

其实，矿山的废渣仍然是可以利用的资源，我们可以将它们变废为宝，对矿区污染与生态破坏，我们可以通过控制污染，并实施环境修复与生态恢复。

1. 矿山固体废弃物处理、处置

尾矿或矸石成为矿山开采产生的主要固体废弃物。大量尾矿或矸石的排放、堆积，不但资源没有得到充分的利用，而且还造成了严重的环境污染。国内外矿山机构主要通过研发新型的选矿工艺和设备，减少固体废弃物的产生量，同时建设回收车间，使固体废弃物中原来不能回收的有用矿物尽可能回收，矿山的尾矿等固体废弃物也可用作肥料或土壤改良剂。同时，矿山固体废弃物在工程建筑材料方面也有很多可利用之处，从建设到生产过程中可考虑利用固体废弃物进行填筑路基、充填塌陷区进行复垦土地或用于制作建筑材料等。

2. 矿山废水污染控制与处理

矿山废水主要包括伴随矿井开采而产生的地表渗透水、岩石孔隙水、矿坑水、地下含水层的疏放水以及井下生产防尘、灌浆、充填污水、选矿厂和洗煤厂污水等。矿山废水主要带来的污染包括酸碱污染、重金属污染、有机污染、油类污染、剧毒性氧化物污染，这些污染物多能参与生态循环，且随着地表水扩散，对区域水体环境造成不良影响。为了减少矿山废水造成的危害，主要从以下三方面入手：①改革生产工艺，尽量减少废水排放量。如选矿厂可采用无毒药剂代替有毒药剂，选择污染程度小的选矿工艺，大大减少选矿废水中的污染物质。②循环用水，一水多用。采用循环供水系统，使废水在一定的生产过程中多次重复使用。③加强污水处理系统及设备的管理维护。对矿井废水的处理，目前已有较为成熟和全面的水处理理论和方法。

3. 矿山大气、粉尘控制与火灾防治

矿山开采前可以预抽取矿井内部气体，开采过程中可以采用如高压喷雾、声波雾化，及时打密闭等方法减少排入大气中的有害气体。矿山开采尤其是地下开采矿山的生产，如井巷掘进、炮采、综采、运输等过程中，均产生大量粉尘。矿山粉尘的防治主要采用煤层注水、喷雾除尘、泡沫除尘、除尘器除尘等方法。矿井火灾的控制主要是要改善井下通风和电气设备的安全管理与维护。

4. 矿山固化、稳定化修复

固化、稳定化技术是将污染土壤与能聚结成固体的黏合剂混合，从而将污染物捕获或固定在固体结构中的技术，将其牢牢锁在土壤中，使其无法逃逸。在使用过程中，将固化、稳定化材料施入土壤，可以达到重金属稳定化和钝化的目的，防止重金属扩散，这种稳定材料对于重金属重度污染土壤尤其有效。

5. 植物修复

通过植物修复同时恢复矿区植被是矿区环境修复与生态恢复的必由之路。植被恢复的关键是植物品种的选择，应基于当地条件并结合当地的地理位置、气候等自然条件，优先选择耐干旱、耐贫瘠、萌蘖强、生长快的品种，尽可能采用本地品种以及根系发达的乔、灌木或国内外已筛选出的矿山固体废弃物堆绿化先锋品种，并遵循乔、灌、花、草混植和先绿化品种后经济品种的原则，同时可配合恢复景观。

知识链接：

矿区环境修复

矿区环境修复的具体对象主要包括：土壤、植被和景观三个方面，即被

污染土壤的治理改良；被破坏植被的复种、修复和保护；被破坏的原有景观的恢复。这三个方面是矿区生态环境修复的基本事项，也是矿区生态环境修复的三个主要程序、步骤和阶段，且层层深入，逐步升华。土壤治理改良是基础、根本、重点，植被修复是关键和难点，景观恢复是目标。

二、矿区复垦和开发利用

对矿业开发形成的尾矿库、排土场、渣场、露天采矿坑等损毁压占的土地，采取综合整治措施，经过工程复垦、生物复垦和监测、管理、修复三个阶段，可使其变成农田、林地、草场、鱼塘及旅游区，恢复土地的使用价值和环境生态。

矿区复垦即对矿区生产建设过程中，因挖损、塌陷、压占等造成破坏的土地，也包括因自然灾害或人为因素造成损毁、荒芜、闲置的农田和其他成片土地，采取整治措施，使其恢复可供利用状态的活动。其恢复后的土地，要因地制宜，应优先用于耕地，也可作为农、林、牧业用地和工副业用地，有的还可以作为房建、游览、娱乐用地。

矿区生态复垦，即将土地复垦工程技术与生态工程技术结合起来，综合运用生物学、生态学、经济学、环境科学、农业科学、系统工程学的理论，运用生态系统的物种共生和物质循环再生等原理，结合系统工程方法对破坏土地所设计采用的多层次利用的工艺技术。其目的在于促进各生产要素的优化配置，实现物质、能量的多级分层利用，不断提高其循环转化效率和土地的生产力，以获得较大的经济、生态和社会综合效益，走可持续发展的道路。

废弃矿山生态环境修复治理按其目的和功能，总的可分为生态恢复型、景观再造型和土地利用型三类。

①生态恢复型。对矿山废弃地进行治理，对裸露、受损和被污染矿区进行植被重建和生态恢复，使其恢复成和周边自然生态（包括生物多样性和植被景观）最和谐的状态。通常也俗称为"矿山复绿"。

②景观再造型。不是对废弃矿山一味地复绿，而是保留和利用其部分特殊的地形、地貌、岩石，进行艺术化的人工景观再造、重塑和修饰，如保留好的景观石，进行摩崖石刻，设计溪水、瀑布等，形成公园化的生态环境景观，也即矿山公园（图3-8）。

③土地利用型。对废弃矿山治理的主要目的是为了利用矿区尤其是宕底土地资源，使其成为农业用地（复垦）、林业用地、建筑用地、鱼塘水面等。

生态文明教育

图 3-8　凤凰山国家矿山公园（引自《美丽中国之生态恢复》）

实际上，多数废弃矿山的治理目标不是单一的，而是多用途、多功能、综合型的，既有生态效益、景观效益，也有社会效益和经济效益。因而要因地制宜，因矿而治，不同矿山采取不同的设计，最大限度地恢复生态环境，最大程度地发挥其功能效益。

知识链接：

矿山公园

矿山公园就是以矿业遗迹景观为核心，集科普教育、旅游观光、休闲娱乐等功能于一体的现代化公园。现在的矿井逐渐向数字化、自动化迈进，甚至局部实现了无人值守，软件和硬件设施都在不断完善，矿区面貌再也不是脏、乱、差，取而代之的是矿区园林化、井下质量标准化，处处充满生机，景色宜人。其他已经开放成功运营的矿山公园还有黄石、淮北等国家矿山公园。

第四章　食品安全

"食物承载着我们最深厚的依赖情感，奔波异地的我们是否会在一天劳累后尝到家乡的美味而身心舒畅？无论脚步走多远，在人的脑海中，只有故乡的味道熟悉而顽固，它就像一个味觉定位系统，一头锁定了千里之外的异地，另一头则永远牵绊着，记忆深处的故乡……"。"舌尖上的中国"于2012年5月在央视首播后，在网络和坊间引起了人们对食品和食物的广泛关注，同时，也拉近了食品与生命之间的距离。然而，越来越多的食品安全问题摆在国人面前，让人们无所适从（图4-1）。

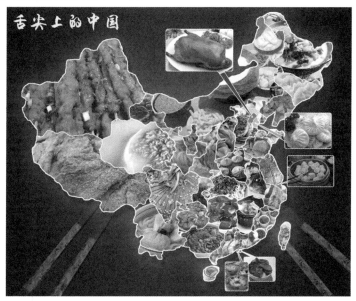

图4-1　舌尖上的中国（摘自观察者）

随着我国经济的发展和人们生活水平的不断提高，人们对食品质量和安全的要求越来越高，然而，近年来出现的食品安全问题愈演愈烈，引起人们极大的关注，甚至恐慌。什么是食品安全，我们身边的食品有哪些问题呢？

第一节 什么是食品安全

众所周知,食品是指各种供人食用或者饮用的成品和原料以及按照传统习惯既是食品又是中药材的物品,但是不包括以治疗为目的的物品。

食品安全指食品无毒、无害,符合应当有的营养要求,对人体健康不造成任何急性、亚急性或者慢性危害。

食品不安全的因素产生于人类食物链的每个环节,即从原料生产、加工、贮运、销售直到消费的整个过程,其中既有因农业、工业发展带来的各种污染,也有因道德素质不高而弄虚作假、滥用添加剂或对食品安全性了解不够等人为因素造成的不安全。此外,环境污染也是食品不安全因素之一。"据估计,人类肿瘤的85%~90%为环境因素所致"。通过食物链的富集,人类从食品中摄取了种类繁多的有毒有害物质,严重影响着人体健康。

食品安全问题形成的原因有很多,主要表现在以下几个方面。

1. 安全管理不规范

毒奶粉、毒筷子、洗虾粉等一系列的食品安全事件,最终所有的原因都指向了公共监管体系的缺失。实质上,公共监管体系一直存在,只是在各基层、各部门的监管力度上打了折扣,如果按照相关法律条例及职责赋予加以日常监管,各尽其责,而非等待事态大规模扩散并爆发后才匆忙行动,将会有效遏制危害人民健康的事件发生。

2. 利益驱动和市场诱导

不法商人往往为了一己经济私利,不惜昧着良心去伤害广大消费者的身体,因为即使这样,只要不是客观原因导致的"东窗事发",商人们就不愁巨大的获利空间,而中国的人口众多,食品市场空间大,盲从心理重,任何食品只要包装、宣传、处理得当,一定会有巨大的市场存在。

3. 社会诚信失范

食品生产经营者的诚信问题,是食品安全的关键。市场越发达,诚信问题就越重要。食品属于体验商品,其质量尤其要靠生产经营者自律,但有的人为了获取非法的利益,故意从事违法违规行为。当前经营者食品安全的自律意识和法律意识还非常淡薄,他们以危害他人身体健康和生命安全为代价,获取不正当利益。

4. 安全认识不到位

首先,消费者缺乏购买安全食品的常识。中国众多的消费者由于收入水平低下,没有足够的消费能力,加上缺乏相应的常识,所以在购买食品时安全意识淡漠,往往只图便宜,不顾及食品的质量、卫生问题。还有一些消费者在购买便宜食品、特价食品、无质量保证食品时,总是抱着侥幸心理,认为大家都在买,并且别人过去多年也没吃出什么问题,现在再吃也不会有事,在这种消费心理的支持下,为问题食品的销售打开了门路。其次,很多消费者缺乏科学食用食物的常识,由此可能会引发一些疾病的产生,甚至导致食物中毒事件的发生。

5. 环境污染日趋严重

污染问题不仅涉及环境,而且对存在于环境中的任何事物均有影响,其中也包括人类赖以生存的食物。试想一下如果我们的食物从原材料生产、加工、包装、仓储、运输、检测和销售任何一个环节均处于污染的环境,我们的食品还安全吗?答案是否定的。环境中能够对食品安全造成影响的污染物是多种多样的,它们主要来源于工业、采矿、能源、交通、城市排污及农业生产,并通过大气、水体、土壤及食物链危及人类饮食安全。

纵观种种原因,我们不难发现目前食品安全问题并不是一种孤立的现象,而是跟我们目前特殊的社会大环境有着密不可分的联系,只有从多方面着手才能有效解决当前问题。

第二节 我们的食品怎么了

早在东汉时期,我国著名史学家班固在《汉书·郦食其传》中写道:"王者以民为天,而民以食为天,能知天之天者,斯可矣。"由此可见,食品自古以来就被人们所重视。食品是构成人类生命和健康的三大要素(水、空气和食品)之一,与人们日常生活息息相关。

一、食品污染

食品污染是指食品在种植或饲养、生长、收割或宰杀、加工、贮存、运输、销售到食用前的各个环节中,由于环境或人为因素的作用,可能使食品受到有毒有害物质的侵袭而造成的污染。食品污染分为可分为生物性污染、化学性污染及物理性污染三类。

(一)生物性污染

生物性污染是指食品在生产、加工、包装、储藏、运输、经营和烹饪等过程中受到病毒、细菌、真菌和寄生虫及其虫卵的污染。

1. 细菌污染

细菌是具有细胞壁的单细胞原核微生物，按形态可分为杆菌、球菌和螺形菌，是食品污染最常见的有害生物之一。食品细菌污染是衡量食品污染程度、估测食品变质可能性及评价食品卫生质量的重要指标。食品被致病菌污染后，在适宜温度、水分和营养条件下，大量繁殖分泌毒素，食用前不经加热处理会引起食物中毒。细菌性食物中毒主要是动物性食品，如肉、蛋、鱼等（图4-2）。引起食物中毒的细菌主要有沙门氏菌、葡萄球菌肠毒素、副溶血性弧菌、肉毒梭菌毒素、大肠杆菌、李斯特菌等。食用未经加热处理的细菌污染食物尤其是动物性食物，容易引起腹泻、呕吐、发热等症状。

案例：

> 2013年6月10日，广东东莞某工厂爆发大规模的员工食物中毒事件，100多名员工出现发冷、高热、恶心、呕吐、腹痛、腹泻等不适症状；13日，四川眉山市一所学校386人陆续出现发烧、腹泻、呕吐症状；15日，广州经济技术开发区一家包装厂76名夜班工人纷纷出现上吐下泻和发烧症状。中毒原因主要源于某些人的"半熟"饮食习惯，如吃半熟的鸡蛋或是生鸡蛋，半熟的牛排，纯生的沙拉等。

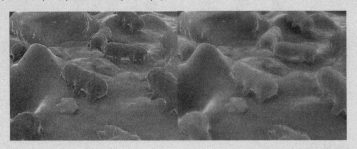

图4-2 沙门氏菌

（摘自http://www.quanjing.com/share/ing-02a15fmx.html）

2. 病毒性污染

病毒生理结构简单，是以复制方式进行繁殖的一类非细胞型微生物。常见污染食品的病毒有甲型肝炎病毒、口蹄疫病毒、狂犬病毒、流感病毒等，病毒性污染一般会引起人畜共患病。病毒存在于被污染的食物中，人体细胞是最易感染的宿主细胞。预防病毒感染研究表明，无论在哪种食品上残留的病毒，一旦遇到相应的寄主，病毒到达寄主体内即可产生爆发性的繁殖，引起相应的病毒病。

案例：

1993年1月，某县发生一起集体就餐(吃斋饭)引起的甲型肝炎爆发流行，就餐者254人，发病42人，罹患率为16.54%。流行历时66天，共发病54例，发病率为10.78%。年龄最大56岁，最小4岁。其发病原因系在制作斋饭宴席过程中，一肝炎患者帮厨污染食物所致。

3. 真菌和真菌毒素

污染真菌是微生物中的高级生物，如乳酸菌、霉菌、食用菌等。大多数真菌对人类无危害且被人类应用到食品中，但少数霉菌如黄曲霉、寄生曲霉及其产生的黄曲霉毒素对人类健康有较大威胁。大型真菌中的毒蘑菇也含有毒素，我国有毒蘑菇种类达100多种，误食会导致人体中毒。

案例：

1974年印度两个邦中有200个村庄暴发黄曲霉中毒性肝炎，397人发病，死亡106人，中毒患者都食用过霉变的玉米，其中黄曲霉毒素含量高达6.25~15.6毫克/千克(图4-3)。

图4-3　黄曲霉菌(摘自生活养生网)

案例：

2015年12月，某男子在公园游玩后，将野生毒蘑菇当成滋补药材采回家中煲汤食用，导致中毒患上严重尿毒症。

案例：

2015年7月，温州永嘉一家六口误食"白毒鹅膏菌"的菌类，五人相继去世，一人在危险期。

4. 寄生虫及虫卵污染

污染食品的寄生虫常见的有蛔虫、肝吸虫、肺吸虫等及其虫卵，寄生于动物体内或黏附于植物性食品上，人吃了没有煮熟的动物食品，如肉、禽、鱼等，或没有洗净的植物性食品，如蔬菜、水生植物等，就易感染寄生虫。

案例：

2014年7月，广东某女士胸部长有一个可移动肿物已有半年，在做切除手术时，发现"肿物"竟是一条活生生的寄生虫。该女士表示自己平时喜爱吃生蛇血、蛇胆，专家分析称可能正是因此而感染寄生虫。

案例：

2013年，美国多地发生罕见的环孢子虫病疫情，至今已造成约400人感染，至少22人住院。美国卫生部门表示，至少两个州的疫情与受污染的什锦沙拉有关。环孢子虫病是由一种罕见的单细胞寄生虫引发的肠胃疾病，消费者食用受污染的食物或水会感染此病。

（二）化学性污染

食品的化学性污染是指食品在生产、加工、贮藏、运输和烹调过程中被有害的化学物质污染。化学性污染主要包括农药残留、包装材料、工业"三废"污染和食品添加剂等。

1. 农药残留

农药残留，是指含化学物质的农药使用后，在一定的时期内没有被分解而残留于食用型农作物的微量农药原体、有毒代谢物、降解物和杂质的总称。

例如，农业中广泛使用的化肥、杀虫剂、除草剂、植物生长促进剂等农药，其中许多为化学性的污染物，如农药中高残毒的有机氯、有机磷和有机汞等。当农药喷洒后，黏附在植物叶片上或果面上的农药，会逐渐渗入到植物体内部；降落在土壤中的农药，可通过植物的根部被输送到茎、叶、种子和果实中。这些进入植物体内的农药，有的会长期残存在植物体内及果实中，俗称"农残"。用被农药污染的饲料喂养动物，会使畜禽的肉、乳、蛋中残留比饲料中多得多的农药。通过食物链造成的食品污染对人体毒害更严重。

2. 包装材料

《中华人民共和国食品卫生法》对食品包装材料定义是："食品包装材料是指包装、盛放食品用的纸、竹、木、金属、陶瓷、塑料、橡胶、天然纤维、化学纤维、玻璃等制品和接触食品的材料"。

(1) 纸包装材料的污染

相对于其他包装材料，纸包装材料较为廉价，且生产工艺简单，在食品行业广泛运用。但纸质材料有很多弊端。第一，包装食品用的纸原材料多来源于受到各种污染的废纸，易将诸多微生物传到食品中；第二，纸质材料在加工过程中过度使用荧光增白剂，使之达到补色美白的作用，但荧光增白剂含有大量化学污染物；第三，某些纸质包装直接来自印刷纸，由于印刷纸上油墨中还含有铅、甲苯等有毒物质，通过包装会传递给食品；第四，普通工业蜡纸包装糖果和饼干等简易性食品，会因此类纸中含有较多的致癌物质使食品受到污染。

案例：

作业本、一次性纸杯、劣质面膜中有可能会加入荧光增白剂。

案例：

使用废旧材料或工业塑料制成的婴儿奶瓶双酚A就很容易超标。

(2) 金属包装材料的污染

目前，世界公认金属包装是"最安全环保的产品"。金属包装材料具有自己独特的金属光泽，便于印刷、装饰，使商品外表华丽美观，提高商品的销售价值。以金属材料包装食品，会因为重金属毒物向食品中迁移而引起中毒。如以回收铝为原料生产的钢筋锅等食具含铅、砷、镉等，使用时会渗出；镀锡铁包装罐头食品，会因罐头内壁腐蚀而产生锡离子，造成人体中毒，中毒者常有呕吐、下痢、腹痛等症状。

（3）木质包装材料

由于木质材料同时具有强吸湿性及易腐、易受虫蛀等缺点，给人们和生态环境带来一些安全隐患。在木质包装材料生产及后续加工过程中会添加一些化学物质，如重金属、胶黏剂、烟熏剂、多环芳烃、防腐剂、漂白剂及着色剂等，而木质材料作为食品直接接触的包装材料，上述有毒有害物质有可能会迁移到食品中，给食品安全带来威胁。

（4）塑料包装的污染

目前市场上食品用塑料包装制品种类繁多。塑料是一种高分子的聚合物，以合成树脂为主要原料，再配以适当辅助剂制成。塑料制品具有美观、轻巧、不透水、易封闭、易使用等优点，在食品加工业中被广泛应用，酱油、调味品、食油、清凉饮料等都用塑料包装做容器。一是塑料本身有毒，我国允许用于食品容器、包装的塑料有聚酯、聚乙烯、聚丙烯、聚苯乙烯、聚氯乙烯、三聚氰胺、脲醛树脂等。其中，聚乙烯、聚丙烯是安全的塑料，可以用来盛装食品。多数聚氯乙烯塑料袋有毒，不能包装食品。聚氯乙烯塑料制品，在高温环境中会迅速分解，释放出氯化氢气体；二是填充物有害，包装速食食品的一次性塑料餐盒、餐碗和托盘被添加了大量废塑料和填充物，遇热或油脂会释放出致癌致病化学物质，严重危害人体健康；三是染印材料有害，用塑料袋包装熟食、点心等直接食用的食物时，最好不要用有颜色的塑料袋。因为用于塑料袋染色的颜料渗透性和挥发性较强，遇油、遇热时容易渗出。如果是有机染料，其中还会含有芳烃，对健康有一定影响。

（三）物理性污染

食品的物理性污染主要包括食品的杂物污染和食品的放射性污染。

1. 杂物污染

食品杂物污染存在偶然性，是指食品在生产、储藏、运输和销售过程中受到杂物的污染。

（1）生产时的污染

如生产车间密闭不好而又处于锅炉房的附近，在大风天气时食品可能会受到灰尘和烟尘的污染；在粮食收割时常有不同种类和数量的草籽的混入；动物在宰杀时血污、毛发及粪便对畜肉污染；加工过程中设备的陈旧或故障引起加工管道中金属颗粒或碎屑对食品污染。

(2) 储存过程中的污染

如苍蝇、昆虫的尸体和鼠、雀的毛发、粪便等对食品污染，还有食品包装容器和材料的污染，如大型酒池、水池、油池和回收饮料瓶中昆虫、动物尸体及脱落物品、承装物品等杂物的污染。

(3) 运输过程的污染

如运输车辆、装运工具、不清洁铺垫物和遮盖物对食品的污染。

(4) 意外污染

如戒指、头上饰物、头发、指甲、烟头、废纸、杂物的污染及抹布、拖把头、线头等清洁卫生用品的污染。

(5) 掺杂掺假

食品掺杂掺假的是一种人为故意向食品中加入杂物的过程，其掺杂的主要目的是非法获得更大利润。掺杂掺假所涉及的食品种类繁杂，掺杂污染物众多，如粮食中掺入的沙石，肉中注入的水，奶粉中掺入大量的糖，牛奶中加入的米汤、牛尿、糖、盐等。掺杂掺假严重破坏了市场的秩序危害人群健康，有的甚至造成人员中毒和死亡，必须加强管理，严厉打击。

2. 放射性污染

放射性污染是指具有放射性的物质对食品的污染，主要来自对放射性物质的开采和冶炼、核废物和平时期的意外核爆炸或核泄漏事故所释放的放射性核素等。1957年，英国温次盖尔原子反应堆发生事故，使大量放射性核素污染环境，影响到食用作物及牛奶。1988年，苏联地区切尔诺贝利核电站发生重大事故，大量的放射性沉降灰飘落到东欧和北欧一些国家，污染了土壤、水源、植物和农作物。2011年，日本福岛核电站爆炸，日本东北部太平洋外海发生的9级地震引发海啸，造成福岛核电站外部电力中断及备用发电设备损坏，进而导致福岛第一核电站放射性物质严重泄漏，导致周边海洋区域的鱼类生物受到核辐射污染。

案例：

日本核泄漏后，核电站附近菠菜被检测出放射性物质超标，这是由于γ射线会破坏食物中的分子结构，形成带正电荷或负电荷的自由基，自由基与食物作用后会形成新的化学物质，如甲醛、苯、甲酸、醌类对人体健康非常有害。核辐射还会促进黄曲霉毒素的产生，这种毒素是导致肝癌的罪魁祸首之一。

而且，辐射还会破坏食物中的维生素（维生素 A、B_1、B_2、B_3、B_6、B_{12}、叶酸、C、E 和 K）、氨基酸和不饱和脂肪酸。根据辐射量，20%~80% 的上述营养物质会遭到破坏。辐射还会杀掉食物中有益于人体的细菌，这些细菌可以增加食物的香味，还可以自然控制有害细菌的生长。因此，当食物被核辐射后，味道也会变差。辐射还会导致食物中细菌和病毒的突变，使其对抗生素免疫，成为超级细菌。

更为严重的是，放射性物质会污染整个食物链，如一只沙丁鱼被污染，当它被吞拿鱼吃掉后，吞拿鱼也受到了污染，以此类推，整个食物链上的动物都将受到污染。同样，如放射性物质落在草地上，牛吃了被污染的草，产下的牛奶被人喝了后，放射性物质也进入了人体。

（四）食品污染的解决办法

造成食品污染的原因很多，为了生产营养、安全的食品我们应该做到以下方面。

1. 改善食品原材料生产环境条件

随着工农业生产的快速发展，农业生态环境急剧恶化，"三废"的恶意排放以及农用化学物质的长期大量投入已对我国农业生态环境构成严重的威胁。无公害食品安全生产，首先要求产地环境必须符合"无公害"质量要求。如若创建无公害食品安全生产基地，必须首先要求保护和改善农业生态环境，从根本上解决农业生态环境的非点源及点源污染问题。所以，发展食品无害化生产是保护与改善农业生态环境所必需的。

2. 加强食品安全监管力度

食品安全监管必须政府主导，相关法律规范严格落实，覆盖食品原材料生产、食品加工、储存运输等环节，通过各个关卡有力监督，杜绝问题食品的出现，加大处罚力度，树立食品安全严打严抓的氛围，使不合格食品在各个环节都难以藏身，最终形成良好的食品环境。

3. 提高食品生产质量水平

食品安全问题影响因素众多，其中最直接的就是食品生产加工企业，企业负责人的食品安全意识直接左右企业是否能将食品安全作为重中之重，要在食品生产过程中树立安全第一的意识，认识到食品安全问题不仅是企业的立足生存之道，更是社会稳定居民幸福的重要指标。确保原材料安全可靠性，定期对车间厂房进行消毒，保证食品生产环境的卫生条件。

4. 提高消费者的食品安全意识

对广大消费者进行宣传教育,仔细辨别所购买食品,确定生产厂家、生产日期、保质期、营养成分等,购买质量有保证的厂家的食品,不要购买"三无"产品。

二、食源性疾病

《食品安全法》第九十九条将"食源性疾病"定义为"食源性疾病指食品中致病因素(有毒有害物质,包括生物性病原体)进入人体引起的感染性、中毒性等疾病"。食源性疾病通过摄食而进入人体,可能是因为食品生产经营行为不当造成,也可能因为个人误食引起。因此,食品安全事故可能造成食源性疾病的发生。

食源性疾病一般可分为感染性和中毒性,包括常见的食物中毒、肠道传染病、人畜共患传染病、寄生虫病以及化学性有毒有害物质所引起的疾病。食源性疾患的发病率居各类疾病总发病率的前列,是世界上最突出的卫生问题。中国食源性疾病监测网资料显示2003~2007年细菌性食源性疾病暴发事件共1060起,涉及发病人数32261例,住院16426例,死亡16例。夏、秋季是高发季节;6~15岁年龄组人群为重点关注人群;副溶血性弧菌为我国最主要的食源性致病菌,畜禽肉类食品是主要的原因食品,自制粮食类食品是导致死亡的最重要食品,食品加工不当是导致疾病的最主要因素。世界卫生组织(WHO)2015年12月3日发布了《全球食源性疾病负担的估算报告》,据报告估计,全球每10个人中就有1人因吃了受污染的食物而生病,约42万人因此死亡,其中有12.5万是5岁以下的儿童。

(一)食源性疾病的种类

食源性疾病按疾病种类分为4类:①食物中毒;②与食物有关的变态反应性疾病;③经食品感染的肠道传染病、人畜共患病和寄生虫病等;④因二次大量或长期少量摄入某些有毒有害物质而引起的以慢性毒害为主要特征的疾病。与环境污染有关的食源性疾病如下:

1. 食物中毒

食物中毒是指食用了被有毒有害物质污染或含有有毒有害物质的食品后出现的急性、亚急性疾病。

我国食物中毒的案例中,因微生物污染而致病的人数最多,不过此类污染的致死人数却是最少;而有毒动物和有毒植物导致的中毒,成为当下最主要的致死原因;除此之外,如农药残留、重金属污染等化学污染对食品的污染,导致人食用污染食品后中毒,也是食物中毒事件发生的一个重要原因。

案例:

2015年10月,莆田一家4口人因食用含有农药残留蔬菜而中毒送医。

案例:

湖南镉大米事件。2013年,湖南稻米产区爆发"毒大米"事件。湖南是中国闻名的有色金属之乡,中部地区重要的有色金属和重化工业云集,有色冶金、化工、矿山采选等行业占到全省工业的80%以上。由此,土壤中富集了大量的重金属,富集的金属通过食物链途径在人体积累,引起人体中毒。

知识链接:

重金属

在环境污染方面所说的重金属主要是指汞(水银)、镉、铅、铬以及类金属砷等生物毒性显著的重元素。重金属不能被生物降解,相反却能在食物链的生物放大作用下,成千百倍地富集,最后进入人体。重金属在人体内能和蛋白质及酶等发生强烈的相互作用,使它们失去活性,也可能在人体的某些器官中累积,造成慢性中毒。

2. 经食品感染的肠道传染病、人畜共患病和寄生虫病

肠道是人体消化道的一部分。我们日常的饮用水及食物,如果被病原体所污染,那么这些被污染的水和食物(图4-4),经过口腔进入肠道,在肠道内繁殖且散发毒素,破坏肠黏膜组织,引起肠道功能紊乱和损害,严重影响身体健康,人体一旦被传染,患者的粪便中含有病原体,病原体将再次污染他人,这样的传染病就是肠道传染病。肠道传染病包括细菌引起的细菌性痢疾、伤寒、霍乱等。环境的破坏导致细菌的蔓延,从而引起疾病(图4-5)。

案例:

重庆市南川区南平镇中心小学91名学生突发细菌性痢疾疫情。经过专家实验室检测确认,学校使用污染的井水作为生活用水是引起此次疫情的重要原因。

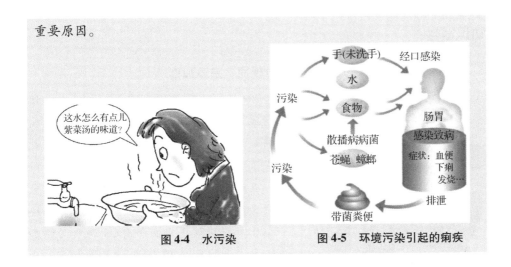

图 4-4　水污染　　　图 4-5　环境污染引起的痢疾

3. 因大量或长期少量摄入某些有毒有害物质而引起的以慢性毒害为主要特征的疾病

慢性病是指不构成传染、具有长期积累形成疾病形态损害的疾病的总称。一旦防治不及，会造成经济、生命等方面的危害。慢性病的危害主要是造成脑、心、肾等重要脏器的损害，易造成伤残，影响劳动能力和生活质量，且医疗费用极其昂贵，增加了社会和家庭的经济负担。食品中含有化学添加剂（图4-6）、或受到细菌感染，长期少量摄入某些有毒有害物质而引起的以慢性毒害为主要特征的疾病，而吸烟、过量饮酒、身体活动不足和高盐、高脂等是慢性病发生、发展的主要行为危险因素。

案例：

方便面里的食品添加剂有增色、漂白、调节胃口、防止氧化、延长保存期等多种作用，这些食品添加剂按规定都是可以使用的。因此，偶尔吃方便面是无关紧要的。但是，一些人经常拿来当早餐或懒得下厨房时把它当饭吃，更有甚者长年累月吃方便面，这就有碍身体健康了。

图 4-6　方便面

知识链接：

你吃的不是方便面，是添加剂

"一包方便面含30种添加剂""一包方便面肝脏解毒需32天"……消费者对于方便面的质疑声不断出现，添加剂多、高油、高盐也成了方便面身上的标签。

互动百科编辑采购了市场上三种主流的方便面产品，根据其配料表，统计如下：统一100老坛酸菜牛肉面含有24种食品添加剂，农心辛拉面含有25种食品添加剂，康师傅红烧牛肉面含20种添加剂。

（二）食源性疾病产生的因素

1. 环境变化

人口不断增长，农用化学物质和工业废弃物的排放量不断增加，水体中有机物污染，重金属在农畜水产品中富集，使污染加重（农药、化肥、生长调节剂、兽药残留和持久性有机污染物的污染）。

2. 食品生产加工过程中的问题

超量使用、滥用添加剂或非法添加物；生产工艺流程未能严格执行，微生物杀灭不全；生产储存运输过程中微生物引起腐败；伴随新原料、新技术、新工艺带来的食品安全问题等，这些均可明显增高食源性疾病的危险性。

3. 生活方式的改变

由于生活节奏加快，消费者对快餐的需求量增大，在外就餐机会增多，就餐注重口味，以鲜为快，喜吃生食（喜欢食刺参，生食贝类和鱼虾等）。另外，一些食品安全管理措施也不完备，食品制作不规范，这些因素都增加了食品污染病原体和食源性疾病发生的危险。

4. 其他因素

除上述这些因素外，尚有许多因素与食源性疾病流行有关，如食品贸易国际化可引起食源性疾病跨国传播；病原微生物适应性改变（沙门菌已对多种抗生素产生耐药性等）；新食源性病原体不断出现等。

（三）如何预防食源性疾病

加强食品卫生监督管理，倡导合理营养，控制食品污染，提高食品卫生质量，可有效地预防食源性疾患的发生。对于家庭或个人要从以下几个方面预防食源性疾病：

①避免在没有卫生保障的公共场所进餐。
②在有卫生保障的超市或菜市场购买有安全系数的食品。不买散装食品。
③新鲜食品经充分加热后再食用。不喝生水。
④避免生熟食混放、混用菜板菜刀等，防止生熟食交叉污染。
⑤不生食、半生食海鲜及肉类。生食瓜果必须洗净。
⑥重视加工凉拌类和生冷类食品的清洁。
⑦尽量每餐不剩饭菜。
⑧吃剩的饭菜尽量放10℃以下贮藏，食用前必须充分加热。
⑨夏季避免食用家庭自制的腌渍食品。
⑩养成饭前便后洗手的良好卫生习惯。

三、食品添加剂

食品工业是我国国民经济的支柱产业，也是保障民生的基础性产业。2011年，我国规模以上食品工业总产值达7.8万亿元，同比增长31.6%，占全国工业总产值比重的9.1%。食品添加剂作为现代食品工业的重要组成部分，对于改善食品色、香、味、形，调整营养结构，改进加工条件，提高食品的质量和档次，防止腐败变质和延长食品的保存期，以及维护食品安全发挥着重要的作用。没有食品添加剂，就没有食品制造和现代食品工业。食品添加剂技术不仅为中国食品工业和餐饮业的发展提供了可靠技术支持和保障，而且已经成为促进其高速发展的动力和源泉。

然而近几年来，从"瘦肉精猪肉""红心鸭蛋""三聚氰胺奶粉"事件，到"染色馒头"事件，食品安全问题频频曝光，老百姓的食品安全感愈来愈差，食品安全问题造成了公众严重的心理恐慌，已经到了杯弓蛇影的地步。谈到食品安全，很多人就会想到食品添加剂，误认为食品安全问题就是食品添加剂造成的。消费者调查显示，超过80%的消费者认为食品安全问题就是由于食品添加剂造成的。事实上，迄今为止，我国出现的有重大危害的食品安全事件，没有一件是因为合法合理使用食品添加剂造成的，但是，食品添加剂却成了很多食品安全事件的替罪羊。导致公众对食品添加剂产生误解的主要原因是公众对食品添加剂缺乏准确、科学、系统的认识，加上个别媒体的不实报道，使得公众对食品添加剂的误解越来越深。那什么是食品添加剂，它的作用及使用情况如何呢？本节从食品添加剂的重要性、食品添加剂的发展现状与前景、食品添加剂在使用方面存在的主要问题等方面展开论述。

（一）食品添加剂

世界各国对食品添加剂的定义不尽相同，联合国粮农组织（FAO）和世界卫生组织（WHO）联合食品法规委员会对食品添加剂定义为：食品添加剂是有意识地一般以少量添加于食品，以改善食品的外观、风味和组织结构或贮存性质的非营养物质。

2015年颁布的《食品安全国家标准 食品添加剂使用标准》（GB 2760—2014）对食品添加剂的定义："食品添加剂是为改善食品品质和色、香、味，以及为防腐、保鲜和加工工艺的需要而加入食品中的人工合成或者天然物质。食品用香料、胶基糖果中基础剂物质、食品工业用加工助剂也包括在内。"

知识链接：

食品添加剂的种类

《食品添加剂使用标准》和卫生部公告允许使用的食品添加剂分为23类，共2400多种，包括酸度调节剂、抗结剂、消泡剂、抗氧化剂、漂白剂、膨松剂、着色剂、护色剂、酶制剂、增味剂、营养强化剂、防腐剂、甜味剂、增稠剂、香料等。

（二）食品添加剂的作用

食品添加剂使用时应符合以下基本要求：不应对人体产生任何健康危害；不应掩盖食品腐败变质；不应掩盖食品本身或加工过程中的质量缺陷或以掺杂、掺假、伪造为目的而使用食品添加剂；不应降低食品本身的营养价值；在达到预期效果的前提下尽可能降低在食品中的使用量。

食品添加剂大大促进了食品工业的发展，并被誉为现代食品工业的灵魂，这主要是它给食品工业带来许多好处，其主要作用大致如下：

1. 防止变质，利于长久保存

防腐剂可以防止由微生物引起的食品腐败变质，延长食品的保存期，同时还具有防止由微生物污染引起的食物中毒作用。抗氧化剂则可阻止或推迟食品的氧化变质，以提供食品的稳定性和耐藏性，同时也可防止可能有害的油脂自动氧化物质的形成。此外，还可用来防止食品，特别是水果、蔬菜的酶促褐变与非酶褐变。这些对食品的保藏都具有一定的意义。

2. 改善食品的感官性状

食品的色、香、味、形态和质地等是衡量食品质量的重要指标。适当使用着色剂、护色剂、漂白剂、食用香料以及乳化剂、增稠剂等食品添加剂，可以明显提高食品的感官质量，满足人们的不同需要。

3. 保持或提高食品的营养价值

在食品加工时适当地添加某些属于天然营养范围的食品营养强化剂，可以大大提高食品的营养价值，这对防止营养不良和营养缺乏、促进营养平衡、提高人们健康水平具有重要意义。

4. 增加食品的品种和方便性

目前，市场上数以万计的食品可供人们选择，尽管这些食品的生产大多通过一定包装及不同加工方法处理，但在生产工程中，一些色、香、味俱全的产品，大都不同程度地添加了着色、增香、调味乃至其他食品添加剂。正是这些众多的食品，尤其是方便食品的供应，给人们的生活和工作带来极大的方便。

5. 有利食品加工，适应生产机械化和自动化

在食品加工中使用消泡剂、助滤剂、稳定和凝固剂等，可有利于食品的加工操作。例如，生产豆腐常用磨细的煅石膏作为凝固剂，效果最佳。

6. 满足其他特殊需要

食品应尽可能满足人们的不同需求。例如，糖尿病人不能吃糖，则可用无营养甜味剂或低热能甜味剂，如三氯蔗糖或天门冬酰苯丙氨酸甲酯制成无糖食品供应。

(三)食品添加剂的使用现状

食品添加剂是为了改善食品品质和色、香、味、形、营养价值，以及为保存和加工工艺的需要而加入食品中的化学合成或者天然的物质，绿色食品的加工产品，在生产中应该以更高的水平，合理使用添加剂，开发出各种花色品种的产品和不断地创新，以满足消费者的需要。目前，我国在使用食品添加剂主要存在以下几个方面的问题：

1. 超限量使用食品添加剂

在小麦粉中超量使过氧化苯甲酰使小麦粉看起来更白，在一些乳饮料、果汁饮料、蜜饯中大量加入防腐剂（苯甲酸）和甜味剂（糖精钠、甜蜜素），人工合成色素等以延长其保存期和降低成本。

2. 超范围使用食品添加剂

国标中规定膨化食品不得加入糖精钠和甜蜜素等甜味剂，但职能部门在质量抽查时发现不少膨化食品中添加了甜蜜素和糖精钠。例如，葡萄酒不不允许添加香精、甜味剂、色素等，但一些企业在酒精和水中加入香精、甜味剂、色素勾兑出劣质酒并冠以"山葡萄酒"的名称进行销售，以极低的成本牟取暴利。

3. 使用伪劣、过期的食品添加剂

优质合格的食品添加剂在保质期内具有一定的功效，按照标准要求添加到食品当中才能提高食品的某一功能而又不危害消费者的健康，但是劣质食品添加剂可能含有过量的砷、铅、汞等，过期的食品添加剂由于长时间保存而使其成分发生变化而不能真正起到食品添加剂的功效，甚至有可能产生有毒有害物质。这些都将影响到食品的质量及其安全性。

4. 违法使用非食用原料作为食品添加剂

一些化工原料或者非食用的化学物质，因为对人体具有很大的危害而严禁在食品在使用，但些不法商人为吸引消费者注意力或降低成本而盲目添加非食用原料。如在面粉、米粉中加入以甲醛和亚硫酸钠制剂的吊白块进行漂白，2003 年浙江金华市查获用剧毒农药"敌敌畏"加工的火腿，用化工燃料"碱性绿"染色的海带，2005 年查出的在辣椒制品中含有工业染料"苏丹红"，2006 年在豆干制品中查出工业染料"碱性橙"。这些非法行为不但给人身健康带来巨大威胁，还破坏了正常的食品生产秩序，使食品添加剂行业在消费者心中的形象受到严重损害。

5. 标识不符合规定

一些企业在食品添加剂和食品的实际生产经营过程中无视《食品安全法》《预包装食品标签通则》等法律法规的要求，不正确或不真实地标识食品添加剂，以"不添加"误导和欺骗消费者，严重侵犯了消费者的知情权。这些问题不仅使食品添加剂成为媒体抨击的内容和关注的焦点，也加深了消费者对食品添加剂的疑惑。

(四)食品添加剂未来的发展

1. 完善食品添加剂的标准建设和管理制度,提高公众对食品添加剂的信任

完善食品添加剂的标准建设和管理制度是提高公众对食品添加剂信任的前提和保证。逐步制定和完善食品添加剂产品质量标准和检验方法标准,严格落实食品添加剂的生产许可制度,建立食品企业诚信档案,加强食品企业备案工作,建立食品添加剂安全标识与溯源制度,实行食品生产加工企业食品添加剂使用报告制度。不断提高食品添加剂检测水平,重点开展对食品中的食品添加剂和非食用物质专项抽检和检测,严厉打击食品非法添加和滥用食品添加剂的违法犯罪行为,营造食品添加剂合理使用的良好氛围,确保食品安全,提高公众对食品添加剂的信任。

2. 加强食品添加剂和食品安全知识培训,提高食品添加剂生产者及使用者的法律意识和责任意识

《食品安全法》及实施条例中对食品添加剂新品种的行政许可,食品添加剂的风险评估,食品添加剂的安全标准,食品添加剂的生产、经营、使用、标签标识的管理等方面都做出了制度性的规定。应该对食品从业人员、食品安全监管人员分类、分层次进行食品添加剂和食品安全知识培训,让食品添加剂的生产者、使用者和消费者了解我国食品添加剂管理的法律规范与标准的规定,按照规定正确地生产、使用食品添加剂,提高相关人员的自律意识和法律意识,这是食品添加剂安全性使用的重要保证。在食品添加剂的生产过程中,食品添加剂企业要确保食品添加剂的质量与安全,并加强食品添加剂产品的标识和使用说明的管理。在食品添加剂的使用过程中,食品生产经营企业要按照食品添加剂使用标准和使用说明加工食品,杜绝非食用物质和超范围超限量使用食品添加剂。另外,食品生产经营企业还应该按照《食品安全法》和相关法规要求,进行正确的标签标识,使消费者能够通过标签了解所购买的食品使用了哪些食品添加剂。

3. 开展有针对性的科普宣传教育,引导消费者正确认识食品添加剂和食品安全

通过多种形式、角度和途径,加大对消费者食品添加剂科普知识的宣传教育,使他们了解食品添加剂、食品添加剂的作用和使用原则、食品添加剂行业的标准和监管体系,从科学层面上了解食品添加剂的真正含义,消除对食品添加剂的误解,引导消费者正确认识和理性对待食品添加剂和食品安全问题。

第三节 哪些是安全的食品？

"民以食为天，食以安为先"，安全的食品关系到经济建设和社会稳定，关系到人民的健康和幸福，关系到国家的稳定和强盛。我们应该选择什么样的食品才能满足自身的需要，达到补充营养的目的呢？安全的食品应该有营养而对我们的身体无伤害，主要有以下几种。

一、无公害食品

无公害农产品是指产地环境符合无公害农产品的生态环境质量，生产过程必须符合规定的农产品质量标准和规范，有毒有害物质残留量控制在安全质量允许范围内，安全质量指标符合《无公害农产品（食品）标准》的农、牧、渔产品（食用类，不包括深加工的食品）经专门机构认定，许可使用无公害农产品标识的产品。

广义的无公害农产品包括有机农产品、自然食品、生态食品、绿色食品、无污染食品等。这类产品生产过程中允许限量、限品种、限时间地使用人工合成的安全的化学农药、兽药、肥料、饲料添加剂等，不能使用国家禁止使用的高毒、高残留农药，它符合国家食品卫生标准，但比绿色食品标准要宽。无公害农产品是保证人们对食品质量安全最基本的需要，是最基本的市场准入条件，普通食品都应达到这一要求。无公害农产品的质量要求低于绿色食品和有机食品（图4-7）。

图 4-7 无公害农产品标志

二、绿色食品

绿色食品是指按特定生产方式生产，并经农业部中国绿色食品发展中心认定，允许使用绿色食品标志的无污染、无公害、安全、优质、营养的食品。在许多国家，绿色食品又有着许多相似的名称，诸如"生态食品""自然食品""蓝色天使食品""健康食品""有机农业食品"等。其外包装上有经中国绿色食品发展中心认定的绿色食品标志，产地符合"绿色食品生态环境质量标准"，加工符合"绿色食品生产操作规程",产品符合"绿色食品产品标准",包装、贮存符合"绿色食品包装、贮存标准"等。我国绿色食品标志有 A 绿色食品标志、AA 绿色食品标志和三星级绿色食品标志(图 4-8)。AA 绿色食品相当于有机食品。绿色食品在生产过程中允许使用农药和化肥,但对用量和残留量的规定通常比无公害标准要严格。

A级绿色食品标志　　　　　AA级绿色食品标志

图 4-8　绿色食品标志

知识链接:

绿色食品标志的含义

绿色食品标志图形由三部分构成:上方的太阳、下方的叶片和菇蕾。标志图形为正圆形,意为保护、安全。整个图形描绘了一幅阳光照耀下的和谐生机,告诉人们绿色食品是出自纯净、良好生态环境的安全、无污染食品,能给人们带来蓬勃的生命力。绿色食品标志还提醒人们要保护环境和防止污染,通过改善人与环境的关系,创造自然界新的和谐。

三、有机食品

有机食品也叫生态食品、自然食品,是指来自于有机农业生产体系的食品,有机农业是指一种在生产过程中不使用人工合成的肥料、农药、生长调节剂和饲料添加剂的可持续发展的农业,它强调加强自然生命的良性循环和生物多样性(图 4-9)。有机食品认证机构通过认证证明该食品的生产、加工、储存、运输和销售点等环节均符合有机食品的标准。我国有机产品主要是包括粮食、蔬菜、水果、畜禽产品(包括乳蛋肉及相关加工制品)、水产品及调料等(图 4-10)。

图 4-9　有机食品的标志　　图 4-10　中国有机产品标志

第 2 篇

绿色新政：生态文明

第五章　人类文明的历史进程

第一节　原始文明

原始社会(约公元前170万年—前21世纪)是人类从猿类分化出来之后所建立的第一个共同体,也就是人类历史的第一阶段。到目前为止,世界上各民族都经历过原始社会(图5-1)。人类在原始社会创造的物质和精神文化的成果既是原始文明(图5-2)。

图5-1　原始社会群居图

图5-2　原始社会劳作图

原始氏族组织是按血缘关系为基础自然形成的联盟,也是全体氏族成员进行民主管理的自治组织。氏族议事会是由氏族全体成员组成的,是最高的议事机关,一切重大的事情都由全体氏族成员平等地讨论决定,不存在专门管理社会的特殊权力机构。氏族首领是在社会生产和管理活动中产生出来的德高望重的长者,他们没有任何特权,与其他氏族成员一样平等地参加劳动和分配劳动产品,他们的权威来自于他们自身的良好品质和氏族成员对他们的信任。

在原始社会,通过道德规范、宗教规范特别是习惯来调整人与人之间的社会关系,氏族习惯是人们在长期的共同生产和生活中逐渐形成和演化,世代相传,成为氏族成员内在需要和外在自觉的行为模式或行为惯性。这些社会规范涉及公共管理、婚姻家庭、财产继承、渔猎耕种、产品分配、血族复仇等方面,如严禁氏族内通婚、相互帮助、实行血族复仇、组织渔猎、采集和原始农业生产、平均分配产品、共同举行宗教仪式、参加氏族公共事务的讨论和管理等。这些社会规范是由生产力极端低下所决定的,与当时的社会结构和社会关系相适应,维持了原始社会的生产和生活秩序。原始社会以习惯为主的社会规范体现了全体氏族成员的共同利益和意志,依靠氏族部落领袖的威信、社会舆论和人们的自觉遵守来保证其实施。

一、原始社会的人物传说

1. "有巢氏"

上古时人类少而禽兽多,人类居住在地面上,经常遭受禽兽的攻击,每时每刻都存在着伤亡危险。在恶劣环境的逼迫下,部分人类开始往北迁徙。他们来到今山西和陕西一带,受鼠类动物的启发,在黄土高原的山坡上打洞,人居住在里面,用石头或树枝挡住洞口,这样就安全了许多。但是北方气候寒冷,许多人宁愿留在危险的南方,也不肯往北迁移。这时候"有巢氏"出现了。传说他出生在九嶷山以南的苍梧,曾经游过仙山,得仙人指点而有了超人的智慧。他受鸟类在树上筑巢的启发,最先发明了"巢居"。他指导人们用树枝和藤条在高大的树干上建造房屋,房屋的四壁和屋顶都用树枝遮挡得严严实实,既挡风避雨,又可防止禽兽的攻击,人们从此不再过那种担惊受怕的日子(图5-3)。

有巢氏时期人类的社会组织已经进入到母系氏族公社阶段。当时的社会活动主要是男子打猎和捕鱼,女子采集野菜和挖掘块根。此时人类的婚姻形

图 5-3　原始巢居发展系列

式已经有了很大改变，不仅排除了兄弟姐妹间的通婚关系，同一族团内部的同辈男女也禁止通婚了。

2. "燧人氏"

"燧人氏"之名始于古代传说，其事迹是"教民钻木取火"（图5-4），这一技术发明，使得人们不再依赖天然火取得火种。"燧"字表示取火工具，现代一般指燧石，互相摩擦可以击出火星。从考古材料发现，山顶洞人已经懂得人工取火。

人工取火是一个了不起的发明。从那时候起，人们就随时可以吃到烧熟的东西，而且食物的品种也增加了。传说，燧人氏还教人捕鱼。原来像鱼、鳖、蚌、蛤一类东西，生的有腥臊味不能吃，有了取火办法，就可以烧熟来吃了。"燧人氏"还发明了搓绳技术，创造"结绳记事"，为禽兽命名，立传教之台，兴交易之道。

图 5-4　燧人氏钻木取火

3. "伏羲氏"

伏羲(生卒不详)，风姓，燧人氏之子，亦称牺皇、皇羲、太昊，史记中称伏栖。又称青帝，是五天帝之一，生于成纪(图5-5)。所处时代约为旧石器时代中晚期。伏羲是古代传说中中华民族人文始祖，是中国古籍中记载的最早的王，是中国医药鼻祖之一。相传伏羲人首蛇身，与女娲兄妹相婚，生儿育女，他根据天地万物的变化，发明创造了占卜八卦，创造文字结束了"结绳记事"的历史。他又结绳为网，用来捕鸟打猎，并教会了人们渔猎的方法，发明了瑟，创作了曲子。伏羲创立了中华民族的统一图腾"龙"，龙的传人即由此而来。伏羲称王111年以后去世，留下了大量关于伏羲的神话传说。

图5-5　伏羲

4. "神农氏"

中国上古部落联盟首领。作为五氏的最后一位神，他结束了一个饥荒的时代。因以农业为主，他的部落称神农部落。神农氏是我国原始社会时期一位勤劳、勇敢、睿智的部落首领，他是中华民族之祖、农业之祖、医药之祖、商贸之祖、音乐之祖等，对中华文明有不可磨灭的巨大贡献，被后世尊称为"三皇"之一(图5-6)。

神农氏，因为他的肚皮是透明的，可以看见各种植物在肚子里的反应。这样能分辨什么植物可以吃，什么植

图5-6　神农尝百草

物不可以吃，亲尝百草，以辨别药物作用，并以此撰写了人类最早的著作《神农本草经》。教人种植五谷、豢养家畜，使中国汉族农业社会结构完成。

二、原始社会经历的阶段

1. 旧石器时代

距今约 250 万年—距今约 1 万年，旧石器时代早期、中期和晚期，大体上分别相当于人类体质进化的能人和直立人阶段、早期智人阶段、晚期智人阶段（图 5-7）。

图 5-7　旧石器时代人类使用石器

在旧石器时代早期和中期，人们通过血缘关系维持着家族内部的关系。到了旧石器时代晚期，随着生产力的发展，人类转入了相对的定居生活。人口逐渐增多，同时认识到家族内部同辈之间近亲婚姻对人类体质的危害，原先的原始人群为氏族公社所取代，同时形成了族外婚制。互相通婚的两个氏族就形成了部落。一个氏族的成员必须和另一氏族的成员通婚。在这种情况下，人们只知有母不知有父，氏族的世系只能按母系计算，所以叫做母系氏族。

2. 中石器时代

距今 15000—10000 年至 8000 年，以石片石器和细石器为代表工具，石器已小型化（图 5-8）。旧石器时代和新石器时代之间的人类物质文化发展过渡性阶段。直接取之于自然的攫取性经济高涨、并孕育向生产性经济转化的时期。这一时期细石器被大量使用（图 5-9）。广泛使用弓箭；已知驯狗；在一些地方还发现了独木舟和木桨。

图 5-8　石器

图 5-9　新石器时代的石器和谷子

3. 新石器时代

始于距今 8000 年前的人类原始氏族的繁荣时期。以磨制的石斧、石锛、石凿和石铲，琢制的磨盘和打制的石锤、石片、石器为主要工具。新石器时代母系氏族得到了全盛。婚姻制度由群婚转向对偶婚，形成了比较确定的夫妻关系。在氏族内部，除个人常用的工具外，所有的财产归集体公有。有威望的年长妇女担任首领，氏族的最高权力机关是氏族议事会，参加者是全体的成年男女，享有平等的表决权。每个氏族都有自己的名称、共同信仰和领地。当氏族内部的成员受到外人伤害，全族会为他复仇。在新石器时代，产生了农业和畜牧业，磨光石器流行，并发明了陶器(图 5-10)。

随着生产的发展，产品出现了剩余，集体劳动逐渐被个体劳动所取代，由此产生了私有制，随之也出现了阶级。氏族中出现了贵族阶层和平民阶层。到了末期，以血缘关系结成的氏族开始破裂，一些氏族成员脱离自己的氏族，到别处和与他们没有血缘关系的人们杂居，同时氏族也不断接纳外来人，于是出现了按地域划分的农村公社。到了这时，原始社会基本上就已经瓦解了，不同阶级之间出现了斗争，随着情况的深化就出现了国家，对人民进行有效的统治。许多文明的原始社会解体后都进入了奴隶社会。事实上，阶级思想在更早之前就已经产生。

图 5-10　新石器时代彩陶罐

三、原始社会的文化

在原始社会时期，人类创造了象形文字，产生了原始宗教和图腾崇拜。艺术也在这一时期产生。

1. 象形文字

原始社会象形文字是指纯粹利用图形来做文字使用，而这些文字又与所代表的东西，在形状上很相像（图 5-11）。一般而言，象形文字是最早产生的文字。汉字虽然还保留象形文字的特征，但由于汉字除了象形以外，还有其他构成文字的方式，而且亦在某程度上表示语音；而汉字经过数千年的演变，已跟原来的形象相去甚远，所以不属于象形文字，而属于表意文字。然而，甲骨文和金文亦算是象形文字。此外，玛雅文字的"头字体"和"几何体"亦是。

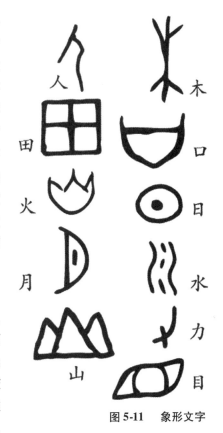

图 5-11　象形文字

2. 宗教

原始宗教属于历史范畴，有其产生、发展和消亡的过程。人类一开始并无任何宗教可言。到了旧石器时代中、晚期，氏族公社产生，人类社会形成为一个个比较稳定的血缘集团。这时，人的体质与思维能力有了进步，集团内部语言有了发展，某些禁忌和规范已经形成。人们以集体的力量和简陋的工具与自然界作斗争时，一方面逐步认识到人们的生产活动与某些自然现象的联系；另一方面又受着自然界的沉重压迫，对自然界的千姿百态、千变万化得不到正确的理解。于是，恐惧与希望交织在一起，对许多自然现象作出歪曲的颠倒的反映，把自然现象神化，原始宗教便从而产生。与阶级社会所形成的一神教对比，其特征为万物有灵、多神崇拜，故又名多神教。

3. 陶器

陶器出现于新石器时代。陶器的发明是人类文明的重要进程，是人类第一次利用天然物，按照自己的意志创造出来的一种崭新的东西。人们把黏土加水混合后，制成各种器物，干燥后经火焙烧，产生质的变化，形成陶器。它揭开了人类利用自然、改造自然的新篇章，具有重大的划时代的意义。陶器的出现，标志着新石器时代的开端。陶器的发明，也大大改善了人类的生活条件，在人类发展史上开辟了新纪元。

4. 纺织

据考古资料，我国纺织生产习俗，大约在旧石器时代晚期已见萌芽，距今约2万年左右的北京山顶洞人已学会利用骨针来缝制苇、皮衣服。这种原始的缝纫术虽不是严格的纺织，但却可以说是原始纺织的起源。而真正纺织技术和习俗的诞生流行当在新石器文化时期。

5. 墓葬文化

目前发现的山顶洞人的墓葬，人骨周围有红色铁矿石粉末及随葬品。大约在距今1万年前后，人类社会进入新石器时代，此时，安葬自己死去的亲人已非常普遍。距今约8千至7千年的新石器时代早期，已经有了公共墓地。距今约7千至5千年的新石器时代中期，墓地制度已经相当完备，墓葬有成人土坑墓和儿童瓮棺葬两种。距今约5千至4千年的新石器时代晚期，墓地制度更加完备，墓葬之间有了明显的等级之分。

6. 房屋

原始人类为避寒暑风雨，防虫蛇猛兽，住在山洞里或树上，这就是所谓的"穴居"和"巢居"（树上筑巢）。经过不断进化，古人开始营建房屋。据考古发掘证明，我国最早的房屋建筑产生于距今约六七千年前的新石器时代。当时的房屋主要有两种：一种是以陕西西安半坡遗址为代表的北方建筑模式——半地穴式房屋和地面房屋；一种是以浙江余姚河姆渡遗址为代表的长江流域及以南地区的建筑模式——干栏式建筑。

四、具有代表性的古代文明

1. 仰韶文化

仰韶文化是黄河中游地区重要的新石器时代一种彩陶文化，其持续时间大约在公元前5000—前3000年，分布在整个黄河中游从今天的甘肃省到河南省之间。因1921年首次在河南省三门峡市渑池县仰韶村发现，故按照考古惯例，将此文化称之为仰韶文化（图5-12）。从1921年渑池仰韶村遗址发现到

图 5-12　仰韶文化遗址

2000 年，全国有统计的仰韶文化遗址共 5013 处，其分布范围，东起豫东，西至甘肃、青海，北到河套内蒙古长城一线，南抵江汉，中心地区在豫西、晋南、陕东一带。分布在陕西、河南、山西、甘肃、河北、内蒙古、湖北、青海、宁夏 9 个省（自治区）。

仰韶文化是一个以农业为主的文化，处于原始的锄耕农业阶段，采用刀耕火种的方法和土地轮休的耕作方式，生产水平仍比较低下。仰韶文化的手工业经济主要从事自给自足的自然经济活动，以物易物的交换形式已普遍存在，商品经济的萌芽还没有产生；制陶业比较发达，制陶技术最能代表当时的手工业经济发展的水平。其村落或大或小，选址一般在河流两岸经长期侵蚀而形成的阶地上，或在两河汇流处较高而平坦的地方，这里土地肥美，有利于农业、畜牧，用水和交通也很方便。

2. 河姆渡文化

河姆渡文化是中国长江流域下游地区古老而多姿的新石器时代文化。1973 年，第一次发现于浙江余姚河姆渡，因而命名。它主要分布在杭州湾南岸的宁绍平原及舟山岛，经科学的方法进行测定，它的年代为公元前 5000—前 3300 年。它是新石器时代母系氏族公社时期的氏族村落遗址，反映了约

图 5-13　河姆渡遗址

7000年前长江下游流域氏族的情况（图5-13）。

　　河姆渡文化的骨器制作比较进步，有耜、鱼镖、镞、哨、匕、锥、锯形器等器物，精心磨制而成，一些有柄骨匕、骨笄上雕刻花纹或双头连体鸟纹图案，就像精美绝伦的实用工艺品。在众多的出土文物中，最重要的是发现了大量人工栽培的稻谷，这是目前世界上最古老、最丰富的稻作文化遗址。它的发现，不但改变了中国栽培水稻从印度引进的传统传说，许多考古学者还据此认为河姆渡可能是中国乃至世界稻作文化的最早发源地。

　　河姆渡文化的农具，最具有代表性的是大量使用耒耜。河姆渡文化的建筑形式主要是栽桩架板高于地面的干栏式建筑。它是代表中国古代文明发展趋势的另一条主线，与中原地区的仰韶文化并不相同。

3. 龙山文化

　　龙山文化泛指中国黄河中、下游地区约新石器时代晚期的一类文化遗存。铜石并用时代文化，因首次发现于山东历城龙山镇（今属章丘）而得名，年代为公元前2500—前2000年。1928年的春天，考古学家吴金鼎在山东省历城县龙山镇发现了举世闻名的城子崖遗址。在此之后，考古学家们先后对城子崖遗址进行多次发掘，取得了一批以精美的磨光黑陶为显著特征的文化遗存。根据这些发现，考古学家把这些以黑陶为主要特征的文化遗存命名为"龙山文化"（图5-14）。这个文化以许多薄、硬、光、黑的陶器，尤其是蛋壳黑陶（分布日照、济南）最具特色，所以也叫它"黑陶文化"（图5-15）。

图 5-14 龙山文化遗址

图 5-15 蛋壳黑陶

大部分龙山文化遗址，分布在山东半岛，而河南、陕西、河北、辽东半岛、江苏等地区，也有类似遗址的发现。龙山文化是黄河下游地区直接承袭大汶口文化发展起来的古文化之一，它的发掘对研究中国新石器时代文化起了重要作用。

第二节　农业文明

农业文明，是指由农民在长期农业生产中形成的一种适应农业生产、生活需要的国家制度、礼俗制度、文化教育等的文化集合。中国是一个典型的农业国家，也是世界农业主要发祥地之一。在绵绵不息的历史长河中，炎黄子孙植五谷，饲六畜，农桑并举，耕织结合，形成了土地上精耕细作、生产上勤俭节约、经济上富国足民、文化上天地人和的优良传统，创造了灿烂辉煌的农耕文明，为中华民族繁衍生息、发展壮大奠定了坚实的基础。

一、中国农业的发展阶段

1. 石器时代：原始农业萌芽

考古资料显示，我国农业产生于旧石器时代晚期与新石器时代早期的交替阶段，距今有1万多年的历史。古人是在狩猎和采集活动中逐渐学会种植作物和驯养动物的。在原始农业阶段，最早被驯化的作物有粟、黍、稻、菽、麦及果菜类作物，被驯化饲养的"六畜"有猪、鸡、马、牛、羊、犬等，还发明了养蚕缫丝技术。原始农业的萌芽，是远古文明的一次巨大飞跃。

2. 青铜时代：传统农业的形成

青铜器时代出现了青铜农具，原始的刀耕火种向比较成熟的饲养和种植技术转变。夏禹治水的传说，反映人类利用和改造自然的能力有了很大提高。为适应农耕季节需要创立的天文历——"夏历"，使农耕活动由物候经验上升为历法规范。商代出现了最早的文字——"甲骨文"，标志着新的文明时代的到来。这一时期，农业已发展成为主要产业，原始的采集狩猎经济退出了历史舞台。这是我国古代农业发展的第一个高潮。

3. 铁农具与牛耕：传统农业的兴盛

春秋战国至秦汉时代（公元前7世纪~公元3世纪），是我国社会生产力大发展、社会制度大变革的时期，农业进入了一个新的发展阶段。这一时期农业发展的主要标志是，铁制农具的出现和牛、马等畜力的使用。农具的发明及其与耕作技术的配套，奠定了我国传统农业的技术体系。中央集权、统一的封建国家的建立，不时兴起的大规模水利建设，使农业生产率有了显著提高。生产力的发展促进了社会制度的变革。承认土地私有、奖励农耕、鼓励人口增长、重农抑商等，是这一时期的主要农业政策（图5-16）。

图 5-16　农耕图

4. 旱作农业体系：北方农业长足发展

魏晋南北朝时期，黄河流域形成了以防旱保墒为中心、以"耕—耙—糖"为技术保障的旱地耕作体系。同时，还创造实施了轮作倒茬、种植绿肥、选育良种等项技术措施，农业生产各部门都有新的进步。公元 6 世纪出现了《齐民要术》这样的综合性农书，传统农学登上了历史舞台，成为总结生产经验、传播农业文明的一种新形式。

5. 稻作农业体系：经济重心向南方转移

隋唐时代，有一段较长时间的统一和繁荣，农业生产进入了一个新的大发展、大转折时期。唐初，统治者采取了比较开明的政策，如实行均田制，计口授田；税收推行"租庸调"制，减轻农民负担；兴办水利，奖励垦荒，农业和整个社会经济得以很快恢复和发展。唐初全国人口约 3000 万，到公元 8 世纪的天宝年间，人口增至 5200 多万，耕地 14 亿亩，人均耕地达 27 亩，是我国封建社会空前繁荣的时期。唐代中期的"安史之乱"后，唐王朝进入了衰落期，北方地区动荡多事，经济衰退。此间，全国农业和整个经济重心开始转移到社会相对稳定的南方地区。南方地区的水田耕作技术趋于成熟。

6. 美洲作物的传入：一次新的农业增长机遇

从国外、特别是从美洲引进作物品种，对我国农业发展产生了重要影响。据史料记载，自明代以来，我国先后从美洲等一些国家和地区引进了玉米、番薯、马铃薯等高产粮食作物和棉花、烟草、花生等经济作物。这些作物的适应性和丰产性，不但使我国的农业结构得到调整、优化，而且农产品产量大幅度提高，对于解决人口快速增长带来的巨大衣食压力问题起到了很大作用。

7. 现代科技武装：中国农业的出路

1840 年爆发鸦片战争之后，西方近代农业科技开始传入我国，一系列与农业科技教育有关的新生事物出现了。创办农业报刊，翻译外国农书，选派农学留学生，招聘农业专家，建立农业试验场，开办农业学校等，在古老的华夏大地成为大开风气的时尚。西方的一些农机具、化肥、农药、作物和畜禽良种也被陆续引进。虽然近现代农业科技并没有使我国传统农业得到根本改造，但是作为一种科学体系在我国的产生，其现实和历史意义是十分重大的。新中国成立、特别是改革开放以来，我国的农业科技获得了长足发展，农业增长中的科技贡献作用明显提高。"人多地少"的基本国情决定了我国只能走一条在提高土地生产率的前提下，转变农业发展方式，提高劳动生产率的道路。

二、中国农业文明中蕴含的生态思想

在世界古代文明中，中国的传统农业曾长期领先于世界各国。我国的传统农业在创造了一整套独特的精耕细作、用地养地的技术体系的背后，也闪耀着生态智慧的光芒。

1. 协调和谐的"三才"观

中国传统农业的指导思想是"三才"理论。"三才"最初出现在战国时代的《易传》中，它专指处理天、地、人，或天道、地道、人道的关系。在"三才"理论中，"人"既不是大自然（"天"与"地"）的奴隶，又不是大自然的主宰，而是"赞天地之化育"的参与者和调控者。这就是所谓"天人相参"。中国古代农业理论主张，人和自然不是对抗的关系，而是协调的关系。

2. 趋时避害的农时观

中国传统农业有很强的农时观念。在新石器时代就已经出现了观日测天图像的陶尊。先秦诸子主张的"勿失农时"、"不违农时"。"顺时"的要求也被贯彻到林木砍伐、水产捕捞和野生动物的捕猎等方面。早在先秦时代就有"以时禁发"的措施。"禁"是保护，"发"是利用，即只允许在一定时间内和一定程度上采集利用野生动植物，禁止在它们萌发、孕育和幼小的时候采集捕猎，更不允许焚林而狩、竭泽而渔。

3. 辨土肥田的地力观

土地是农作物和畜禽生长的载体，是最主要的农业生产资料。种庄稼是要消耗地力的；只有地力得到恢复或补充，才能继续种庄稼；若地力不能获得补充和恢复，就会出现衰竭。我国在战国时代已从休闲制过渡到连种制，比西方约早1000年。中国的土地在不断提高利用率和生产率的同时，几千年来地力基本上没有衰竭，不少土地还越种越肥，这不能不说是世界农业史上的一个奇迹。

4. 种养"三宜"的物性观

农作物各有不同的特点，需要采取不同的栽培技术、管理措施。人们把这概括为"物宜""时宜"和"地宜"，合称"三宜"。早在先秦时代，人们就认识到在一定的土壤气候条件下，有相应的植被和生物群落，而每种农业生物都有它所适宜的环境。比如"橘逾淮北而为枳"。

5. 变废为宝的循环观

在中国传统农业中，施肥是废弃物质资源化、实现农业生产系统内部物质良性循环的关键一环。在甲骨文中，"粪"字作双手执箕弃除废物之形，《说文》解释其本义是"弃除"或"弃除物"。后来，"粪"就逐渐变为施肥和肥料的专称。

自战国以来，人们不断开辟肥料来源。清代农学家杨屾的《知本提纲》提出"酿造粪壤"十法，即人粪、牲畜粪、草粪（天然绿肥）、火粪（草木灰、熏土、炕土、墙土等）、泥粪（河塘淤泥）、骨蛤灰粪、苗粪（人工绿肥）、渣粪（饼肥）、黑豆粪、皮毛粪等，差不多包括了城乡生产和生活中的所有废弃物以及大自然中部分能够用作肥料的物资。更加难能可贵的是，这些感性的经验已经上升为某种理性认识，不少农学家对利用废弃物做肥料的作用和意义进行了很有深度的阐述。

6. 御欲尚俭的节用观

春秋战国的一些思想家、政治家，把"强本节用"列为治国重要措施之一。《荀子·天论》说："强本而节用，则天不能贫。"《管子》也谈到"强本节用"。《墨子》一方面强调农夫"耕稼树艺，多聚菽粟"，另一方面提倡"节用"，书中有专论"节用"的上中下三篇。"强本"就是努力生产，"节用"就是节制消费。古人提倡"节用"，目的之一是积储备荒。同时也是告诫统治者，对物力的使用不能超越自然界和老百姓所能负荷的限度，否则就会出现难以为继的危机。

有哲人指出，农业是中国文化的根基之所在。农业发展过程中孕育和产生了文化，文化发展反过来又推动了农业的进步。农业与文化从来就是密不可分的，两者相辅相成，相互促进，相得益彰。农业支撑了文化的发展。农业还孕育了中国多彩的文化类型。中国的农业文化是一种集大成的文化，集合了儒、道、佛为一体，形成了自己独特文化内容和特征，包括语言、诗歌、科技、戏剧、民歌、风俗及各类祭祀活动等，这些都与农业有着千丝万缕的联系。农业非物质文化遗产在我国非物质文化遗产中具有十分重要的地位和影响。

纵观而论，农业文化是千百年来中华民族生产生活的实践总结，是华夏儿女以不同形式延续下来的精华浓缩并传承至今的一种文化形态。中国传统文化中理想的家庭模式是"耕读传家"，既要有泛指劳动的"耕"来维持家庭生活，又要有读书学习的"读"来提高家庭的文化水平。这种培养式的农耕文明推崇自然和谐，契合中华文化对于人生最高修养的乐天知命原则，乐天是了解知晓宇宙世界万物的法则和规律，知命则是懂得生命的价值和为人处世的真谛。

第三节 工业文明

一、工业文明的内涵

工业文明是指工业社会文明，亦即未来学家托夫勒所言的第二次浪潮文明，它贯穿着劳动方式最优化、劳动分工精细化、劳动节奏同步化、劳动组织集中化、生产规模化和经济集权化等六大基本原则。工业文明是以工业化为重要标志、机械化大生产占主导地位的一种现代社会文明状态。其主要特点大致表现为工业化、城市化、法制化与民主化、社会阶层流动性增强、教育普及、消息传递加速、非农业人口比例大幅度增长、经济持续增长等。

有学者把工业文明分为五个阶段：16世纪初到18世纪工业革命前，工业文明首先在西欧兴起；工业革命开始以后到19世纪末，人类真正进入工业社会，同时工业文明从西欧扩散到全球；20世纪上半期，工业文明全面到来，社会出现了巨大的震荡，也进行了调整和探索；二战后到70年代初，人类吸取了上一阶段的经验教训，工业文明顺利推进；20世纪70年代以来，工业文明深入发展。

二、工业革命取得的成果

18世纪中叶,英国人瓦特改良蒸汽机之后,由一系列技术革命引起了从手工劳动向动力机器生产转变的重大飞跃(图5-17)的资本主义制度,引起了社会结构和东西方关系的变化,对世界历史进程产生了重大影响。这不仅是一次技术改革,更是一场深刻的社会变革,推动了经济领域、政治领域、思想领域、世界市场等诸多方面的变革。

图5-17 蒸汽火车

19世纪,随着资本主义经济的发展,自然科学研究取得重大进展,1870年以后,由此产生的各种新技术、新发明层出不穷,并被应用于各种工业生产领域,促进经济的进一步发展,第二次工业革命蓬勃兴起,人类进入了电气时代。在这一时期,一些发达资本主义国家的工业总产值超过了农业总产值;工业重心由轻纺工业转为重工业,出现了电气、化学、石油等新兴工业部门。由于19世纪70年代以后发电机、电动机相继发明,远距离输电技术的出现,电气工业迅速发展起来,电力在生产和生活中得到广泛的运用。从80年代起,人们开始从煤炭中提炼氨、苯、人造燃料等化学产品,塑料、绝缘物质、人造纤维、无烟火药等也相继发明并投入生产和使用。原有的工业部门如冶金、造船、机器制造以及交通运输、电信等部门的技术革新加速进行。

第三次科技革命是人类文明史上继蒸汽技术革命和电力技术革命之后科技领域里的又一次重大飞跃。以原子能、电子计算机、空间技术和生物工程的发明和应用为主要标志,涉及信息技术、新能源技术、新材料技术、生物技术、空间技术和海洋技术等诸多领域的一场信息控制技术革命。第三次科技革命不仅极大地推动了人类社会经济、政治、文化领域的变革,而且也影响了人类生活方式和思维方式,随着科技的不断进步,人类的衣、食、住、行、用等日常生活的各个方面也在发生了重大的变革。

第四次工业革命,是以互联网产业化、工业智能化、工业一体化为代表,以人工智能、清洁能源、无人控制技术、量子信息技术、虚拟现实为主的全新技术革命。

工业革命是人类社会的巨大飞跃,它所建立起来的工业文明,终结了延续几千年的传统农业文明,使资本主义生产方式战胜了封建生产方式。它不仅从根本上促进了社会的生产力,创造出巨量的物质财富,而且也贡献出无与伦比的精神财富。譬如科技方面的急剧进步、经济社会结构的深刻变革、人的生存方式等都发生了极大的变化(图5-18)。

图5-18 工业文明建设成果

二、工业革命中出现的环境问题

1. 18世纪末—20世纪初环境污染的发生

蒸汽机的使用需要以煤炭作为燃料,因此,随着工业革命的推进,地下蕴藏的煤炭资源便有了空前的价值,煤成为工业化初期的主要能源。新的煤矿到处开办,煤炭产量大幅度上升,到1900年时,世界先进国家英、美、德、法、日五国煤炭产量总和已达6.641亿吨。煤的大规模开采并燃用,在提供动力以推动工厂的开办和蒸汽机的运转,并方便人们的日常生活时,也必然会释放大量的烟尘、二氧化硫、二氧化碳、一氧化碳和其他有害的污染物质(图5-19)。

图 5-19 工业污染

与此同时,在一些工业先进国家,矿冶工业的发展既排出大量的二氧化硫,又释放许多重金属,如铅、锌、镉、铜、砷等,污染了大气、土壤和水域。而这一时期化学工业的迅速发展,构成了环境污染的又一重要来源。另外,水泥工业的粉尘与造纸工业的废液,也会对大气和水体造成污染。结果,伴随煤炭、冶金、化学等重工业的建立、发展以及城市化的推进,出现了烟雾腾腾的城镇,发生了烟雾中毒事件,河流等水体也严重受污染。

在19世纪,人们曾在莱茵河下游大量捕捞鲟鱼,用鲟鱼卵制造鱼子酱,而到19世纪末和20世纪初,"由于数量的减少,明显地受到限制,到1920年就完全禁止了捕鲟鱼。鲑鱼的捕捞也遭到了同样的命运,于1955年完全终止了。"1892年,汉堡还因水污染而致霍乱流行,使7500多人丧生。在明治时期的日本,因开采铜矿所排出的毒屑、毒水,危害了农田、森林,并酿成田园荒芜、几十万人流离失所的足尾事件。

尽管如此,这一时期的环境污染尚处于初发阶段,污染源相对较少,污染范围不广,污染事件只是局部性的。

2. 20世纪20~40年代环境污染的发展

随着工业化的扩展和科学技术的进步,西方国家煤的产量和消耗量逐年上升。据估算,在20世纪40年代初期,世界范围内工业生产和家庭燃烧所释放的二氧化硫每年高达几千万吨，其中 2/3 是由燃煤产生的，因而煤烟和二氧化硫的污染程度和范围较之前一时期有了进一步的发展，由此酿成多起严重的燃煤大气污染公害事件，如比利时的马斯河谷事件和美国的多诺拉事件。

在 30 年代前后，以内燃机为动力机的汽车、拖拉机和机车等在世界先进国家普遍地发展起来。1929 年，美国汽车的年产量为 500 万辆，英、法、德等国的年产量也都接近 20 万~30 万辆。由于内燃机的燃料已由煤气过渡到石油制成品——汽油和柴油，石油便在人类所用能源构成中的比重大幅度上升。开采和加工石油不仅刺激了石油炼制工业的发展，而且导致石油化工的兴起。然而，石油的应用却给环境带来了新的污染。

此外，自 20 世纪 20 年代以来，随着以石油和天然气为主要原料的有机化学工业的发展，西方国家不仅合成了橡胶、塑料和纤维三大高分子合成材料，还生产了多种多样的有机化学制品，如合成洗涤剂、合成油脂、有机农药、食品与饲料添加剂等。就在有机化学工业为人类带来琳琅满目和方便耐用的产品时，它对环境的破坏也渐渐地发生，久而久之便构成对环境的有机毒害和污染。

显然，到这一阶段，在旧有污染范围扩大、危害程度加重的情况下，随着汽车工业和石油以及有机化工的发展，污染源增加，新的更为复杂的污染形式出现，因而公害事故增多，公害病患者和死亡人数扩大，人们称之为"公害发展期"。这体现出西方国家环境污染危机愈加明显和深重。

3. 20 世纪 50~70 年代环境污染的大爆发

20 世纪 50 年代起，世界经济由战后恢复转入发展时期。西方大国竞相发展经济，工业化和城市化进程加快，经济高速持续增长。在这种增长的背后，却隐藏着破坏和污染环境的巨大危机。因为工业化与城市化的推进，一方面带来了资源和原料的大量需求和消耗，另一方面使得工业生产和城市生活的大量废弃物排向土壤、河流和大气之中，最终造成环境污染的大爆发，使世界环境污染危机进一步加重。

这一时期，发达国家的环境污染公害事件层出不穷。如因工业生产将大量化学物质排入水体而造成的水体污染事件，最典型的是 1953—1965 年日本水俣病事件；因煤和石油燃烧排放的污染物而造成的大气污染事件，如 1952 年 12 月 5~8 日的伦敦烟雾事件，即著名的"烟雾杀手"，导致 4000 多人死亡；因工业废水、废渣排入土壤而造成的土壤污染事件，如 1955—1972 年日本富山县神通川流域因食用含镉稻米以及饮用含镉水后患骨痛病事件等。

另外，在沿岸海域发生的海洋污染和海洋生态被破坏，成为海洋环境面临的最重大问题。靠近工业发达地区的海域，尤其是波罗的海、地中海北部、美国东北部沿岸海域和日本的濑户内海等受污染最为严重。

两种新污染源——放射性污染和有机氯化物污染的出现，不仅加重了已有的环境污染危机的程度，而且使环境污染危机向着更加复杂而多样化的方向转化。

总之，到这时，环境污染已成为西方国家一个重大的社会问题，公害事故频繁发生，公害病患者和死亡人数大幅度上升，被称为"公害泛滥期"。此外，海洋污染越来越严重，况且又增添了放射性和有机氯化物两类新污染源。这一切足以表明，在20世纪60~70年代，当西方国家经济和物质文化空前繁荣之时，对大自然的污染和破坏却不断加深，人们实则生活在一个缺乏安全、危机四伏的环境之中。

工业文明之所以被称为黑色文明，是因为其所要经历的发展过程都是由粗犷到集约，先破坏污染，然后再治理善后的。工业文明创造了人类历史上前所未有的成就，但也使自然界遭受了前所未有的浩劫。工业革命以来，人类对自然的大规模不当干预引发了人与自然之间的冲突，人类在享有工业文明带来的便利的同时，也正在品尝自己酿造的苦酒：大气污染和酸雨、水污染、噪声污染、固体废物污染、化学污染、放射性污染、森林草原退化、矿产资源枯竭、物种灭绝、臭氧层漏洞、全球变暖等。可以毫不夸张地说，如果人类只是陶醉于工业文明所带来的成果，而不意识其危害并采取有效措施的话，工业文明不仅仅会造成地球生态系统的资源耗损和环境污染，更会一步步导致生态圈的全面衰竭。事实上在黑色文明所造成的环境灾难和生存危机刺激下，人类已开始对其环境代价进行反省。同时，黑色文明带来的技术进步、经济发达和生活质量的提高，也扩大了人类的视野和对环境质量的需求，并使人类有能力对环境进行一定程度的修复。

第四节 生态文明

生态文明是人类对传统文明形态特别是工业文明进行深刻反思的成果，是人类文明形态和文明发展理念、道路和模式的重大进步。如果说农业文明是"黄色文明"，工业文明是"黑色文明"，那生态文明是"绿色文明"。

20世纪七八十年代，随着各种全球性问题的加剧以及"能源危机"的冲击，在世界范围内开始了关于"增长的极限"的讨论，各种环保运动逐渐兴起。正是在这种情况下，1972年6月，联合国在瑞典斯德哥尔摩召开了有史以来第一次"人类与环境会议"，讨论并通过了著名的《人类环境宣言》，从而揭开了全人类共同保护环境的序幕，也意味着环保运动由群众性活动上升到了政府行为。伴随着人们对公平（代际公平与代内公平）作为社会发展目标认识的加深以及对一系列全球性环境问题达成共识，可持续发展的思想随之形成。1983年11月，联合国成立了世界环境与发展委员会，1987年该委员会在其长篇报告《我们共同的未来》中，正式提出了可持续发展的模式。1992年联合国环境与发展大会通过的《21世纪议程》，更是高度凝结了当代人对可持续发展理论的认识。由此可知，生态文明的提出，是人们对可持续发展问题认识深化的必然结果。

一、生态文明的内涵

生态文明以尊重和维护自然为前提，以人与人、人与自然、人与社会和谐共生为宗旨，以建立可持续的生产方式和消费方式为内涵，以引导人们走上持续、和谐的发展道路为着眼点。生态文明强调人的自觉与自律，强调人与自然环境的相互依存、相互促进、共处共融，既追求人与生态的和谐，也追求人与人的和谐，而且人与人的和谐是人与自然和谐的前提。这种文明观同以往的农业文明、工业文明具有相同点，那就是它们都主张在改造自然的过程中发展物质生产力，不断提高人的物质生活水平。但它们之间也有着明显的不同点，即生态文明突出生态的重要性，强调尊重和保护环境，强调人类在改造自然的同时必须尊重和爱护自然，而不能随心所欲，盲目蛮干，为所欲为。

很显然，生态文明同物质文明与精神文明既有联系又有区别。说它们有联系，是因为生态文明既包含物质文明的内容，又包含精神文明的内容：生态文明并不是要求人们消极地对待自然，在自然面前无所作为，而是在把握自然规律的基础上积极地能动地利用自然，改造自然，使之更好地为人类服务，在这一点上，它是与物质文明一致的。而生态文明所要求的人类要尊重和爱护自然，将人类的生活建设得更加美好；人类要自觉、自律，树立生态观念，约束自己的行动，在这一点上，它又是与精神文明相一致的，毋宁说它本身就是精神文明的重要组成部分。说它们有区别，则是指生态文明的内容无论是物质文明还是精神文明都不能完全包容,也就是说,生态文明具有相对的独立性。

二、生态文明的基本内容

1. 生态理念文明

生态文明建设中一项很重要的内容,就是在全社会牢固树立生态文明理念。生态理念,是人们正确对待生态问题的一种进步的观念形态,包括进步的生态意识、进步的生态心理、进步的生态道德以及体现人与自然平等、和谐的价值取向,环境保护和生态平衡的思想观念和精神追求等。讲究生态文明,意味着确立一个新的价值尺度或价值核心。建设生态文明,在全社会树立生态文明理念是首要工作。要逐步形成尊重自然、认知自然价值,建立人自身全面发展的文化与氛围,从而转移人们对物欲的过分强调与关注。

生态理念文明强调的是从思想意识上转变传统的"向自然宣战""征服自然"等理念,树立"人与自然和谐相处"的新型理念;从把增长简单地等同于发展、重物轻人的发展理念,向以人的全面发展为核心的发展理念转变。强调人人要树立资源有限、环境有限的理念,树立人与天地一体的理念,像爱惜保护自己的身体那样去爱惜保护自然。

2. 生态经济文明

建设生态文明,要求社会经济与自然生态平衡发展与可持续发展。在生态文明理念的指导下,经济发展将致力于消除经济活动对大自然自身稳定与和谐构成的威胁,逐步形成与生态相协调的生产生活与消费方式。目前,我国已经把保护自然环境、维护生态安全、实现可持续发展这些要求视为发展的基本要素,提出了通过发展去实现人与自然的和谐以及社会环境与生态环境平衡的目标。

建设生态文明,前提是发展。只有发展,才能不断满足人民群众日益增长的物质文化生活需要。传统的工业文明固然使一些地方因经济的快速增长而带来了物质上的富裕,但毫无节制地消耗自然资源的生产方式,已经使经济社会的发展受到了极大制约,如果不能按生态文明的要求及时予以矫正,经济社会发展就不能持久。这就需要在发展的同时,保护好人类赖以生存的环境;需要转变经济发展方式,走生态文明的现代化道路;需要把经济发展的动力真正转变到主要依靠科技进步、提高劳动者素质、提高自主创新能力上来。

3. 生态政治文明

政治文明的功能是通过制度的安排和国家公共权力的运用来维系社会秩序，通过公平分配社会资源来保障个人权益，保障生态文明建设。生态政治文明，要求尊重利益和需求的多元化，注重平衡各种关系，避免由于资源分配不公、人或人群的斗争以及权力的滥用而造成对生态的破坏，由公共权力限制损害生态环境行为的发生，维护人的生命健康安全。

就民主建设而言，必须切实维护好人民群众参与生态环境保护的权利。政府要进一步公开各类信息，畅通人民群众监督、投诉、管理生态事务的渠道，保证人民群众生态文明建设的知情权、参与权和监督权，让人民群众从生态文明建设中深切体会和明确认识自己的利益所在，从而激发其参与生态文明建设的热情。

4. 生态科技文明

生态科技文明是对近、现代科学技术反思之后的科技生态化转向。它以协调人与自然之间的关系为最高准则，以不断解决人类发展与自然界和谐演化之间的矛盾为宗旨，以生态保护和生态建设为目标。应该认识到，科技是协调人与自然和谐发展的直接手段和重要工具。科学研究和技术应用要能够促使整个生态系统保持良性循环，能为优化生态系统提供智力支撑。科学技术活动，最基本的要求就是要服从自然本身的属性，接受自然科学所认识规律的限制。

对于生态文明来说，科学技术是一柄"双刃剑"。一方面，20世纪以来传统工业化对自然资源高强度、掠夺性的开发使用，所造成的生态破坏和环境污染，与现代科学技术的推动有关；另一方面，科学技术在节约资源、保护生态、改善环境等方面，也不断发挥着越来越显著的作用。我们应该积极预防科技应用可能引发的负面效应，着力突破制约生态文明建设和可持续发展的重大科学问题和关键技术，大力开发和推广节约、替代、循环利用资源和治理污染的先进适用技术，不断为生态文明建设提供科学依据和技术支撑。

要系统深刻地认识自然规律，认识人与自然相互作用的规律，认识我国自然资源与生态环境的现状及其变化的趋势，认识社会复杂系统的演化和调控规律，以便及时自觉地调整人与自然的关系，积极推动向资源节约型、环境友好型社会转变。要树立综合的科技评价体系，避免用单一的经济指标来评价科技的优劣，应该从生态、人文、美学等各方面建立起合理的科技价值体系，引导科学技术健康、持续发展。

5. 生态制度文明

人类自身作为建设生态文明的主体，必须将生态文明的内容和要求内在地体现在人类的法律制度中，并以此作为衡量人类文明程度的标尺。建设生态文明，内在地包含着保护生态、实现人与自然和谐相处的制度安排和政策法规。正确对待生态问题的制度形态，包括生态制度、法律和规范，强调健全和完善与生态文明建设标准相关的法制体系。为了积极推进生态文明建设，必须加强生态法制建设，通过国家立法的方式，提高人们对环境所承担的责任。

随着我国社会主义市场经济的发展和建设社会主义法治国家进程的加快，生态保护的法律法规在生态文明建设中发挥着越来越重要的作用。系统的法律和制度体系，是落实生态文明建设的有效保障。当务之急是强化政策导向，形成激励和约束机制，改革绩效考评体系。根据不同地区经济发展的实际水平和人口、资源、生态环境的总容量，确定不同的发展目标，相应制定不同的考核评价体系，赋予不同的经济政策，明确生态环境保护的职责、权利和义务。调动人民群众进行生态环境保护的积极性，使社会公众学会运用法律法规来维护自身的生态环境权益，并敢于对污染和破坏生态环境的行为进行检举和控告。

6. 生态行为文明

建设生态文明，人们应该将生态文明的内容和要求由内而外地体现在自己的生产、生活和行为方式中，体现在各种活动实践中。生态文明建设是一项系统、深刻的社会变革工程，既需要自上而下的发动与贯彻，也需要自下而上的参与和推动。就当前我国生态文明建设的实践而言，自下而上的公众参与方面稍显滞后和不足，往往导致一些法律难以有效执行，制度难以有效贯彻，政策难以有效落实。在人民群众日常生活的许多方面，也由于生态意识淡薄，广泛存在与生态文明不相适应的不良行为习惯。

目前，生态文明的观念和机制正在形成，并日益深刻地影响到所有社会组织和个人的行为方式。建设生态文明，关键在于人的行动，在于形成符合生态文明要求的生活方式和行为习惯。人的生活方式应自觉以实用节俭为原则，以适度消费为特征，应该追求基本生活需要的满足，崇尚精神和文化的享受。作为物质产品的生产者和消费者，人们应该在生产和生活中养成节约资源、善待环境、循环利用、物尽其用，降耗减排的良好习惯，主动抑制直至消除浮华铺张、奢侈浪费等不良习惯。

第六章 生态文明建设的思想基础

第一节 马克思主义的生态思想

一、人类与自然界相互作用的思想

在人与自然的相互作用的思想当中，我们首先要考察的就是人对自然的影响和作用。在马克思看来，承认自然的客观性和异在性，只是尊重科学事实的需要，只能够解释世界。然而，哲学的解释世界归根结底还是为了更好地改变世界，是为了把自然界还给人类自身。马克思曾说："从前的一切唯物主义的主要缺点是：对对象、现实、感性，只是从客体的或者直观的形式去理解，而不是把它们当做感性的人的活动，当做实践去理解，不是从主体方面去理解。"我们所置身于其中的自然都不是抽象的、与人无关的自然，而是作为人的活动对象的自然，是赋予人类价值向度于其中的自然、被人的对象性活动所"中介"过的自然，一句话，是历史的自然。一方面，人来自于自然，存在于自然，是自然界的一部分。正如恩格斯所说："我们连同我们的肉、血和头脑都是属于自然界和存在于自然之中的。"由此说明了自然对于人及其社会的先在性、人对自然的依赖关系。这种依赖关系决定了自然界对人及其社会的制约作用。

另一方面，马克思所认为的"主体是人，客体是自然"，即是说，在人与自然相互作用的关系里，人始终是处于主体地位的。由于人的能动的实践活动，特别是生产实践活动，人与自然的关系已不再同于其他任何生物与自然的关系。人以外的任何生物与自然界都是直接同一的，它们与自然界之间仅仅是一种"自在自为"的关系。而人与自然的关系已在实践的基础上形成了一种对象性关系，是人的本质力量的对象化。在这种对象性活动中，人成为认识和改造自然的主体，展现自己的能动性特征，自然则成为被人认识的客体，使人对自然的影响达到了任何其他动物都无法达到的程度。

西方马克思主义者施密特指出："马克思认为自然是'一切劳动资料和劳

动对象的第一源泉'，就是说，他把自然看成从最初起就是和人的活动相关联的。"

这种自然对人的影响可以概括为以下两点：

首先，自然生态系统对社会结构的制约性影响。从根本上看，社会结构是在社会基本矛盾的发展过程中逐步形成的，然而，从发生学的意义上来讲，自然系统却对社会结构的形成具有重大的制约性影响。当然，随着人类文明的进一步发展，自然系统的制约力量会相应减弱，而社会关系在社会结构的行程中所表现出的制约作用应该会越来越大。也正是在这两类关系形成的必要张力中，才形成了完整意义的社会结构。"这种生产的承担者对自然的关系以及他们互相之间的关系，他们借以进行生产地各种关系的总和，就是从社会经济结构方面来看的社会。"

其次，自然生态系统对于社会发展的制约性影响。随着人类文明以及社会的发展，自然生态系统对社会发展的影响不是简单地减弱了，而是随着科学技术进步的进步，呈现出了一种逐渐加深的趋势。人类的实践活动及社会发展所依赖的自然环境和条件的范围都在不断地扩展深入，为此要求自然生态系统的性质和功能不断全面化、丰富化。可以看到，随着人类对自然资源的利用深度和广度的不断加大，对自然生态影响利用范围的不断推进，人对自然的依赖性并不会减小，反而会越来越大。

二、人化的自然思想

在以上分析中，我们可以看到马克思所理解的自然其实不仅是自在的自然，而且是人化的自然。马克思在继承了旧唯物主义自然观的合理因素和唯心主义自然观中关于人的主观能动性的合理成分基础上，提出了一种新的实践的人化自然观。这种"人化自然"，旨在说明在人类实践中被变革了的那部分自然。"人化自然"与"天然自然"共同构成了我们所理解的自然环境。在这种人化的自然观看来："在人类历史中即在人类社会的产生过程中形成的自然界是人的现实的自然界；因此，通过工业——尽管以异化的形式——形成的自然界，是真正的、人类学的自然界。"

"所谓人化自然，是指已纳入人的认识和实践领域、打上人的"印记"并成为人类社会存在和发展直接物质基础的那部分自然界。"对此，我们理解马克思所说的自然，就是地球上经过人类实践活动改造过的现实的自然。换句话说，只有通过人的实践活动作用之后的自然，才会作为人的对象的存在物。

反之，那些没有经过人类实践改造的自然，对于作为主体的人类而言是毫无意义的。我们现在所面对的自然，不是人类出现之前的那个天然的自然；我们需要的自然，就是那些合乎人类生存和发展即被我们改造过的自然。"土地没有人耕作仅仅是不毛之地"，"被抽象地孤立地理解的、被固定为与人分离的自然界，对人来说也是无。"今天，人类的实践活动及其影响已经深入到地球自然界的各个领域和方面，地球自然界几乎已经整个地进入到人的实践领域而被人化了。马克思主义的人化自然观是人类对自然进行价值判断的基本准则，它表明自然是有人类活动介入的自然，是有利于人类生存的自然。所谓"生态"，特别是作为人类赖以生存与发展的生态环境，实质上就是人们在社会实践中形成的"人化自然"，即生态环境成果，而不是外在于人类的纯粹自然界。人化自然必然会表现出二重性，改造好的部分和被人们实践破坏的部分。前者将有利于人类的生存和发展，为人化自然的积极成果；后者将不利于人类的生存和发展，是其消极后果，程度严重的就会造成生态危机。

坚持马克思主义的人化自然观，就是要求我们在遵循自然规律的前提下，按照有利于保持生态系统的平衡，有利于提高生态环境的产出能力，通过对生态环境进行积极的开发和利用，使其更有效地为人类生存发展而服务。"生态文明的本质就是在人化自然的过程中所取得的积极环境成果。"

三、人类同自然界"和解"的思想

从人化的自然思想出发，马克思主义科学地揭示了人与自然之间的辩证关系，确立马克思主义生态发展观的基础。

在马克思看来，"人与自然"和"人与人"这两大关系在最初的形式上和最基本的形态上是同一的。例如，在人口再生产关系中，"人同自然界的关系直接就是人和人之间的关系，而人和人之间的关系直接就是人同自然界的关系，就是他自己的自然的规定。"

因此，马克思的结论是，这两大关系在本质上是统一的，当然它们是统一于"社会"之中，而非"自然"之中。在人与自然的关系问题上，渗透了人与人之间的因素。人的社会属性决定和主导人与自然关系的产生、发展和变化。不仅如此，人们还发现在这两对关系上，存在一种相互依存、相互促进的结构。一般人会认为，当我们把注意力放在与自然的关系上时，他会放松与他人关系的控制。然而人类迄今为止的历史事实却表明："人对自然控制的加强，并不是转移或削弱了对人的统治，相反是加剧了对人的统治。这种从对自然的控制到对人的控制是靠科学技术的手段来实现的。"

从以上分析我们可以认识到两大和解之间的关系，也必然是互相制约、相辅相成的。人和自然的矛盾，环境问题产生的原因，不仅仅是由于人类认识和实践水平的落后，同时，也在于社会关系和人类活动方式的不合理。因此，人与自然和谐发展的真正实现只能寄希望于人与人之间的社会关系的改变才有可能。正如有的学者正确指出的："人对自然生态的控制实质上是人对人自己的人文生态的控制。因此要保持生态环境的协调，首先必须从人类的根本利益出发，调整人们的社会关系，改善人文生态。"换言之，要从根本上解决环境问题，就要把环境问题纳入解决整个社会问题的总体框架之中。

马克思、恩格斯设想的实现"两大和解"的历史任务，还在于变革整个现存的社会制度，实现共产主义，将人类的生态出路与社会主义前景联系起来。由于私有制和资本对利润的无度追逐是资本主义自身无法解决的，也是人与自然对立的制度根源。这种变革所追求的目标是："社会化的人，联合起来的生产者，将合理地调节他们和自然之间的物质变换，把它置于他们的共同控制之下，而不让它作为盲目的力量来统治自己；靠消耗最小的力量，在最无愧于和最适合于他们的人类本性的条件下来进行这种物质变换"。

第二节 中国传统文化的生态思想

在我国，关于人与生态环境的思考源远流长，特别是儒道二家提出了一系列热爱自然、尊重自然和保护自然的思想主张，构成了传统伦理生态文明观的核心。从某种意义上说，儒道二家的生态文明观是建设生态文明的重要思想来源之一。

一、中国传统文化中生态文明观的哲学基础

人与自然（或人与生态环境）的关系是现代环境伦理学主要思考的问题，也是中国传统哲学一个根本问题，即所谓"天人之际"问题。中国传统伦理的环境和谐观就是建立在天人关系即人与自然关系的认识基础之上的。

在天人关系上，中国古代思想家大都肯定人是天地自然所生，"天"与"人"既区别又统一。《孟子·万章下》说："天之生斯民也矣。"肯定人是天所生。《礼记·郊特牲》说："天地合，而后万物兴焉。"肯定人是天地所产生的。孔子也认为，人的生死寿夭和富贵贫贱都受天命决定，天命决定一切。孔子

承认天命，但他并不认为天可以直接对人发号施令。《论语·阳货》载："子曰：'予欲无言。'子贡曰：'子如不言，则小人何述焉？'子曰：'天何言哉？四时行焉，百物生焉，天何言哉？'"天虽然是最高主宰，但它并不直接表现出自己的意志，人要通过观察和行事去体会天意。这种思想，后来被孟子发展为"知性则知天"，人的性是天所赋予的，性出于天，所以天与性是相通的。

孔孟关于天人关系的思想后来被发展为"天人合一"说，成为儒家思想包括环境伦理观的哲学依据。需指出的是，这种"天人合一"是在肯定天人区别的基础上再指出天人的统一，是一种辩证思想。

与孔孟不同，荀子不同意"天人合一"，他反对天人感应说。他在《天论》中宣称："明于天人之分，则可谓至人矣。""至人"是最高的人格，最高的人格是懂得天人之分的。荀子还提出"天行有常，不为尧存，不为桀亡"的著名命题，认为自然界有其客观的必然规律，与人间的治乱祸福并无联系。"天有其时，地有其财，人有其治。""天"与"人"各有自己的功能和作用，阴阳变化，四时交替，这是天的职分，人不应也无法干预；相反，修身治国则是人的职分。"人"不能依赖于"天"，不能与"天"争职，去干预客观的不以人的意志为转移的客观规律，但是，人应该充分发挥自己的能动作用，完成自己应有的职责。荀子提出"制天命而用之"改造自然的主张，在中国哲学史上呈现出独特的光彩。

道家哲学是以自然主义为取向的。在道家哲学中，"道"构成了本体论和价值论范畴的核心概念。它涵盖了人际关系的领域和生态关系的领域。道家认为，天地万物的发生同源于"道"。对此，《老子》四十二章提出，"道生一，一生二，二生三，三生万物。"而"道"产生万物是一个由于自身内在矛盾而出现的自然而然的过程。老子之后道家学派的最大代表庄子给"天"与"人"这对范畴下了一个明确的定义。《庄子·秋水》说："牛马四足，是谓天；落（络）马首，穿牛鼻，是谓人。"这是用庄子所惯用的比喻手法下的定义，其含义鲜明而生动。在庄子看来，所谓"天"，是指事物的本性或本然状态。所谓"人"，专指人的那些有目的、有计划的活动或行为，这与儒家学者把"天"看成是所述现象的规律，把"人"看成是社会生活现象的观点是不同的。

在道家看来，自然是一个整体，人是自然的一部分。《老子》第二十五章中写道："有物混成，先天地生。寂兮廖兮，独立而不改，周行而不殆，可以为天下母。……人法地，地法天，天法道，道法自然。"这是道家哲学包括其环境伦理观的总纲，也是道家价值观念的核心。老子讲的"天"是自然之天，

"天""地""万物"皆指"自然界",而"天道"则指天地万物或自然界的规律,道的自然本性使自然界的万事万物皆因其自然本性存在和运动。老子把"道、天、地、人"视为"四大":"道大、天大、地大、人亦大。"认为人在宇宙中为四大之一,与天地同为一大,而非与物同等,实处于物之上。但在"道、天、法、地、人"的梯级结构中,人则处在底层。这与儒家强调人的价值、人的能动性的观点不尽相同。道家认为"法天贵真",只有自然才是宇宙的第一原理,与无穷的宇宙相比,人是极为渺小的。《庄子》的《外篇·秋水》说:"吾在天地之间,犹小石小木之在大山也,方有乎见少,又奚以自多,计四海之在天地之间也,不以空之在大泽乎?计中国之在海内,不似稊米之在大仓乎?号物之数谓之万,人处一焉。人卒九州,谷食之所在,舟车之所通,人处一焉,此其比万物也,不似毫末之在于马体乎?"《知北游》又说:"汝身非汝有也,孰有之哉?曰:是天地之委形也;生非汝有,天地之委和也;性命非汝有,是天地之委顺也;孙子非汝有,是天地之委蜕也。"即是说,身体生命都不是人所有,都不是人所能主宰,人一无所有,身体、人不过是天地间偶然形成的附属物。这样的思想在《外篇》《杂篇》还多有论述。当然,这并不意味着道家根本否认人的存在,否认人与自然环境的联系。可以说,道家视人渺小,崇尚人的自然状态,而儒家强调人的能动性,推崇人化自然。

二、中国传统文化中生态文明观的基本内容

中国古代儒道家们在当时的社会条件下,一定程度地看到了人类生活同自然环境的依赖关系,重视对自然资源的保护、开发和使用,他们概括当时面临的环境问题,提出不同的保护措施,形成了自己的环境和谐观的丰富内容。

1. 山林资源的生态观:"草木零落,再入山林"

我国早在夏、商、周等朝代就制定了保护和管理山林的制度。周王朝林政较为发达,在中央设天宫冢宰和地官大司徒,下设"山虞""林衡"等官吏。同时还制定了森林保护的政策和法令,《伐崇令》明文规定:"毋伐树,有不如令者,死无赦。"这些都对保护森林起了很好的作用。在此基础上,先秦思想家提出了保护山林的主张。

儒家认为,注意保护山林资源的持续存在和永续利用,是人类保护山林资源的出发点。孟子最先意识到破坏山林资源可能带来的不良生态后果,并概括出一个具有普遍意义的生态学法则——物养互相长消的法则。《孟子·告

子上》说:"牛山之木尝美矣,以其郊于大国也,斧斤伐之,可以为美乎?是其日夜之所息,雨露之所润,非无萌蘖之生焉,牛羊又从而牧之。是以若彼濯濯也,人见其濯濯也,以为未尝有材焉,此岂山之性也哉?……故苟得其养,无物不长;苟失其养,无物不消。"儒家还看到了山林树木作为鸟兽栖息地的价值,"山林者,鸟兽之居也"。只有山林茂密、树木成荫的良好生态环境,才能为鸟兽提供生存的条件,"山树茂而禽兽归之""树成荫而众鸟息焉";反之,则可能威胁到鸟兽的存在,"山林险则鸟兽去之"。儒家对山林和鸟兽的生态关联形成了这样一个认识:"养长时,则六畜育;杀生时,则草木殖。"同时,儒家也看到了树木能净化环境、补充自身营养,提出了"树落粪本"的思想。不仅如此,儒家更为注重山林对于人类的价值,《孟子·梁惠王上》强调"斧斤以时入山林,材木不可胜用也"。基于这样的认识,儒家不仅提出了多识草木之名的要求,而且提出了"斧斤以时入山林"的保护山林对策,其出发点就在于保持林木的持续存在和永续利用。

儒家认为,遵从林木的季节演替规律是人们保护山林资源的主要措施。"斩材有期日",在林木发芽、生长的阶段严禁采伐林木。《荀子·王制》更明确地说:"山林泽梁,以时禁发而不税"。"以时禁"就是在春夏两季即林木生长阶段严禁入山伐木,只有这样,才能保证林木的顺利成长。正因为如此,《荀子·王制》更明确地说:"草木荣华滋硕之时,则斧斤不入山林,不夭其生,不绝其长也;……春耕、夏耘、秋收、冬藏,四者不失时,故五谷不绝,而百姓有余食也;污池渊沼川泽,谨其时禁,故鱼鳖优多,而百姓有余用也。斩伐养长不失其时,故山林不童,而百姓有余材也。"秋冬两季为林木的生长停滞期,只有秋冬两季才能进山采伐,"草木零落,然后入山林"说的就是这个意思。儒家一再要求"斧斤以时入山林""林麓川泽以时入而不禁"。

同时,儒家注重从政治制度上来管理和保护山林资源,强调"虞"的作用,在"季春""季夏""仲冬"这三个关键月份,要求"虞"这一林木管理机构的人员尽职尽责。另外,儒家还注重运用经济手段来管理山林资源,禁止人们在树木幼小的时候用之获利,"木不中伐,不鬻于市"。

这样,儒家就从生态学、环境管理和环境经济三个方面提出了保护山林资源的措施,其中生态学是基础和核心,环境管理和环境经济都是围绕着"时"展开的。

道家也很重视保护生态平衡。《老子》第十六章说:"夫物芸芸,各复归于其根,归根曰静,静曰复命。复命曰常,知常曰明。不知常,妄作,凶。"宇宙间万事万物都有自己的常规，倘若用外力或人为去促使它们运动变化，势必会打破自然的平衡，造成"云气不待族而鱼，草木不待黄而落，日月之光益以荒"的灾难性后果，造成"灾及草木，祸及止虫"的生态危机。《庄子·渔父》说："道者万物之所由也，庶物失之者死，得之者生；为事，逆之则败，顺之则成。故道之所在，圣人尊之。"遵循自然规律就会顺畅通达，违背它就会自取败辱。这种思想与现代环境伦理学的观点可说是异曲同工，不谋而合。

2. 动物资源的生态观："钓而不纲，弋不射宿"

我国在夏商周时代已形成了一些具有动物资源保护法意义的禁令。夏朝规定，"夏三月，川泽不入网略，以成鱼鳖之长"。周朝的规定更为详尽。据《逸周书·文传解》记载："川泽非时不入网罟，以成鱼鳖之长，不麛不卵，以成鸟兽之长"。《伐崇令》的规定则更为严格："毋动六畜""有不如令者，死无赦。"这些规定对保护动物资源起了很好的作用。在此基础上，儒家提出了保护动物资源的主张，其中《论语·述而》提出的"钓而不纲、弋不射宿"的思想，就是中国古代关于保护动物资源的典型主张。

儒家认为，注意保护动物资源的持续存在和永续利用，是人类保护动物资源的出发点。动物资源对人具有"养"的价值，"至于犬马，皆能有养"。儒家要求保护动物资源的行为着眼于动物的持续存在和延续发展，使他们保持一定数量，这样，人们才能够永续地利用动物资源。保护动物资源要从几个方面采取措施。首先，从生态学意义上，要遵从动物的季节演替节律，严禁在育、哺乳的阶段捕捞宰杀。"昆虫未蛰，不以火田。""禽兽鱼鳖不中杀，不鬻于市。"总之，儒家从生态学、环境管理和环境经济三个方面提出了保护动物资源的措施，其中生态学是基础和核心，环境管理和环境经济都是围绕着"时"展开的。

儒家提出，保护动物资源是伦理道德的内在要求，可以起到道德教化的作用。《荀子·礼论》提出"杀大蚤，非礼也"的价值准则。这里的"大"同"太"，"蚤"同"早"，"杀大蚤"指不依"时"而斩杀动物的行为。"礼"本是明辨区分等级秩序的一种德目。还认为，"礼有三本：天地者，生之本也；先祖者，类之本也；君师者，治之本也。无天地，恶生？无先祖，恶出？无君师，恶治？三者偏亡，焉无安人？故礼，上事天，下事地，尊先祖而隆君师，是礼之三本也。"显然，"礼"不只局限于人际关系，只有将礼运用于天、地等外界自然物，运用于人和动物的关系，礼才是全面的，礼才成为礼。儒家将"杀大蚤"放在伦理道德的准绳下加以衡量，说明儒家很注重运用伦理道德手段来保护动物资源。

道家庄子继承了老子"物我一体"的思想，将其发展为"天地与我并生，而万物与我为一"。他看到了天地万物是一个有机整体，人并不是独立于自然界之外的存在物，"天地一指也""道通为一""唯达者知通为一"。人既离不开天地，也离不开万物。在庄子看来，人类生活的至德之世就是"同与禽兽居，族与万物并"的与大自然和睦相处的时期，在这一时期，万物众生，比邻而居，鸟兽成群，草木滋长，"窥禽兽可系羁而游，乌鹊之巢可攀缘而"。庄子向往和肯定这样的"至德之世"，反对用人力去破坏人与自然的和谐，"无以人灭天"。弓箭、网罗、捕猎器之类的智巧多了，天上的鸟儿就要遭殃了；钓饵、渔网、竹篓之类的智巧多了，水底的鱼儿就要遇难了；木栅、兽槛、兔网之类的智巧多了，山泽的野兽就要被搅乱了……天下大乱，对上掩蔽了日月的光明，对下斫丧了山川的精华，中则破坏了四时的运行，使得无足的小爬虫，微小的飞虫，无不丧失本性。《庄子·齐物论》强调"旁日月，挟宇宙，为其吻合"，主张人应当怀抱宇宙，与万物合为一体，与日月并放光明。这种思想希望人类在谦卑的心态驱使下树立起尊重自然，与其他生物为友的意识，客观上有利于动物资源的保护。道家还主张以自然的方式对待自然。为猪打算就应该让它吃酒糟米糠而养在圈里，为鸟打算就应该让它自由自在地在蓝天飞翔，为鱼打算就应该让它天然自适地在江河里游泳。总之，要以"缘督以为经"为原则，顺其自然地开发利用自然资源。只有这样，才可以保护人类自己的生命、保全人类自己的天性、养滋身体、享尽天年。

3. 水资源的生态观："往来井井，涣其群吉"

我国很早就开始注意保护水资源，西周颁发的《战崇令》明确规定，"毋填井""有不如今者，死无赦"。在此基础上，先秦思想家们提出了保护水资源的主张。

儒家认为，水是人类生活重要的资源，人类须臾离不开水，这是人们保护水资源的根本出发点。《易经》六十四卦很少取具体实物为象，只有"井"和"鼎"两卦除外。"鼎"卦取鼎为象，说明对饮食和祭祀的重视；"井"卦取井为象，说明它对水资源很重视，因为井是获取水的重要设施。井的功能就在于养人，它是人类生命存在的重要条件，"井养而不穷也"。君子根据井水上行而养人的道理，应该实行劳民劝相的政策，"木上有水，井。君子以劳民劝相。"大家要相助相养，合理保护水资源。以便为人类永续利用。

遵从生态季节节律、合理利用水资源设施，是人们保护水资源应采取的措施。尽管水资源是"不穷"的，但各季节对水的需求量不同。春季为万物生长的季节，很需要水，但这时往往少雨，故在仲春之月"毋竭川泽，毋漉陂池"，即不能竭取流水，不能放下蓄水。同时，儒家认为人们的生活用水也要遵从"时"的要求，"食之以时，用之以礼，财不可胜用也。"这里的"食"就包括饮水。按"时"利用水资源，也是保证社会和睦稳定的重要基础，《礼记·王制》中描绘了一幅"无旷土，无游民，食节事时，民咸安其居，乐事劝功。尊君亲上，然后兴学"的图画，这其实已认同了包括水在内的自然资源在社会中的重要地位。不仅如此，儒家还要求人们善于利用和维护水资源设施，否则就会"井泥不食，旧井无禽"。这其实也讲了维护"井"的措施：要经常淘井，要修护和加固好井壁，不要毁井。这些反映出儒家保护水资源的思想具有很实际的人本学意义。

在对待水资源的问题上，儒家形成了两个具体的主张：一是"往来井井"。在儒家看来，井是公用设施，来来往往的人都可以使用它，不能为一人一己所独霸。因此，汲上水后，"井收勿幕，有孚无吉"，不能把井封得过死，好让他人随意取水，只有这样，大家才能和睦相处，共同发展，有诚心才能事事顺利。二是"涣其群"。水资源是自然界原本就存在的，并非专属一家一姓，应该为大家所共享，"涣"的卦象是水下风上，有风在水上吹过、水流动之象，"涣其群，元吉。涣有丘，匪夷所思"。这是说，水资源应该为大家共享，这样才能使人与人、人与水融为一体，遇事才可大吉大利；由于共享水资源，原有的小群体和其他群体联合起来而变成更大的群体，这是超常的事情，但这是切实可行的。可以说，一切资源为大家共享是儒家重要的价值取向。儒家禁止人们互相掠夺资源，不允许为了争夺资源而混战、格斗，否则就要绳之以法，以法律手段维护资源的共享性。

儒家认为，保护水资源同时也具有伦理道德意义，可以起到道德教化的作用。《论语·雍也》提出了"知者乐水"的价值原则。"知"就是"智"，是明白事理、聪明的意思。孔子在回答"樊迟问知"时说："务民之义，敬鬼神而远之，可谓知矣。"致力于义就叫做"知"。儒家认为，"夫水者，缘理而行，不遗小闻，似有智者。动而下之，似有礼者。蹈深不疑，似有勇者。障防而清，似知命者。历险致远，卒成不毁，似有德者。天地以成，万物以生，国家以宁；万物以平，品物以正。此智者所以乐于水也。"人们不仅可以从水中领悟出做人的道理，而且水具有成天地、生万物、宁国家的生态功能，无怪孔子要将"水"包括到"义"的范围中来。这样，儒家不是将生态道德看成是一般道德在自然领域中的应用问题,而是将道德看成是本来就包括人际道德和生态道德两方面内容的完整体系。

道家看到了水资源不仅对于人类的生存具有重大意义,而且它还有"大美而不言",能激发人们热爱自然进而热爱生活的壮志豪情。《庄子·秋水》提出:"秋水时至,百川灌河。径流之大,两俟渚崖之间,不辨牛马。于是焉河伯欣然自喜,以天下之美为尽在已。顺流而东行,至于北海,东面而视,不见水端。于是焉河伯始旋其面目,望洋向若而叹。"《庄子·秋水》为我们描述了一幅"千里之远,不足以举其大;千仞之高,不足以极其深"的画面,庄子通过海若对河神的谈话,启迪人们超越自身的局限,去认识自然的永恒和无限,不要以管窥豹、坐井观天、夜郎自大。自然是宏大而又善美的,人只有效法自然的博大与无私,才能拓展自己的心胸,开阔自己的视野,使生活变得美好、幸福。道家讴歌赞美大自然,企图在大自然中寻求安慰和精神寄托,实现人与自然之间的心灵和情感沟通,获得"天乐"。

4. 对待土地资源的生态观:"得地则生,失地则死"

土地问题自古以来就是中国社会一个非常重要的问题。土地是农业最基本的生产资料和最重要的物质条件,保护土地资源就是保护人类生存的基础。我国夏商周三代就已形成了一系列保护土地资源的重要措施,传说中的"神农之禁"有"谨修地利"的规定;周代形成了严格的土地管理制度,设有"大司徒""司书""原师""土方氏""职方氏""掌固"等专门管理土地资源的机构。在此基础上,古代思想家们提出了保护土地资源的主张。

儒家主张,维持土地的使用价值,使其能够为人类永续利用,是人们保护土地资源的根本出发点。儒家认识到土地具有重要的生态功能和资源价值。其一,"生"是土地最重要的品格。世界上一切事物都是由土地变化出来的,万物出于土,又复归于土,《易传·坤·彖传》中说:"至哉坤元,万物资生,以顺承天。"其二,"载"是土地另一个重要品格。世界上一切事物都存在于土地之上,不可须臾离开土地,土地包容了一切事物,"坤以藏之"。《易传·坤·彖传》说"坤厚载物,德合无疆。"其三,"养"是土地最基本的属性。世界上一切事物都要从土地中获得自己存在的条件,尤其是生物要从土地中获取自己生命所必需的营养,"取财于地"。《易传·说卦传》提出,"坤也者,地也,万物皆致养焉,故曰,致役乎坤。"由此,儒家描绘了一幅土地生、藏、养万物的生态画面,土地"深相之而得甘泉焉,树之而五谷蕃焉,草木殖焉,禽兽育焉,生则立焉,死则入焉"。同时,儒家也看到不良的土地条件会影响生物的存在。《礼记·乐记》中就说"土敝则草木不长"。这样，儒家提出了"教民美报"的要求，要人们保护好土地资源。

儒家认为，遵从生态学的季节节律是保护土地资源的基本措施。天是按"时"运行的，而地顺天，所以，地也必须顺"时"，要严格按照"时"的需要来保护土地资源。首先，禁止在夏冬两季利用土地资源，因为夏季是农作物的生长季节，使用土地会破坏农作物的生长；冬季是土地休闲的季节，冬季使用土地会使土地丧失掉持续利用的价值。可见，儒家在这个问题上要求人们"因时制宜"。《孟子·梁惠王》提出，"不违农时，谷不可胜食也。"其次，儒家保护土地资源的措施立足于生态学和民本主义社会历史观两个基点之上。儒家看到，若不按季节节律使用土地就会使"地气上泄"，致使"诸蛰则死"，破坏自然界的生态平衡；还会带来"民多流亡""民心疾疫，又随以丧"的后果，破坏社会的稳定与和谐。另外，儒家还强调运用法律手段来保护土地。孟子要求将乱垦土地者绳之以"刑"。《孟子·离娄上》提出："善战者服上刑，连诸侯者次之，辟草莱任土地者次之"。但儒家并非一味地反对人们开发土地。《礼记·曲礼上》说："地广大，荒而不治，此亦士之辱也"。同时，儒家主张"耕者有田""地有余而民不足，君子耻之"。儒家既反对"辟草莱"，又反对"荒而不治"，二者并不矛盾，关键看是从什么目的出发来开发土地，儒家要求必须在"仁"的统帅下来致"富"，"辟土地"也要遵循一定的社会行为规范，《孟子·离娄上》说，"不行仁政而富之皆弃于孔子者也"。对违反这一规定的行为，必须加以禁止和反对，这样，儒家就将矛头指向了"农家""兵家"和"纵横家"。但这一主张客观上有助于人们保护土地资源，可以看做儒家提出的运用法律手段保护土地资源的思想。

儒家认为，保护土地资源还具有重大的道德教化的作用，是进行道德修养的内在要求。儒家从土地包容万物的特点出发，要求人们要有宽广的胸怀，要善于兼容并蓄，"坤厚载物，德合无疆，合弘光大，品物感亨。"君子不仅要爱人，而且要爱物，《象传》中强调"地势坤，君子以厚德载物"。"厚德载物"成为中国传统伦理文化和道德修养中的两个基本命题之一，与"天行健，君子以自强不息"一起构筑成中国传统道德和伦理学的基石。

道家也看到了大地孕育着自然万物。老子认为，宇宙中有"四大"，即"道大，天大，地大，人亦大"。而且人被大地所养育和承载，所以应当以大地为法则，效法大地，即"人法地"。南怀瑾在《老子他说》中指出："人要跟大地学习很难。且看大地驮载万物，替我们承担了一切，我们生命的成长，全赖大地来维持。吃的是大地长的,穿的是大地生的,所有一切日用所需,无一不得之于大地。……人活着时,不管三七二十一,将所有不要的东西,大便、小便、口水等乱七八糟地丢给大地,而大地竟无怨言,不但生生不息滋长了万物,而且还承载了一切万物的罪过。我们人生在世,岂不应当效法大地这种大公无私、无所不包的伟大精神吗?"老子看来,人是天地自然的一部分,人应当法地则天。又由于天地因道而生,天地均以"道"为法则,效法自然,所以人法地则天也就是效法自然,以大自然为自己效法的对象和行为的法则。只有遵循自然的法则而行为,才能够使自己合乎自然的要求,为自然界所接纳和认可。

第三节 西方文化的生态思想

生态伦理学,又称环境伦理学,是关于人与环境之间的道德原则、道德标准和行为规范等方面的研究,是人与自然协同发展的道德学说。它要求改变传统伦理的两个决定性概念:伦理学正当行为的概念应该扩大到生命和自然界本身的关系,从而协调人与自然的关系;道德权利的概念应当扩大到生命和自然界,赋予它们按照生态规律永续存在的权利。即在生态的框架下,研究人与人的关系、人与自然环境的关系,是生态学思维与伦理学思维的契合。"当代主流的生态伦理学家为人们保护生态环境的行为提供了四种不同的伦理理念,即人类中心主义、动物解放/权利论、生态中心主义、生物中心主义。

一、人类中心主义

英国学者佩珀认为,"人类中心主义是这样一种世界观,其一,它把人置于所有造物的中心,大多数西方人认为这是理所当然的;其二,它把人视为所有价值的源泉,是人把价值赋予了大自然的其他部分,因为价值概念本身就是人创造的。"我国学者余谋昌先生认为,人类中心主义是一种以人为宇宙中心的观点,"它的实质是:一切以人为中心,或一切以人为尺度,为人的利益服务,一切从人的利益出发。"人类中心主义是一个内涵十分宽广的概念。它使用的语境是人与自然的关系,主要用来描述作为整体的人类对于自然的某种态度。与之相对应的有"非人类中心主义"。人类中心主义具体可以从以下几个方面来理解:

第一,从内容方面讲,它不仅认为人类的所作所为最终是为了自己生存与发展的需要,而且认为人类是宇宙的中心,人在整个生态系统中本来就处于或者应该处于至高无上的地位,人是万物之灵长,自然之主宰。

第二,在表现形式上,人类中心主义发展到其主要表现为人与自然的对立观、人类征服主义、物种歧视主义等。在人与人的关系上,人类中心主义通过绝对国家中心主义和绝对个人中心主义又进一步表现为霸权主义、极端利己主义等现象。因此,人类中心主义是造成当今人与自然关系紧张、人与人关系紧张最为深厚的思想根源。

人类中心主义的主要任务是通过对自然的征服、改造,一方面满足人类自身的需要、维护人类自身的利益,积极推动生产力的进步和经济物质方面的繁荣;另一方面,使人类尽快摆脱自身被自然的统治和奴役。也就是说,人类中心主义的生成和发展,对人类历史的进步起到了巨大的推动作用。但它也只是看到了人类的需求,只看到了人的短期物质利益,只看到了人对自然的征服、占有,或者说,只看到了人类单一群体的利益,而忽视了整个生态系统生存发展的需要及其对人类的长远价值,由此所造成的严重生态环境问题和社会问题,已严重威胁到人类进一步的生存与发展。

二、动物解放/权利论

人的活动除了会影响到其他人,同时也会不同程度地影响到动物、植物、生态系统、地球,甚至整个宇宙。"动物、植物和大自然的权利也是生态伦理学要讨论的核心课题之一,其中动物的权利问题又是环境伦理学试图打破传统的人类中心主义道德体系的一个突破口,因为较之提倡植物和大自然的"权利"来说,提倡动物的权利更容易被人们所接受。"

动物解放/权利论是对澳大利亚伦理学家彼得·辛格所创立的动物解放论、美国伦理学家汤姆·雷根所创立的动物权利论的合称。"天赋价值"是其核心范畴。首先,人和动物都拥有天赋价值,而这正是人与动物之间具有伦理关系的基础。雷根非常肯定地指出,与人一样,"动物也拥有同等的天赋价值",一切拥有天赋价值的存在物都同等地拥有它,而不管这些存在物是不是人这一动物"。雷根认为:"天赋价值是同等地属于生命体验主体的。它是不是也属于其他存在物——例如,岩石和河流、树木和冰川我们不知道;而且,也许永远也不会知道。"

其次,对苦乐的感受能力是获得道德关怀的终极根据。人与动物天赋价值都是多方面的,那么,何种天赋价值才是人与动物之间存在必然伦理关系的基础呢?辛格和雷根都认为,这种天赋价值就是人和动物都共同具有对苦乐的感受能力。对此,辛格明确提出:"只要某个生物能够感知痛苦,便没有道德上的理由拒绝把该痛苦的感受列入考虑。……如果一个生物没有办法感受到痛苦、或是经验到快意或者幸福,就没有任何东西可以列入考虑。"

长期以来,人类中心主义的道德观处于主导地位,认为只有人才是道德主体,一切非人存在者都不是道德的主体。换言之,只需对人讲道德,对一切非人存在者皆不必讲道德。但是,依照动物解放/权利论的观点,则认为只对人才讲道德是一种偏见,非人存在者也是道德主体,对非人存在者也应该讲道德。在此基础上,使人类的道德关怀不仅扩展到了有感觉能力的高级动物,还扩展到了低等动物、植物以及所有有生命的存在物身上,这是对于人类文明的一种新的诠释。

三、生态中心主义

在生命共同体中,人类与所有其他非人类生命物种的生存利益相互依存。生命共同体作为一个整体,包括所有组成成员的利益,具有一种整体利益。与此同时,人类生命与所有非人类生命形式也存在着共同的利益,如地球生态过程的正常运行,生物圈的完整、稳定,全球生态环境的健康等。为此,在生物中心主义的基础上,他们提出人类应对生态系统整体给予伦理考虑,由此,被称为生态中心主义。其研究的是包括生物、非生物、生态系统和生态系统过程等在内的生态系统整体,更关注生态共同体而非有机个体,是一种整体主义的而非个体主义的伦理学。生态中心主义以"大地伦理"和"深层生态学"学说为代表。

"大地伦理"是由美国的环境保护运动先驱利奥波德提出来的。他把人和自然之间的关系也看作是一个伦理关系,认为伦理所发挥作用的范围不能只限于人类社会领域。人类应扩大社区的范围,涵盖土壤、水、植物和动物,整体上说就是大地。大地伦理的主张是:一个真实的环境伦理,就是自然本身具有内在价值,而不是由于它对人类的生存和福祉具有意义,而且人类对自然世界具有伦理责任。

利奥波德的大地伦理,显然是基于生态学的知识。尽管当时生态学还刚刚起步,但利奥波德已经领会到了生态学的知识对于保护环境的重要性。生态学作为 19 世纪末兴起的一门新学科,主要研究的是有机体之间以及有机体和整体环境之间的相互关系。按照生态学的知识，生命体之间是相互作用、相互关联的，个体不能独立于共同体，它只是相互关联、相互依赖的共同体的一个成员；每个生命都是有价值的，在系统中占有独特的地位。由此可见，生态学强调的是物种、生态系统这类整体，因此大地伦理本质上也是一种伦理整体主义，在实践上也更能与现行的环境保护的价值取向相一致。

挪威学者奈斯创立了深层生态学，认为我们要保护所有物种，否定了我们人类超越自然的态度，指出我们必须承认动物、植物和生态系统均具有内在价值，并非仅有工具性价值。深层生态学之所以是"深层"的，就在于它不断追问浅层生态学不过问的根本性问题，浅层生态学虽然反对环境污染和对资源的掠夺性开发，但是它在人与自然关系问题上所持的立场仍然是人类中心主义的，认为离开人类的需要、利益，自然界没有价值。它通常把生态危机的根源归结为广义的技术问题，试图在不改变现有的生产消费模式的条件下，依靠现有的社会机制和技术进步来解决生态环境问题。而深层生态学则把生态危机归结为现代社会的生存危机和文化危机，生态危机的根源在于我们现有的社会机制、人的行为模式和价值观念，因而必须对人的价值观念和现行社会机制进行根本性改造，把人和社会融于自然，使之成为一个整体，才可能解决生态危机。

四、生物中心主义

西方在生物中心主义伦理学领域的研究起步较早、也较系统全面，其最主要的代表人物主要有法国哲学家史怀泽、美国学者泰勒等。其中史怀泽的伦理学著作《文明的哲学：文化与伦理学》被认为是生物中心主义的早期最重要的代表作，同时也被认为是现代意义上生物中心主义的开端。1963年，史怀泽的另一部巨著《敬畏生命：五十年来的基本论述》发表，他在这本书中全面阐述了敬畏生命的生物中心主义思想。史怀泽认为，生命是大自然的伟大创造，生命的本身是神圣的，人类对一切生命都要给予极大的敬畏，应当尊重、保护、完善和发展生命。

"敬畏一切生命"是史怀泽生命伦理学的基石。为什么要敬畏一切生命？他认为这就是生命之间存在的普遍联系。人的存在不是孤立的，它有赖于其他生命和整个世界的和谐。人类应该意识到，任何生命都有价值，我们和它们不可分割。

史怀泽指出，对一切生命负责就是对自己负责，如果没有对所有生命的尊重，人对自己的尊重也是没有保障的。任何生命都有自己的价值和存在的权力，谁如果习惯于把别的生命看做没有价值的，他就会陷于认为人的生命也没有价值的危险之中。对非人类生命的蔑视最终会导致对人自身的蔑视，世界大战的接连出现就是明证。

敬畏一切生命是美好的理念，但人的存在是现实的，为了生存，人难免会伤害一些生命。是否应区分生命的价值序列呢？史怀泽的回答是否定的，他说："敬畏生命的伦理否认生命有高级和低级、富有价值和缺少价值的区分。"在生活中，人们有时会依据与人的关系确定不同生命的价值，这种区分尺度完全是主观的。依据这一思路，我们必然会得出这样的结论：存在着较少价值或没有价值的生命，进而会认为压迫以至毁灭某些生命是被允许的。史怀泽提出，如果依据这种理论，在一定条件下，一个昆虫或一个原始部落可能都被看做是没有价值的。这是错误的。

然而在非洲，面对铺天盖地的蚂蚁和蚊子，人类出于生存需要必须要消灭一些生命。史怀泽认为，尽管这不可避免，但人必须有"自责"的意识。如果人类认为自己有权力毁灭别的生命，他总有一天会走到毁灭与自己类似的生命或自我毁灭的地步。这种"自责"是对"敬畏一切生命"原则的妥协，同时是一种自觉。对生命尊重的根本目的，是培养人的道德本性，这是人类完善的出发点。史怀泽还在文章中举例说，农民在牧场割草喂牛割下了一千株花，可是他必须注意，在回家的路上，不要因为沉浸在消遣心情里而划掉路旁的花朵，因为这样做是不必要的。我们可以这样理解，"敬畏生命"的伦理学要求我们将对其他生命的损害降到最低，除非在迫不得已、没有任何其他方法能够替代的时候，我们都不可以对其他生命做出不敬的行为。

美国学者泰勒 1986 年在《尊重自然》一书中进一步完善了史怀泽的生物中心主义伦理学，他提出，在生态学基础上要把尊重自然作为一种终极的道德态度，泰勒认为所有自然存在物都有其自身的善，这是其论证的基础，通过对真实的善和表现的善即客观的价值和主观的价值论述推出其生物中心伦理，并在实践中通过一系列的道德规范和准则表现出来。泰勒进一步发展和完善了史怀泽敬畏生命的生物中心主义思想，并为人们接受这一思想提供了充分的理论依据，从而使生物中心主义伦理学成为一个完整的理论体系。

第七章 中国生态文明建设

第一节 中国生态文明建设的历程

中国生态文明建设从初步酝酿到明确提出再到逐步发展,从以人为本的科学发展观到建设美丽中国,体现了我党对生态文明建设不懈的理论创新和艰辛的实践探索。中国共产党积极倡导并领导各族人民全力推进的生态文明建设,不仅是中国特色社会主义的重要组成部分,而且是一种崭新的建设理念和建设方式,要以促进生态文明的方式全面推进中华民族伟大复兴的中国梦的实现。

一、1949—1976 年我国生态文明建设初步酝酿

新中国成立初期,经济低迷,百废待兴,全国人民迅速投入到经济发展洪流之中。此时的人们还没有意识环境保护的重要性,为肆意排放的"黑色牡丹"而欢呼,觉得那是富裕和现代化的象征(图 7-1)。

1951 年 12 月,毛泽东同志指挥在全国开展精兵简政、增产节约的实践运动。同年 12 月,党中央作出了《关于实行精兵简政、增产节约、反对贪污、反对浪费和反对官僚主义的决定》的"三反运动",提高党的执政力和领导能力,提出"反对浪费""增产节约""精兵简政"等号召。

1955 年,毛泽东在《中国农村的社会主义高潮》按语中强调勤俭节约是社会主义经济的基本原则之一,要求勤俭办工厂,勤俭办商店,勤俭办一切国营事业和合作事业,勤俭办一切其他事业,什么事情都应当执行勤俭的原则。并要求"在十二年内,基本上消灭荒地荒山,在一切宅旁、村旁、

图 7-1 "黑色牡丹"

路边、水边,以及荒地荒山上,即在一切可能的地方,均要按规格种起树来,实行绿化"。此时的毛泽东已经有了环境保护的意识,要求"要使我们祖国的河山全部绿化起来,要达到园林化,到处都很美丽,自然面貌要改变过来"。

1956年11月,中国共产党第八届中央委员会第二次全体会议上"鼓足干劲,力争上游,多快好省地建设社会主义"路线的确定在全国掀起了浮夸的"大跃进"运动,加上1966年至1976年期间的十年"文化大革命",使中国陷入了激进和单向的发展模式,对经济、文化、自然、社会造成了极大破坏。"只污染不保护"的意识进一步肆虐,短期内给我国造成了严重的环境污染和生态破坏。周恩来总理忧心而严肃地指出:"一定要在工业建设的同时,抓紧解决污染问题,绝不要做贻害子孙后代的蠢事。"

1973年8月,国务院通过第一个环境保护文件《关于保护和改善环境的若干规定》,标志着我国环保事业正式进入起步阶段。

新中国从"文化大革命"和"大跃进"的经验教训中充分认识到自然规律对社会实践的制约作用。毛泽东在《毛泽东选集》中曾提到"人们要想得到工作的胜利即得到预想的结果,一定要使自己的思想合于客观外界的规律性,如果不合就会在实践中失败"。人类是自然界的奴隶,同时又是自然界的主人,经济发展与社会进步必须与自然环境、社会环境以及人口素质相互协调,是新中国时期生态文明建设的萌芽。

二、1976—2002年我国生态文明建设起步阶段

邓小平同志作为我国改革开放和现代化建设的总设计师,虽然没有明确提出"生态文明"概念,但是在党的理论发展与社会实践中处处闪烁着生态文明的智慧与光辉。以邓小平作为第二代领导集体的核心,开始重视环境保护工作,提倡植树造林,绿化祖国,造福后代。

1978年,环境保护列入我国《宪法》,这是我国环境保护立法的起点。

1978年12月13日,邓小平同志在中共中央工作会议闭幕会上发表主题为"解放思想实事求是团结一致向前看"的讲话中明确指出:环境保护要从制度上解决问题,将环境保护纳入法制化的轨道,"森林法""草原法""环境保护法"等,积极引导环境保护走上法治化的道路,吸收全球生态环境保护和建设的新理念、新经验,逐步形成了可持续发展战略方针。

1979年,第一部环境法律《中华人民共和国环境保护法(试行)》问世,我国环保事业进入发展阶段(图7-2)。

1992年10月,中国共产党第十四次全国代表大会上,江泽民同志代表第十三届中央委员会向大会作了题为《加快改革开放和现代化建设步伐,夺取有中国特色社会主义事业的更大胜利》的报告。江泽民指出,为了加速改革开放,推动经济发展和社会全面进步,必须努力实现十个方面关系全局的主要任务,其中第九个主要就是"不断改善人民生活,严格控制人口增长,加强环境保护"。

1997年9月,中国共产党第十五次大会明确提出在现代化建设中必须实施可持续发展战略,

图7-2 第一部环境法律

把保护环境作为一项基本国策,正确处理经济发展同人口、资源、环境的关系。统筹规划国土资源开发和整治,严格执行土地、水、森林、矿产、海洋等资源管理和保护的法律。实施资源有偿使用制度。加强对环境污染的治理,植树种草,搞好水土保持,防治荒漠化,改善生态环境。

2002年3月10日,江泽民同志在《实现经济社会和人口资源环境协调发展》会议上讲道:"从1991年起,中央每年都召开专门会议,研究人口、资源、环境、社会问题。我们所以坚持这样做,就是因为这些工作实在太重要了,而且任务艰巨,必须抓得紧而又紧"。

为了实现我国经济社会持续发展,为了中华民族的子孙后代始终拥有生存和发展的良好条件,以江泽民同志为代表的中国共产党第三代领导集体提出了实施可持续发展战略,核心目标是实现经济社会和人口、资源、环境协调发展,促进人和自然的协调与和谐,努力开创生产发展、生活富裕、生态良好的文明发展道路。江泽民同志曾指出"我们不仅要妥善处理好当代人与发展的关系,还要为子孙后代创造较好的生存和发展环境,这是历史赋予我们的责任"。

三、2002年11月至2012年我国生态文明建设扎实展开

2002年11月,中国共产党十六大报告中出现了如下新提法:"可持续发展能力不断增强""生态环境得到改善""资源利用效率显著提高""促进人与自然的和谐""生态良好的文明发展",提出走新型工业化发展道路,推行低碳发展、循环经济。这标志着以胡锦涛同志为代表的第四代党中央领导班子带领

全国人民密切联系中国实际，汲取人类文明发展的有益成果，结合科学发展观和社会主义和谐社会理念，确立了社会主义生态文明观，将中国生态文明建设的理论和实践推向了新的高度。

2003年，胡锦涛同志在十六届三中全会上明确指出，坚持在开发利用自然中实现人与自然的和谐相处，实现经济社会的可持续发展。这样的发展观符合社会发展的客观规律。

2004年3月10日，胡锦涛同志在中央人口资源环境工作座谈会上，特别指出要牢固树立人与自然相和谐的观念，"自然界是包括人类在内的一切生物的摇篮，是人类赖以生存和发展的基本条件。保护自然就是保护人类，建设自然就是造福人类。要倍加爱护和保护自然，尊重自然规律"。在此会议上，胡锦涛同志对可持续发展这个概念做了进一步解释"可持续发展就是要促进人与自然的和谐，实现经济发展和人口、资源、环境相协调，坚持走生产发展、生活富裕、生态良好的文明发展道路，保证一代接一代地永续发展。"

2005年1月19日，胡锦涛同志在省部级主要领导干部提高构建社会主义和谐社会能力专题研讨班上的讲话中明确指出"坚决禁止各种掠夺自然、破坏自然的做法。要引导全社会树立节约资源的意识，以优化资源利用、提高资源产出率、降低环境污染为重点，加快推进清洁生产，大力发展循环经济，加快建设节约型社会，促进自然资源系统和社会经济系统的良性循环。要加强环境污染治理和生态建设，抓紧解决严重威胁人民群众健康安全的环境污染问题，保证人民群众在生态良性循环的环境中生产生活，促进经济发展与人口、资源、环境相协调。"

2005年3月，胡锦涛同志在人口资源环境工作座谈会上强调，我国当前环境工作的重点之一便是"完善促进生态建设的法律和政策体系，制定全国生态保护规划，在全社会大力进行生态文明教育"。从现有文献来看，这是胡锦涛同志首次使用"生态文明"这一术语。

2005年6月26日，胡锦涛同志在纪念毛泽东同志诞辰110周年座谈会上的讲话中明确指出，要继续抓好发展这个执政兴国的第一要务，贯彻落实五个统筹，努力在经济社会协调发展的基础上促进人的全面发展，在开发利用自然中实现人与自然的和谐相处。

2005年11月，胡锦涛同志在"搞好宏观调控，促进科学发展"的讲话中强调落实科学发展观，必须努力做到速度、结构、效益的统一，做到节约发展、清洁发展、安全发展，做到全面协调可持续发展。

2007年10月，在中国共产党第十七次全国代表大会的开幕式上，胡锦涛同志在代表第十六届中央委员会在报告中明确提出了"生态文明"概念，还详细描述建设生态文明的主要目标，即循环经济形成较大规模，可再生能源比重显著上升。主要污染物排放得到有效控制，生态环境质量明显改善。生态文明观念在全社会牢固树立。

2007年12月，国家在中部设立武汉城市圈、长株潭城市群全国资源节约型、环境友好型社会建设综合配套改革试验区。

2009年9月，党的十七届四中全会要求提高生态文明水平，对生态文明建设进一步作出战略部署。把生态文明建设提升到与经济建设、政治建设、社会建设、文化建设并列的战略高度，形成了中国特色社会主义事业"五位一体"的总体布局。

2010年6月7日，胡锦涛同志在中国科学院第十五次院士大会、中国工程院第十次院士大会上对"绿色发展"的内涵作了明确阐述："绿色发展，就是要发展环境友好型产业，降低能耗和物耗，保护和修复生态环境，发展循环经济和低碳技术，使经济社会发展与自然相协调。"

2010年10月，党的十七届五中全会明确要求"树立绿色、低碳发展理念"，提出坚持把建设资源节约型、环境友好型社会作为加快转变经济发展方式的重要着力点，坚持把改革开放作为加快转变经济发展方式的强大动力，提高发展的全面性、协调性、可持续性，实现经济社会又好又快发展。此后，生态文明建设进一步上升为政府的施政纲领和国家发展理念。

2011年3月14日，第十一届全国人民代表大会第四次会议批准《中华人民共和国国民经济和社会发展第十二个五年规划纲要》明确把"提高生态文明水平"作为"十二五"时期的重要战略任务，提出"绿色发展，建设资源节约型、环境友好型社会"。

2012年3月5日，胡锦涛同志在参加江苏省代表团审议时指出，要牢牢把握加快转变经济发展方式的主线，加快发展循环经济、绿色产业、低碳技术，不断提高生态文明水平，实施科技创新工程，努力引领创新趋势，全面提升经济发展的质量、效益、竞争力。

2012年7月23日，胡锦涛同志在省部级主要领导干部专题研讨班开班式浓墨重彩地论述了生态文明建设。他指出推进生态文明建设，是涉及生产方式和生活方式根本性变革的战略任务，必须把生态文明建设的理念、原则、目标等深刻融入和全面贯穿到我国经济、政治、文化、社会建设的各方面和全过程,坚持节约资源和保护环境的基本国策,着力推进绿色发展、循环发展、低碳发展,为人民创造良好生产生活环境。

以胡锦涛同志为代表的党的第四代中央领导集体带领全党各族人民将生态文明建设扎实展开,资源节约和环境保护全面推进,理解和规划的生态文明,早已超越了单纯的节能减排、节约资源、保护环境等问题,而是上升到实现人与自然和谐共生、提升社会文明水平的现代化发展高度,明确表明我国推进生态文明建设、走绿色发展道路的决心和信心。充分说明生态文明是践行科学发展观的要义,是社会主义的重要内容,是建设和谐社会的基础和保障,这预示着与时俱进、改革创新的生态文明浪潮到来。

四、2012年11月至今我国大力推进生态文明建设

中国共产党的十八大报告大力推进生态文明建设,给子孙留下天蓝、地绿、水净的美好家园,增强生态产品生产能力,把生态效益纳入经济社会发展评价体系,努力建设美丽中国,实现中华民族永续发展。从十四大报告"加强环境保护"短短一句话,到十七大报告中直接提到"环境"或"生态"字眼的地方共28处,再到十八大报告中大幅增长至45处,"生态文明"15处。十八大报告将生态文明作为一个独立部分,用了二十分之一的篇幅,在第八个大问题中进行了全面阐述。

中国共产党的十八大报告把生态文明提到一个新的历史高度,系统化、完整化、理论化地提出了生态文明的战略任务,做出了大力推进生态文明建设的8个首次重要部署,明确把国家的目标和任务从以前的"四位一体"建设上升到"五位一体",着重突出了生态文明建设。从"尊重自然、顺应自然、保护自然"的理念,到"融入经济建设、政治建设、文化建设、社会建设各方面和全过程"的指引,再到"绿色发展、低碳发展、循环发展"的路径,十八大所理解和规划的生态文明,早已超越了单纯的节能减排、节约资源、保护环境等问题,而是上升到实现人与自然和谐共生、提升社会文明水平的现代化发展高度,并且体现为工作部署、发展目标、制度设计彰,显了执政党的意志。

中国共产党的十八次代表大会还通过《中国共产党章程(修正案)》,明确地将生态文明建设写进党章并作出阐述,使中国特色社会主义事业总体布局更加完善,使生态文明建设的战略地位更加明确。"坚持生产发展、生活富裕、生态良好的文明发展道路""着力建设资源节约型、环境友好型社会,形成节约资源和保护环境的空间格局、产业结构、生产方式、生活方式,为人

民创造良好生产生活环境，实现中华民族永续发展。"作这样的增写，既阐明了建设社会主义生态文明的总要求和指导原则，又阐明了生态文明建设的主要着力点，有利于全党同志把生态文明建设融入经济建设、政治建设、文化建设、社会建设各方面和全过程。

2013年4月2日，中共中央总书记、国家主席、中央军委主席习近平在参加首都义务植树活动时对一起植树的同志们说，森林是陆地生态系统的主体和重要资源，是人类生存发展的重要生态保障。不可想象，没有森林，地球和人类会是什么样子。全社会都要按照党的十八大提出的建设美丽中国的要求，切实增强生态意识，切实加强生态环境保护，把我国建设成为生态环境良好的国家。

2013年4月8日至10日，习近平总书记在海南考察时指出保护生态环境就是保护生产力，改善生态环境就是发展生产力。"良好生态环境是最公平的公共产品，是最普惠的民生福祉。青山绿水、碧海蓝天是建设国际旅游岛的最大本钱，必须倍加珍爱、精心呵护。他希望海南处理好发展和保护的关系，着力在"增绿""护蓝"上下工夫，为全国生态文明建设当个表率，为子孙后代留下可持续发展的"绿色银行"。

2013年4月25日，习近平总书记在《十八届中央政治局常委会会议上关于第一季度经济形势的讲话》发表讲话时谈到不能光顾经济发展，忽略老百姓的幸福感和不满情绪，不能把加强生态文明建设，加强生态环境保护、提倡绿色低碳生活方式等仅仅作为经济问题，而应该上升到政治的高度，严肃对待。

2013年5月24日，习近平总书记在《十八届央政治局第六次集体学习时的讲话》中强调，要正确处理好经济发展同生态环境保护的关系，牢固树立保护生态环境就是保护生产力、改善生态环境就是发展生产力的理念。揭示了生态环境也是生产力的道理。不再以GDP增长率论英雄。把资源消耗、环境损害、生态效益等体现生态文明建设状况的指标纳入经济社会发展评价体系，使之成为推进生态文明建设的重要导向和约束。习近平总书记号召"牢固树立生态红线的观念，在生态环境保护问题上，不能越雷池一步，否则就应该受到惩罚"。树立生态观念、完善生态制度、维护生态安全、优化生态环境、形成节约资源和保护环境的空间格局、产业结构、生产方式、生活方式。

2013年9月7日，习近平总书记在哈萨克斯坦纳扎尔巴耶夫大学发表重要演讲中明确中国把生态环境保护摆在更加突出的位置。习近平总书记强调，我们既要绿水青山，也要金山银山。宁要绿水青山，不要金山银山，而且绿水青山就是金山银山。我们绝不能以牺牲生态环境为代价换取经济的一时发展。我们提出了建设生态文明、建设美丽中国的战略任务，给子孙留下天蓝、地绿、水净的美好家园。

2013年11月12日，中国共产党第十八届中央委员会第三次全体会议通过了《中共中央关于全面深化改革若干重大问题的决定》。该决议从政治体制、经济体制、文化体制、社会体制、生态体制这五方面对当前中国面临的重大和紧迫问题做出系统改革部署，加快生态文明制度体系建设，推动形成人与自然、人与人、人与社会和谐发展的现代化建设新格局。

2013年11月16日，习近平总书记关于《中共中央关于全面深化改革若干重大问题的决定》的说明中提到山水林田湖是一个生命共同体，人的命脉在田，田的命脉在水，水的命脉在山，山的命脉在土，土的命脉在树。用途管制和生态修复必须遵循自然规律，如果种树的只管种树、治水的只管治水、护田的单纯护田，很容易顾此失彼，最终造成生态的系统性破坏。

2014年3月7日，习近平总书记参加贵州团审议听到大家关于生态文明建设的发言后强调，保护生态环境就是保护生产力，绿水青山和金山银山绝不是对立的，关键在人，关键在思路。正确处理好生态环境保护和发展的关系，因地制宜选择好发展产业，让绿水青山充分发挥经济社会效益，切实做到经济效益、社会效益、生态效益同步提升，实现百姓富、生态美有机统一。

2014年6月3日，习近平总书记在国际工程科技大会上发表主旨演讲时强调中国将继续实施可持续发展战略，优化国土空间开发格局，全面促进资源节约，加大自然生态系统和环境保护力度，着力解决雾霾等一系列问题，努力建设天蓝地绿水净的美丽中国。

2014年10月，中国共产党的十八届四中全会从依法治国角度推进生态文明建设。大会中提到用严格的法律制度保护生态环境，加快建立有效约束开发行为和促进绿色发展、循环发展、低碳发展的生态文明法律制度，强化生产者环境保护的法律责任，大幅度提高违法成本。建立健全自然资源产权法律制度，完善国土空间开发保护方面的法律制度，制定完善生态补偿和土壤、水、大气污染防治及海洋生态环境保护等法律法规，促进生态文明建设。

2015年1月20日，习近平总书记在云南考察工作时指出新农村建设一定要走符合农村实际的路子，遵循乡村自身发展规律，充分体现农村特点，注意乡土味道，保留乡村风貌，留得住青山绿水，记得住乡愁。经济要发展，但不能以破坏生态环境为代价。生态环境保护是一个长期任务，要久久为功。

2015年3月6日，习近平总书记在参加江西代表团审议时强调要把生态环境保护放在更加突出位置，环境就是民生，青山就是美丽，蓝天也是幸福。要着力推动生态环境保护，像保护眼睛一样保护生态环境，像对待生命一样对待生态环境。对破坏生态环境的行为，不能手软，不能下不为例。

2015年4月25日，中共中央政治局召开会议，审议通过《关于加快推进生态文明建设的意见》（以下简称《意见》）。《意见》中提到要充分认识加快推进生态文明建设的极端重要性和紧迫性，切实增强责任感和使命感，牢固树立尊重自然、顺应自然、保护自然的理念，坚持绿水青山就是金山银山，动员全党、全社会积极行动、深入持久地推进生态文明建设，加快形成人与自然和谐发展的现代化建设新格局，开创社会主义生态文明新时代。本次会议把生态文明建设放在突出的战略位置，融入经济建设、政治建设、文化建设、社会建设各方面和全过程，协同推进新型工业化、信息化、城镇化、农业现代化和绿色化，以健全生态文明制度体系为重点，优化国土空间开发格局，全面促进资源节约利用，加大自然生态系统和环境保护力度，大力推进绿色发展、循环发展、低碳发展，弘扬生态文化，倡导绿色生活，加快建设美丽中国，使蓝天常在、青山常在、绿水常在，实现中华民族永续发展，是我国生态文明建设的纲领性文件。

2015年5月27日，习近平总书记在浙江召开华东7省（直辖市）党委主要负责同志座谈会，听取对"十三五"时期经济社会发展的意见和建议。他指出，协调发展、绿色发展既是理念又是举措，务必政策到位、落实到位。绿水青山既是自然财富，又是社会财富、经济财富。保护生态环境就是保护生产力，改善生态环境就是发展生产力。只有把绿水青山作为核心竞争力，更加重视生态环境这一生产力要素，才能实现可持续发展。

2015年10月26日，中国共产党召开第十八届中央委员会第五次全体会议，会议强调实现"十三五"时期发展目标，破解发展难题，厚植发展优势，必须牢固树立并切实贯彻创新、协调、绿色、开放、共享的发展理念。坚持绿色发展，必须坚持节约资源和保护环境的基本国策，坚持可持续发展，坚定走生产发展、生活富裕、生态良好的文明发展道路。促进人与自然和谐共生，构建科学合理的城市化格局、农业发展格局、生态安全格局、自然岸线格局，推动建立绿色低碳循环发展产业体系。

2015年11月3日，习近平总书记在关于《中共中央关于制定国民经济和社会发展第十三个五年规划的建议》指出支持绿色清洁生产，推进传统制造业绿色改造，推动建立绿色低碳循环发展产业体系，鼓励企业工艺技术装备更新改造。发展绿色金融，设立绿色发展基金，充分说明了中央在未来五年彻底改善生态环境的决心。通过科技创新和体制机制创新，实施优化产业结构、构建低碳能源体系、发展绿色建筑和低碳交通、建立全国碳排放交易市场等一系列政策措施，形成人和自然和谐发展现代化建设新格局。

2015年11月18日，习近平总书记在亚太经合组织工商领导人峰会上发表主旨演讲强调将把生态文明建设融入经济社会发展各方面和全过程，致力于实现可持续发展。将全面提高适应气候变化能力，坚持节约资源和保护环境的基本国策，建设天蓝、地绿、水清的美丽中国。

2016年1月26日，习近平总书记主持召开中央财经领导小组第十二次会议，研究供给侧结构性改革方案、长江经济带发展规划、森林生态安全工作。习总书记强调，森林关系国家生态安全。要着力推进国土绿化，坚持全民义务植树活动，加强重点林业工程建设，实施新一轮退耕还林。要着力提高森林质量，坚持保护优先、自然修复为主，坚持数量和质量并重、质量优先，坚持封山育林、人工造林并举。要完善天然林保护制度，宜封则封、宜造则造、宜林则林、宜灌则灌、宜草则草，实施森林质量精准提升工程。要着力开展森林城市建设，搞好城市内绿化，使城市适宜绿化的地方都绿起来。搞好城市周边绿化，充分利用不适宜耕作的土地开展绿化造林；搞好城市群绿化，扩大城市之间的生态空间。要着力建设国家公园，保护自然生态系统的原真性和完整性，给子孙后代留下一些自然遗产。要整合设立国家公园，更好保护珍稀濒危动物。要研究制定国土空间开发保护的总体性法律，更有针对性地制定或修订有关法律法规。

2016年3月5日，国务院总理李克强在第十二届全国人民代表大会第四次会议的政府工作报告中讲到2016年的重点工作，其中第六个方面着重讲到了加大环境治理力度，推动绿色发展取得新突破。治理污染、保护环境，事关人民群众健康和可持续发展，必须强力推进，下决心走出一条经济发展与环境改善双赢之路。推动形成绿色生产生活方式，加快改善生态环境。坚持在发展中保护、在保护中发展，持续推进生态文明建设。

以习近平同志为代表的第五代领导集体把生态文明的内涵确定在自然和社会的维度，并上升到"生态兴则文明兴，生态衰则文明衰"的高度，心系民生与社会，追求人与自然、人与自身、人与社会和谐统一的高度智慧，是当代中国生态文明认识的最新成果，为我们科学认识和推进当代生态文明建设提供了新的理论依据和思想基础。

习近平总书记关于生态文明建设的重要论述，倡导人们要不断地培育和强化对自然的认同感、亲近感和归属感，要睿智地协调好生态文明建设与经济社会发展的关系，既坚持马克思主义可持续发展的基本原理，又提出了指导中国特色社会主义生态文明建设的新思想、新论断，为我们加强生态文明建设指明了方向，使全国各族人民更加增强了在党的创新理论指导下的归属感和凝聚力，在中国共产党的坚强领导下，中国生态文明建设不断取得新成就、新突破。

第二节　中国生态文明建设面临的突出问题

改革开放以来，中国不断推进现代化建设，实行节约资源、保护环境的基本国策，采取了一系列有效措施，使生态环境恶化的趋势有所减缓。但我们清醒地看到，中国面临的生态环境形势依然严峻。我国经济正处于增长速度换挡期、结构调整阵痛期叠加阶段。我们用几十年的时间走过了西方国家几百年的发展历程，在经济社会发展取得巨大成就的同时，生态文明建设也存在一定的矛盾和问题。

一、相关法律法规不完善、权责不明确

生态文明建设作为一项系统工程，一项十分重要的内容就是法律制度的保障。虽然近年来我国的环境资源法制建设进步很大，相关法律法规越来越完善，但是我国的环境资源法律体系并不平衡，我国目前的环境立法主要是针对单个生态环境要素而制定的，缺乏对生态系统整体保护的法律法规。环境立法体系仍然不完善、不健全，对许多污染事件未作出明确的评估和界定。我国生态环境保护中存在的一些突出问题，一定程度上与体制不健全有关。

我国现行的环境法律法规，"提倡性的规定多，约束性的规定少；原则性的要求多，可操作性的规定少；行政命令控制性的规定多，经济激励性的规定少；对政府部门设定的权利多，制约性的规定少；行政相对人的义务多，权利少"。一些地方片面追求环境立法体系大而全，把环境立法当做一项政绩工程对待，导致地方环境立法丧失了针对性与操作性，最终沦为摆设。实践中，由于没有统一的法律参照，各个环境单行法之间相互重叠甚至矛盾，而

个别领域又出现法律空白，造成环境保护工作无法可依和有法难依的被动局面。这必然造成法律法规权责不明晰，给管理部门制造了"行政失当"的种种借口。

长期以来重污染防治、轻资源保护的理念使得我国在自然资源开发利用和保护方面的立法和研究相对薄弱，对资源开发利用和生态环境保护不够重视。《环境保护法》被视为环境资源领域的基本法，但是无论其名称还是内容更多倾向于环境污染防治，对于自然资源的开发利用和保护及生态环境问题规定较少，现有的环境立法体系结构没有很好地跟上形势发展的新要求，从而造成对生态环境的保护力度十分有限。所以近年来理论和立法界一直在酝酿修订《环境保护法》，建议增加有关自然资源开发利用和保护的相关规定，以使其内容更加完善和平衡。

此外，在对城市和农村的生态环保立法方面也存在不平衡的状态。长期以来对城市环境保护的立法一直比较重视，而农村生态环保立法存在缺欠和滞后。建设生态文明，实现美丽中国的梦想，离不开农村生态环境的根本改善，必须加强农业和农村生态环境保护立法。

社会法制意识淡薄和环境执法不力，导致环境违法现象在一些地方还相当普遍。生态环境破坏者乘机钻空子，错过了最佳生态环境补偿时间，其后的治理成本远远高于当初创造的所谓财富，更为严重的是，有的污染积重难返，治理呈现一种"无效果状态"。生态环境损害处罚力度不够，操作性不强，部分人罔顾法律，以牺牲资源、环境为代价来获取暴利，面对生态环境污染出现了一种"五十步笑百步"的讽刺画面。

在循环经济、土壤污染、化学物质污染、生态保护、遗传资源、生物安全、臭氧层保护、核安全、环境损害赔偿和环境监测等方面，还没有相应的法律规范；在环境技术规范和标准体系方面，也还存在着一定的规范空白。一些环境管理制度不适应需要，一些环境管理制度缺少法律依据，环境法律配套滞后，缺少专门约束政府行为的环境法律，地方保护干扰正常执法现象普遍，环境民事赔偿尚无法律依据，弱势群体受到环境损害后得不到必要补偿等。

加强环境战略和政策研究、完善环境立法、提高立法质量、加大执法力度、强化执法监督，是中国生态文明建设一项紧迫的任务。

二、科技创新能力不足

建设生态文明既是文明形态的一种进步，更是经济发展方式的一种转变。

生态文明建设需要有与之相配套的经济发展模式。至今为止，我国的经济发展模式仍未从根本上改变，仍然存在较为严重的结构性污染问题，单位国内生产总值的能耗、物耗和排污量等均大大高于世界平均水平。在资源能源的开发利用方面，仍然存在消费总量持续增加和综合利用率低的问题。与发达国家相比，我国的资源综合利用和再生资源回收利用率严重滞后。

如何既能满足经济增长的需要又可以降低环境成本成为我国生态文明建设首先需要解决的难题。从总体上看，当前中国的生态文明建设自主创新不足，科技与经济结合不够紧密，转化水平不高，对自主创新的资金投入和政策支持不够，缺少突破制约经济社会发展的关键技术，尤其是开发大幅度提高资源利用率的共性和关键技术的能力不强，生产工艺技术和装备水平还不能适应大幅度提高资源利用率的需要。

当代中国生态文明建设缺乏促进资源节约的环境经济政策和鼓励节约的长效机制。环境经济政策的缺乏使得生态效益及相关的经济效益在保护者与受益者、破坏者与受害者之间的不公平分配，导致了受益者无偿占有生态效益，保护者得不到应有的经济激励；破坏者未能承担破坏生态的责任和成本，受害者得不到应有的经济赔偿。

改革开放以来，我们惯常的"高投入、高消耗、高排放、低效益"的粗放型经济增长方式尚未取得根本性改观。对于经济发展与生态文明建设的关系认识缺位、错位、不到位，都会产生恶劣的后果，势必产生连锁乃至叠加效应，从而出现经济发展—生态恶化—经济停滞的恶性循环，生态文明建设自然也就陷入一片混沌而无从着力的局面。

三、生态文明教育相对比较薄弱

党的十八大报告指出：建设生态文明，是关系人民福祉、关乎民族未来的长远大计。面对资源约束趋紧、环境污染严重、生态系统退化的严峻形势，必须树立尊重自然、顺应自然、保护自然的生态文明理念，把生态文明建设放在突出地位，融入经济建设、政治建设、文化建设、社会建设各方面和全过程，努力建设美丽中国，实现中华民族永续发展。

近代工业文明是基于人为天地之尊，万物为我所用的人类中心主义理念，人与自然的关系是征服与被征服、改造与被改造的关系，是导致人和自然关系恶化的思想根源。在这种"人类沙文主义"理念的支配下，我国长期以经济发展为主要目标，受工作惯性影响，忽视了环境保护或者环境保护让位于经济社会建设现象严重。我国环境恶化迟迟不能根本好转,这与我国生态文明教育的缺乏和人们的生态道德文化缺失有直接的关系。

生态文明的教育要超越单纯的节能减排、节约资源、保护环境等问题,上升到实现人与自然和谐共生、提升社会文明水平的高度。据《中国青年报》(2006年11月13日)报道:某省环保局日前公布的一项问卷调查显示,在接受调查的人群中,93.31%的群众认为,环境保护应与经济建设同步发展,然而却有高达91.95%的市长(厅局长)认为加大环保力度会影响经济增长。

当代中国在宏观层面高度重视和大力推进生态文明建设,但与之相匹配的生态文明教育力度还比较薄弱,生态文明教育和生态道德文化尚未普遍植根于人民大众。相当多的公民对生态文明缺乏科学的认知,在生态文明教育上意识水平不够,处于"文盲、半文盲"状态,真正在全民树立生态文明理念,使社会主义生态文明思想深入人心,走出人类中心主义和自我中心主义的误区尚需时日。

四、全民节约意识不强,消费方式不合理

节约资源作为我们国家的基本国策,这是国家在资源开发和利用方面的总方针,是一切相关政策所应当遵循的政策。"建设生态文明必须从资源使用这个源头抓起,把节约资源作为根本之策"。认真落实节约资源的基本国策和坚持节约优先的方针,在具体工作实际中还存在很大的差距。

我们面临着严峻的资源环境形势和巨大的国际竞争压力。资源约束矛盾日益突出,我国是总量上的大国,人均上的贫国,矿产资源人均占有量不到世界平均水平的一半。

当代中国全民节约资源和保护环境的意识淡薄,使超前消费、奢侈消费、面子消费等与我国国情不相适应的过度消费行为大行其道。著名环保人士梁从诫曾说:中国有十三亿人口,每个人浪费一点,拿十三亿一乘,这个数字就大得惊人。同样的,如果每个人节约一点,拿十三亿一乘,这个数字就相当可观。消费领域追求奢华、过度消费、挥霍浪费等现象还屡见不鲜。重视物质消费,忽视精神消费;重视消费数量,忽视消费质量。

五、生态危机全球化,导致生态文明建设的复杂性

人类环境会议于1972年首次召开,国际环境合作已走过40多年的历程,这就表明20世纪70年代以前,环境保护、生态问题已经进入公共视域,成

为全球不得不共同面对的重要议题。正当人类社会进入了全球化时代时，生态环境恶化也开始成为威胁人类生存的全球性的严重问题。空气、水、土壤等生态要素是与人类生存息息相关、密不可分的基本生活元素。自然生态是循环的、流动的，这一特点就决定了生态文明建设必然会突破区域而全球化。

在旧的国际政治与经济秩序没有得到根本改变的格局下，发展中国家始终承受着发达国家的压制和盘剥，在资源与环境权益领域承受着不公平的对待。中国亦不可避免地在一定范围内成为发达国家的能源采集地和垃圾弃置目的地，这使得中国和发达国家之间在环境问题上关系颇为紧张。加之发达国家民众环境保护意识普遍较高，发展中国家民众环境保护意识与素质相对淡薄、低下，从国际话语权上更是加剧了这一事态的发展。"发达国家出于自身利益的考虑，片面强调环境保护的重要性，将环境与发展割裂开来，以环境为借口干涉别国内政，要求各自放弃一些主权，尤其是在国家对本国自然资源的主权问题上表现得尤为突出，在国际环境合作上缺乏应有的诚意"。这就逼迫广大发展中国家的现代化必须同时面对两个阶段的双重任务——经济现代化与以环境治理为主要内容的生态文明建设。就现阶段的实践来看，在很大程度上我们要投入更多的人力、物力与精力于生态文明建设上才能缓解经济发展造成的生态恶化；否则，生态恶化将会成为经济进一步发展的最大障碍。

全球化既是造成今天全球生态环境急剧恶化的深层次原因，又是克服生态危机、实现生态文明所不可缺少的前提和条件。既然现今生态环境恶化已超出一国范围，成为世界性的社会公害，关系到每一个人的生存和发展的根本利益，那么人类就必须团结起来，共同应对。各国政府都应该积极参加联合国等国际组织和国家之间关于生态环境保护的协商，平等地保障每个人的生存权利，同时承担保护生态环境各自根据实际情况所应尽的责任和义务。有的发达国家打着环境保护的幌子干涉他国内务，借以限制广大发展中国家走上经济独立发展的自强之路；更有甚者以环保卫士自居，却无视本国经济发展对全球能源的巨额消耗以及快餐式的消费文化对生态系统的强度破坏和环境资源压力，在全球生态治理问题上推诿责任，斤斤计较。中国作为发展中国家，现阶段经济压力大，生态环境压力更大，生态危机全球化的趋势为我国的生态文明建设增加了复杂性。

第三节　中国生态文明建设的基本内容

中国作为一个发展中大国，能源相对不足，生态环境承载力不强，广大民众环保意识相对不高，社会生态环境治理理念与世界先进水平相比还有很大差距，相关立法不完善，国际生态环境压力大等等，这些都是中国进行生态文明建设无法回避的基本国情，也成为我们开展生态文明建设的主要内容和突破口。

一、规范和完善相关法律法规，生态文明建设的制度保障

在生态文明建设过程中，仅凭道德约束是不够的，必须要有健全的法制保证。当代中国生态文明建设只有实行最严格的制度，最严密的法治，才能为生态文明建设提供可靠保障。生态环境法律体系完善与否是生态文明建设好坏的关节点，也就是说，生态环境法律法规完备可行、权责明确、赏罚分明，就能最大限度地制止生态环境领域的破坏行为，否则，生态环境建设就沦为修修补补，难以从根本趋势上加以把控。

建设生态文明涉及社会、经济、资源和环境各个方面，是对传统经济发展模式、环境治理方式以及相关战略和政策的重大变革。从恢复和维持生态系统整体性与可持续性的系统理念出发，建立和完善职能有机统一、运转协调高效的生态环境保护综合管理体制；强化水、大气、土壤等污染防治制度；完善最严格的耕地保护制度、水资源管理制度、环境保护制度；

建立和完善符合时代发展的社会环境法治体系。环境保护部自十三五以来，实行最严格的环境保护制度，抓好"大气十条""水十条"，以及最近的"土十条"，并且新成立了气、水、土三司专门管理特定问题，强化工作要求，使生态文明建设具有切实可行的法律保障。

建立健全国家资源生态环境管理制度、国家自然资源资产管理体制是建立系统完备的生态文明制度体系的内在要求。按照所有者和管理者分开和一件事由一个部门管理的原则，落实全民所有自然资源资产所有权，建立统一行使全民所有自然资源资产所有权人职责的体制。完善自然资源监管体制，统一行使所有国土空间用途管制职责，使国有自然资源资产所有权人和国家自然资源管理者相互独立、相互配合、相互监督。

加快建立国土空间开发保护制度，推动形成人与自然和谐发展的现代化

建设新格局；完善国土资源监管体制，统一行使所有国土空间用途管制职责，使国有自然资源管理者相互配合、相互监督。

建立反映市场供求和资源稀缺程度、体现生态价值、代际补偿的资源有偿使用制度和生态补偿制度，强化制度约束作用。深化资源性产品价格和税费改革，建立反映市场供求和资源稀缺程度、体现生态价值和代际补偿的资源有偿使用制度及生态补偿制度。积极开展节能、碳排放权、排污权、水权交易试点。

加强环境监管和生态法制建设，健全生态环境保护责任追究制度和环境损害赔偿制度。要建立责任追究制度，主要是对领导干部的责任追究制度。对那些不顾生态环境盲目决策、造成严重后果的人，必须追究其责任，而且应该终身追究，严格执行，不能流于形式。激发和强化各级干部群众的生态文明建设责任意识，调动人民群众进行生态环境保护、参与生态环境保护监督管理的积极性。积极响应习近平总书记号召，对那些不顾生态环境盲目决策、造成严重后果的人，必须追究其责任，而且应该终身追究。

把海洋生态文明建设纳入海洋开发总布局之中，坚持开发和保护并重、污染防治和生态修复并举，科学合理开发利用海洋资源，维护海洋自然再生产能力。要建立入海污染总量控制制度，从源头上有效控制陆源污染物入海排放。要完善海洋工程环境影响评价制度，坚决把好环评关口，杜绝严重损害海洋环境的项目上马。要尽快制定海岸线保护利用规划，从严控制围填海项目，保护滨海湿地，严肃查处边申请、边审批、边施工的"三边工程"以及化整为零、越权审批的做法。要加快建立海洋生态补偿和生态损害赔偿制度，开展海洋修复工程，推进海洋自然保护区建设，完善海洋环境突发事件应急反应机制。

二、增强科技创新，推动生态经济建设

增强科技创新，推动生态经济建设，这是生态文明建设的中心任务。推动生态经济建设是指所有的经济活动都要符合人与自然和谐的要求，各产业和经济活动保证绿色化、无害化及生态环境保护产业化。当前世界主要发达国家把实施绿色经济作为繁荣经济、实现经济转型的重要抓手，用科技创新提升绿色产业发展水平，用科技创新支撑能源资源高效利用和可持续利用，用科技创新支撑生态环境安全保障。

要正确处理经济发展同生态环境保护的关系，牢固树立保护生态环境就

是保护生产力、改善生态环境就是发展生产力的理念，更加自觉地推进绿色发展、循环发展、低碳发展，决不以牺牲环境为代价去换取一时的经济增长。以科学发展观统领经济社会发展全局，通过提高自主创新能力和实施知识产权战略，加快转变经济发展方式，推动产业结构优化升级。要坚持在合理开发、利用资源和保护生态环境中促进发展，在发展中落实生态环境保护，实现人与自然的高度和谐，实现人与自然的共荣共存。

要实现经济发展与生态环境的和谐，大力发展循环经济是必然的选择。大力发展循环经济，建设节约型社会，努力形成有利于节约资源、减少污染的生产模式、产业结构和消费方式，走一条科技含量高、经济效益好、资源消耗低、环境污染少、人力资源优势得到充分发挥的新型工业化路子。循环经济是以资源的循环利用为核心，以环境保护为前提，以自然资源、经济、社会协调发展为目的的新型经济增长模式。改变了以往高消耗、低利用、高污染的"资源—产品—废物"的线性发展模式，建立了一种"资源—产品—再生资源"的循环式发展，是一种节约资源、保护环境的经济模式，是强调以人为本的科学发展，从根本上缓解了经济发展与生态环境之间的矛盾。

实施清洁生产。要不断进行清洁生产意识教育，使采用清洁能源，引导人们转变传统生产观念，预防和减少污染成为政府、企业、社会的自觉意识和行为。建设生态文明并不是消极地向自然回归，而是积极的建立人、自然、社会相和谐的关系。生态破坏是在经济活动中引起的，人类并不能因此停止经济活动，关键是实现两者的和谐，生态问题也应该在发展中解决。

要完善经济社会发展考核评价体系，把资源消耗、环境损害、生态效益等体现生态文明建设状况的指标纳入经济社会发展评价体系，建立体现生态文明要求的目标体系、考核办法、奖惩机制，使之成为推进生态文明建设的重要导向和约束。彻底转变观念，再也不以国内生产总值增长率来论英雄，一定要把生态环境放在经济社会发展评价体系的突出位置。

走向生态文明新时代，建设美丽中国，是实现中华民族伟大复兴中国梦的重要内容，习近平总书记指出要坚决把这些高耗能、高污染、高排放的产业产量降下来，今天我们不解决环境问题，明天我们拿什么滋养生命？良好生态环境是最公平的公共产品，是最普惠的民生福祉。我们要认识到，在有限的空间内，建设空间大了，绿色空间就少了，自然系统自我循环和净化能力就会下降，区域生态环境和城市人居环境就会变差。要学习借鉴成熟经验，根据区域自然条件，科学设置开发强度，把绿水青山保留给所有人民。

三、强化生态文明教育，使生态文明"内化于心"

生态文明意识、生态环境保护理念深入人心是生态文明建设的一项基础性工作，但要使思想意识转换成一种自觉行动，需要一个长期的过程，还必须强化生态文明教育。我们深信，"只有当多数中国人懂得了环境保护对自己和子孙后代的重要意义时，中国才有可能期盼一个绿色的明天。"

强化生态文明教育，需要从根本上抛弃以牺牲环境资源为代价换取经济发展的错误理念，在全社会树立尊重自然、保护自然、顺应自然的生态文明理念。这种理念既不同于农业文明时期依赖大自然、敬畏大自然的被动、朴素环境伦理观，更不同于工业文明时期极端人类中心主义的环境价值观，是一种追求经济、社会和环境共同发展的可持续发展理念。强调的是必须把自然看作与人是平等的主体。在处理人与自然的关系时，不绝对化人的主体性，也不无限夸大人对自然的超越性。人是自然界的一分子，要把自身的活动限制在保证自然界生态系统稳定平衡的限度之内，实现人与自然和谐共生、协调发展。人与自然的关系并不是征服者与被征服者、主人与仆从之间的关系，而是自然生态系统中不可或缺的成员之间平等的关系。辛弃疾在《鹧鸪天·博山寺作》中的词句："一松一竹真朋友，山鸟山花好弟兄"。这可视作生态文明理念的真实写照。

强化生态文明教育必须呼吁人们尊重生命和自然的价值为前提，把自然界中所有生物纳入道德的视野，对自然履行道德责任和道德义务。美国著名生态伦理学家罗尔斯顿指出"自然的内在价值是指某些自然情景中所固有的价值，不需要以人类作为参照"。他认为自然是朝着产生价值的方向进化的，并不是我们赋予自然以价值，而是自然把价值馈赠给我们。人类只有实现自然与人之间的双向适应才能保证人类的生存和发展，才能在自然价值基础上创造适宜人类生存发展的文化价值和社会生活。人类和地球上的其他生物种类一样，都是组成自然生态系统的一个要素。不仅人是主体，自然也是主体；不仅人有价值，自然也有价值，尊重自然的价值需求和价值目标；不仅人有主动性，自然也有主动性；不仅人依靠自然，所有生命都依靠自然。因而人类要尊重生命和自然的价值，承认自然界的权利，对生命和自然界给予道德关注，承认对自然有道德义务。只有当人类把道德义务扩展到整个自然共同体中的时候，人类的道德才是完整的。

当人们面临着种种自然环境问题带来的现实挑战的时候，更多的应该是反省自己的行为，在面对自然环境受到破坏时应该承担起更多的社会责任和道德责任。马克思曾这样说过："批判的武器当然不能代替武器的批判，物质力量只能用物质力量来摧毁；但是理论一经掌握群众，也会变成物质力量。理论只要说服人，就能掌握群众；而理论只要彻底，就能说服人。所谓彻底，就是抓住事物的根本，但是，人的根本就是人本身"。这一段经典论述给当代中国我们的生态文明建设提供了宝贵的启示。早在20世纪中叶，许多发达国家，如德国、法国、瑞典、荷兰、澳大利亚、新西兰以及前苏联等，正是重视和强化了生态文明教育，才使得这些国家全体国民牢固树立了良好的生态道德意识，较好地维护了自然的气候条件和优美的生态环境，进而发展成为当今世界瞩目的人与自然高度和谐统一和可持续发展条件比较完备的典范。

强化生态文明教育，要充分利用各种传播手段，广泛宣传和讲解生态知识、生态理念，深化党员干部和人民群众对生态文明建设理论体系的认识和理解；弘扬生态伦理道德，传播生态文明理念，在党政机关、学校、社区等单位广泛开展生态文明创建活动，打造以政府为主，社区、学校、企业、社会团体、大众传媒共同参与的生态文明宣传教育网络格局。政府和企业更是弘扬生态文明教育的重要载体，切实担负起保护环境、治理污染的责任。要在全民牢固树立生态红线的观念，在生态环境保护问题上，不能越雷池一步，否则就应该受到惩罚。

四、树立生态的消费方式，使生态文明"外化于行"

传统的工业文明消费模式在给人们带来物质生活极大丰富性和多样性的同时，也形成了严重的资源浪费、生态破坏和环境污染。建设生态文明，必须树立生态化的消费方式。生态化的消费方式实质是适度消费、绿色消费、理性消费。适度消费强调消费要与人的生活水平相适应或者同步，反对高消费、炫耀性消费和超前消费；绿色消费是以保护环境和节约资源为主，绿色、环保、节能、低碳；理性消费强调消费要根据自己的需要，而且要适合自己的真正需要。

在我国，吃喝浪费现象非常严重，吃喝浪费现象背后是中国的面子文化。在不少国人看来，请客吃饭奢侈、浪费显示热情、诚意和重视。随着经济的快速发展，我们不知道该怎么面对财富，于是出现炫耀性消费和高消费，于是就有了"舌尖上的浪费"。殊不知，能够体现价值的不是拥有多少财富，而是如何使用财富。钱是你的，但资源是社会的。

面对日趋强化的资源环境约束,增强危机意识,树立绿色、低碳发展理念,以节能减排为重点,健全激励与约束机制,加快构建资源节约、环境友好的生产方式和消费模式,增强可持续发展能力。逐步形成有利于人类可持续发展的适度消费、绿色消费的生活方式,减少或杜绝生态破坏、环境污染和资源浪费。

尽快形成节约资源和保护环境的空间格局、产业结构、生产方式、生活方式,推进环境保护与经济发展的协调融合资源环境问题,究其本质是发展方式、经济结构和消费模式问题。在生产、流通、分配、消费的各个领域,都不同程度地利用资源、影响环境,单独在某一个或几个方面推行节约环保,难以从根本上解决资源环境问题。这就必须根据自然环境承载力规划经济社会发展,把节约环保的要求全面体现到经济发展的各个领域和每个环节,坚决杜绝先污染后治理、先破坏后恢复、边治理边污染、边恢复边破坏的现象。

地球只有一个,资源、环境极其宝贵。建设资源节约型、环境友好型社会,说到底是协调人和自然、人和地球关系的问题。纵观整个社会发展史,人类对于自然环境的不合理使用,导致了自然对人类的报复。支撑人类社会生存和发展的资源,大多是不可再生的,如果我们今天肆意挥霍,我们的子孙后代将付出沉重的代价。只有解决好这个问题,才能实现新形势下资源的合理可持续利用和生态环境的有效保护,实现人与自然的和谐相处。

所以,我们应该宣传节约光荣、浪费可耻、破坏环境有罪的观念,增强全民生态正义感和生态伦理责任感,使资源节约和环境保护成为全社会的自觉行动。坚持从身边的事情做起,从每时每刻做起,从点点滴滴做起。把生态环保、低碳消费的理念落实到每一个人,每个人都为建设资源节约型、环境友好型社会努力,使生态文明真正的"内化于心、外化于行"。

五、统筹国际国内全局,彰显负责任的大国形象

走生态文明道路,不仅对中国自身发展具有重大而深远的影响,对维护全球生态安全也具有重要意义。进入 21 世纪,生态文明已经成为一种国际化潮流。国际上形成了一个越来越明确的共识,发展不仅要看经济增长指标,还要看人文指标、资源指标、环境指标。中国将承担负责任大国的使命,通过建设一个和平发展、蓬勃发展的中国,造福中国人民,造福世界人民,造福子孙后代,充分体现了中国对全球生态问题高度负责的精神。

坚持共同但有区别的责任原则。中国发展与全球发展紧密相连,中国作

为最大的发展中国家建设生态文明，实现可持续发展，离不开全球可持续发展的外部良好环境。努力倡导建立新的合理的国际环境秩序，积极参与可持续发展全球治理，承担与我国发展水平及阶段相适应的责任和义务，把继续发挥在全国可持续发展领域建设性作用与解决好国内生态环保问题有效衔接起来，强化国际环境公约履约，进一步提高国际环境合作水平。

坚持平等公平原则。不同国家和不同地区在制定发展规划时，既要实现当代人在利用自然资源以及满足自身利益上谋求机会平等、责任平等，又要考虑当代人与后代人对自然资源的享有权力上的机会均等。

坚持整体性原则。要把人类及其社会作为世界的一个部分、方面、环节来看待。不仅把中国的社会发展置于整个世界发展的整体中，而且把中国的社会作为一个整体，用整体的观点去看待社会发展各要素之间的相互关系和发展，用整体的观点去评价中国的社会发展和进步。世界作为一个由自然界、人类社会和人类精神共同构成的整体，其各个部分是相互依存、相互制约的。中国能够为其他的发展中国家如何从工业化进程中转化为生态文明社会树立榜样并且为其提供有价值的宝贵经验。

在生态文明建设的漫漫长路上，我们需要一种全球视野，即正确看待和处理国内外生态环境治理的权利与义务问题，既不牺牲国家和民族的核心利益，也勇于担当发展中大国的责任。中国推进生态文明建设要树立广阔的世界眼光，统筹国际国内可持续发展两个大局，坚持共同但有区别的责任原则、平等公平原则、整体性原则，以自身的绿色发展、循环发展、低碳发展，推动建设持久和平，共同繁荣的和谐世界，推动全人类共同呵护地球家园，为全球生态安全做贡献。

第3篇 绿色发展：生态产业

第八章 生态农业

第一节 走进生态农业

一、生态农业提出背景

生态农业 Eco-agriculture，简称 ECO，是按照生态学原理和生态经济规律，因地制宜地设计、组装、调整和管理农业生产和农村经济的系统工程体系。

生态农业是世界农业发展史上的一次重大变革。

纵观人类一万年的农业发展史，大体上经历了三个发展阶段：一是原始农业，约7000年历史；二是传统农业，约3000年历史；三是现代农业，至今约200年。

20世纪70年代以来，越来越多的人注意到，现代农业在给人们带来高效的劳动生产率和丰富的物质产品的同时，也造成了生态危机：土壤侵蚀、化肥和农药用量上升、能源危机加剧、环境污染。

面对以上问题，各国开始探索农业发展的新途径和新模式。生态农业便是世界各国的选择，为农业发展指明了正确的方向。

二、生态农业

生态农业是指在保护、改善农业生态环境的前提下，遵循生态学、生态经济学规律，运用系统工程方法和现代科学技术，集约化经营的农业发展模式，是按照生态学原理和经济学原理，运用现代科学技术成果和现代管理手段，以及传统农业的有效经验建立起来的，能获得较高的经济效益、生态效益和社会效益的现代化农业。

生态农业是相对于石油农业提出的概念，是一个原则性的模式而不是严格的标准。而绿色食品所具备的条件是有严格标准的，包括：绿色食品生态环境质量标准；绿色食品生产操作规程；绿色食品包装贮运标准；产品必须符合绿色食品标准。所以并不是生态农业产出的就是绿色食品。

生态农业是一个农业生态经济复合系统,将农业生态系统同农业经济系统综合统一起来,以取得最大的生态经济整体效益。它也是农、林、牧、副、渔各业综合起来的大农业,又是农业生产、加工、销售综合起来,适应市场经济发展的现代农业。它是20世纪60年代末期作为"石油农业"的对立面而出现的概念,被认为是继石油农业之后世界农业发展的一个重要阶段。主要是通过提高太阳能的固定率和利用率、生物能的转化率、废弃物的再循环利用率等,促进物质在农业生态系统内部的循环利用和多次重复利用,以尽可能少的投入,求得尽可能多的产出,并获得生产发展、能源再利用、生态环境保护、经济效益等相统一的综合性效果,使农业生产处于良性循环中。

生态农业最早于1924年在欧洲兴起,20世纪30—40年代在瑞士、英国、日本等得到发展;60年代欧洲的许多农场转向生态耕作,70年代末东南亚地区开始研究生态农业;至20世纪90年代,世界各国均有了较大发展。建设生态农业,走可持续发展的道路已成为世界各国农业发展的共同选择。

三、生态农业的内涵

美国土壤学家W. Albreche于1970年首次提出"生态农业"(Ecological agriculture)的概念,之后在1981年,英国农学家M. Worthington将生态农业定义为"生态上能自我维持,低输入,经济上有生命力,在环境、伦理和审美方面可接受的小型农业",其中心思想是把农业建立在生态学的基础上。此后,各国学者对狭义生态农业做出多种不同的解释。

国内学者关于生态农业的涵义的阐述也有多种。我国著名农业经济管理和生态学家叶谦吉先生在其专著《生态农业·农业的未来》(1988年)中对生态农业概念作了概括:"生态农业就是从系统的思想出发,按照生态学原理、经济学原理、生态经济学原理,运用现代科学技术成果和现代管理手段以及传统的农业的有效经验建立起来,以期获得较高的经济效益、生态效益和社会效益的现代化的农业发展模式。简单地说,就是遵循生态经济学规律进行经营和管理的集约化农业体系"。

我国著名生态学家、环境学家和生物学家马世骏教授在其专著《中国的农业生态工程》(1987年)中指出:"生态农业是生态工程在农业上的应用,它运用生态系统的生物共生和物质循环再生原理,结合系统工程方法和近代科技成就,根据当地自然资源,合理组合农、林、牧、渔、加工等比例,实现经济效益、生态效益和社会效益三结合的农业生产体系"。

中国国家环境监测总站的概括是："生态农业是按照生态学和生态经济学原理，应用系统工程方法，把传统农业技术和现代农业技术相结合，充分利用当地自然和社会资源优势，因地制宜地规划和组织实施的综合农业生产体系。它以发展农业为出发点，按照整体、协调的原则，实行农林水、牧副渔统筹规划，协调发展，并使各业互相支持，相得益彰，促进农业生态系统物质、能量的多层次利用和良性循环，实现经济、生态和社会效益的统一。生态农业建设的内涵是极其丰富的，第一，生态农业是协调我国人口、资源和环境关系，解决需求与经济发展之间矛盾的有效途径，是我国农业发展和农村经济的指导原则；第二，生态农业是对农业和农村发展做整体和长远考虑的一项系统工程；第三，生态农业是一套按照生态农业工程原理组装起来的，促进生态与经济良性循环的实用技术体系"。

综合国内学者的阐述，我国生态农业的定义应当为："运用生态学、生态经济学、系统工程学、现代管理学、现代农业理论和系统科学的方法，把现代科学技术成就与传统农业技术的精华有机结合，优化配置土地空间、生物资源、现代技术和时间序列，把农业生产、农村经济发展和生态环境治理与保护，资源的培育与高效利用融合为一体，促进系统结构优化、功能完善、效益持续，最终形成区域化布局、基地化建设、专业化生产，并建立具有生态合理性，功能良性循环的新型综合农业体系和产供销一条龙、农工商一体化的多层面链式复合农业产业经营体系，是天、地、人和谐的农业生产模式"。

综合各种观点，生态农业内涵主要包括以下几个方面：一是在现代食物观念引导下，确保国家食物安全和人民健康；二是进一步依靠科技进步，以继承中国传统农业技术精华和吸收现代高新科技相结合；三是以科技和劳动力密集相结合为主，逐步发展成技术、资金密集型的农业现代化生产体系；四是注重保护资源和农村生态环境；五是重视提高农民素质和普及科技成果应用；六是切实保证农民收入持续稳定增长；七是发展多种经营模式、多种生产类型、多层次的农业经济结构，有利引导集约化生产和农村适度规模经营；八是优化农业和农村经济结构，促进农牧渔、种养加、贸工农有机结合，把农业和农村发展联系在一起，推动农业向产业化、社会化、商品化和生态化方向发展。

第二节　生态农业的具体表现

生态农业不同于一般农业，它不仅避免了石油农业的弊端，并发挥其优越性。通过适量施用化肥和低毒高效农药等，突破传统农业的局限性，但又保持其精耕细作、施用有机肥、间作套种等优良传统。它既是有机农业与无机农业相结合的综合体，又是一个庞大的综合系统工程和高效的、复杂的人工生态系统以及先进的农业生产体系。以生态经济系统原理为指导建立起来的资源、环境、效率、效益兼顾的综合性农业生产体系。中国的生态农业包括农、林、牧、副、渔和某些乡镇企业在内的多成分、多层次、多部门相结合的复合农业系统。20世纪70年代主要措施是实行粮、豆轮作，混种牧草，混合放牧，增施有机肥，采用生物防治，实行少免耕，减少化肥、农药、机械的投入等。

20世纪80年代创造了许多具有明显增产增收效益的生态农业模式，如稻田养鱼、养萍，林粮、林果、林药间作的主体农业模式，农、林、牧结合，粮、桑、渔结合，种、养、加结合等复合生态系统模式，鸡粪喂猪、猪粪喂鱼等有机废物多级综合利用的模式。生态农业的生产以资源的永续利用和生态环境保护为重要前提，根据生物与环境相协调适应、物种优化组合、能量物质高效率运转、输入输出平衡等原理，运用系统工程方法，依靠现代科学技术和社会经济信息的输入组织生产。通过食物链网络化、农业废弃物资源化，充分发挥资源潜力和物种多样性优势，建立良性物质循环体系，促进农业持续稳定地发展，实现经济、社会、生态效益的统一。因此，生态农业是一种知识密集型的现代农业体系，是农业发展的新型模式。

一、我国生态农业的特征

生态农业建设较以往的农业系统有以下的优势：一是通过建立合乎生态原则的生产系统，达到对能源、资源和劳动力的有效运用，解决粮食供应，为农民提供就业机会，从而发展高效农业；二是通过建立更全面的土地利用和规划系统，使发展的程度和速度不至于超越资源的承载能力，自然资源不会消耗过量，保护环境不致退化，确保农业发展的可持续；三是农民收入增加，生活环境得到改善，达到协调发展农村经济的目的。因为生态农业建设具备这些优点，所以便成了现今中国农业发展的重要方向。

我国作为发展中国家，20世纪80年代初就提出了自己的可持续农业发展模式，即生态农业发展模式。我国的生态农业是继传统农业、石油农业之后，结合我国具体条件产生的一种人与自然协调发展的新型农业模式，它既吸收了我国传统农业和现代农业的精华，也不拒绝化肥、农药的适度投入，它合理利用和保护自然资源，使生态系统保持适度的物质循环强度和能流通量，实现高产出、高效益、少污染。它强调经济效益、生态效益、社会效益的综合协同提高，使农业生产与资源的永续利用和环境的有效保护紧密结合起来，从而使我国的农业、农村纳入持续、稳定、协调发展的轨道。我国的生态农业是遵循自然规律和经济规律，以生态学和生态经济学原理为指导，以生态、经济、社会三大效益为目标，以大农业为出发点，运用系统工程方法和现代科学技术建立的具有生态与经济良性循环、持续发展的多层次、多结构、多功能的综合农业生产体系，是较为完整的可持续农业理论与技术体系。其主要特征有：

1. 综合性

生态农业强调发挥农业生态系统的整体功能，以大农业为出发点，按"整体、协调、循环、再生"的原则，全面规划，调整和优化农业结构，使农、林、牧、副、渔各业和农村一、二、三产业综合发展，并使各业之间互相支持，相得益彰，提高综合生产能力。

2. 多样性

生态农业针对我国地域辽阔，各地自然条件、资源基础、经济与社会发展水平差异较大的情况，充分吸收我国传统农业精华，结合现代科学技术，以多种生态模式、生态工程和丰富多彩的技术类型装备农业生产，使各区域都能扬长避短，充分发挥地区优势，各产业都根据社会需要与当地实际协调发展。

3. 高效性

生态农业通过物质循环和能量多层次综合利用和系列化深加工，实现经济增值，实行废弃物的资源化利用，降低农业成本，提高效益，为农村大量剩余劳动力创造农业内部的就业机会，保护农民从事农业的积极性。

4. 持续性

发展生态农业能够保护和改善生态环境，防治污染，维护生态平衡，提高农产品的安全性，变农业和农村经济的常规发展为持续发展，把环境建设同经济发展紧密结合起来,在最大限度地满足人们对农产品日益增长的需求的同时,提高生态系统的稳定性和持续性,增强农业发展后劲。

二、十大典型生态农业模式

为进一步促进生态农业的发展,2002年,农业部向全国征集到了370种生态农业模式或技术体系,通过专家反复研讨,遴选出经过一定实践运行检验,具有代表性的十大类型生态模式,并正式将这十大类型生态模式作为今后一个时期农业部的重点任务加以推广。

这十大典型模式和配套技术是:北方"四位一体"生态模式及配套技术;南方"猪—沼—果"生态模式及配套技术;草地生态恢复与持续利用生态模式及配套技术;平原农林牧复合生态模式及配套技术;生态种植模式及配套技术;生态畜牧业生产模式及配套技术;生态渔业模式及配套技术;丘陵山区小流域综合治理模式及配套技术;设施生态农业模式及配套技术;观光生态农业模式及配套技术。

(一)北方"四位一体"生态模式

"四位一体"生态模式是在自然调控与人工调控相结合条件下,利用可再生能源(沼气、太阳能)、保护地栽培(大棚蔬菜)、日光温室养猪及厕所等4个因子,通过合理配置形成以太阳能、沼气为能源,以沼渣、沼液为肥源,实现种植业(蔬菜)、养殖业(猪、鸡)相结合的能流、物流良性循环系统,这是一种资源高效利用,综合效益明显的生态农业模式。运用本模式冬季北方地区室内外温差可达30℃以上,温室内的喜温果蔬正常生长、畜禽饲养、沼气发酵安全可靠。

这种生态模式是依据生态学、生物学、经济学、系统工程学原理,以土地资源为基础,以太阳能为动力,以沼气为纽带,进行综合开发利用的种养生态模式。通过生物转换技术,在同地块土地上将节能日光温室、沼气池、畜禽舍、蔬菜生产等有机地结合在一起,形成一个产气、积肥同步,种养并举,能源、物流良性循环的能源生态系统工程。

这种模式能充分利用秸秆资源,化害为利,变废为宝,是解决环境污染的最佳方式,并兼有提供能源与肥料,改善生态环境等综合效益,具有广阔的发展前景,为促进高产高效的优质农业和无公害绿色食品生产开创了一条有效的途径。"四位一体"模式在辽宁等北方地区已经推广到21万户。

(二)南方"猪—沼—果"生态模式及配套技术

以沼气为纽带,带动畜牧业、林果业等相关农业产业共同发展的生态农业模式。

该模式是利用山地、农田、水面、庭院等资源,采用"沼气池、猪舍、厕所"三结合工程,围绕主导产业,因地制宜开展"三沼(沼气、沼渣、沼液)"综合利用,从而实现对农业资源的高效利用和生态环境建设、提高农产品质量、增加农民收入等效果。工程的果园(或蔬菜、鱼池等)面积、生猪养殖规模、沼气池容积必须合理组合。在我国南方得到大规模推广,仅江西赣南地区就有25万户。

(三)草地生态恢复与持续利用模式

草地生态恢复与持续利用模式是遵循植被分布的自然规律,按照草地生态系统物质循环和能量流动的基本原理,运用现代草地管理、保护和利用技术,在牧区实施减牧还草,在农牧交错带实施退耕还草,在南方草山草坡区实施种草养畜,在潜在沙漠化地区实施以草为主的综合治理,以恢复草地植被,提高草地生产力,遏制沙漠东进,改善生存、生活、生态和生产环境,增加农牧民收入,使草地畜牧业得到可持续发展。包括:牧区减牧还草模式、农牧交错带退耕还草模式、南方山区种草养畜模式、沙漠化土地综合防治模式、牧草产业化开发模式。

(四)农林牧复合生态模式

农林牧复合生态模式是指借助接口技术或资源利用在时空上的互补性所形成的两个或两个以上产业或组分的复合生产模式(接口技术是指联结不同产业或不同组分之间物质循环与能量转换的连接技术,如种植业为养殖业提供饲料饲草,养殖业为种植业提供有机肥,其中利用秸秆转化饲料技术、利用粪便发酵和有机肥生产技术均属接口技术,是平原农牧业持续发展的关键技术)。平原农区是我国粮、棉、油等大宗农产品和畜产品乃至蔬菜、林果产品的主要产区,进一步挖掘农林、农牧、林牧不同产业之间的相互促进、协调发展的能力,对于我国的食物安全和农业自身的生态环境保护具有重要意义。包括:"粮饲—猪—沼—肥"生态模式及配套技术、"林果—粮经"立体生态模式及配套技术、"林果—畜禽"复合生态模式及配套技术。

(五)生态种植模式及配套技术

是在单位面积土地上,根据不同作物的生长发育规律,采用传统农业的间、套等种植方式与现代农业科学技术相结合,从而合理充分地利用光、热、水、肥、气等自然资源、生物资源和人类生产技能,以获得较高的产量和经济效益。

(六)生态畜牧业生产模式

生态畜牧业生产模式是利用生态学、生态经济学、系统工程和清洁生产思想、理论和方法进行畜牧业生产的过程,其目的在于达到保护环境、资源永续利用的同时生产优质的畜产品。

生态畜牧业生产模式的特点是在畜牧业全程生产过程中既要体现生态学和生态经济学的理论,同时也要充分利用清洁生产工艺,从而达到生产优质、无污染和健康的农畜产品;其模式的成功关键在于实现饲料基地、饲料及饲料生产、养殖及生物环境控制、废弃物综合利用及畜牧业粪便循环利用等环节能够实现清洁生产,实现无废弃物或少废弃物生产过程。现代生态畜牧业根据规模和与环境的依赖关系分为复合型生态养殖场和规模化生态养殖场两种生产模式。包括:综合生态养殖场生产模式、规模化养殖场生产模式、生态养殖场产业开发模式。

(七)生态渔业模式及配套技术

该模式是遵循生态学原理,采用现代生物技术和工程技术,按生态规律进行生产,保持和改善生产区域的生态平衡,保证水体不受污染,保持各种水生生物种群的动态平衡和食物链网结构合理的一种模式。包括以下几种模式及配套技术。池塘混养模式及配套技术:池塘混养是将同类不同种或异类异种生物在人工池塘中进行多品种综合养殖的方式。其原理是利用生物之间具有互相依存、竞争的规则,根据养殖生物食性垂直分布不同,合理搭配养殖品种与数量,合理利用水域、饲料资源,使养殖生物在同一水域中协调生存,确保生物的多样性。包括:鱼池塘混养模式及配套技术、鱼与渔池塘混养模式及配套技术。

(八)丘陵山区小流域综合治理利用型生态农业模式

我国丘陵山区约占国土的70%,这类区域的共同特点是地貌变化大、生态系统类型复杂、自然物产种类丰富,其生态资源优势使得这类区域特别适于发展农林、农牧或林牧综合性特色生态农业。包括:"围山转"生态农业模式与配套技术、生态经济沟模式与配套技术、西北地区"牧—沼—粮—草—果"五配套模式与配套技术、生态果园模式及配套技术。

(九)设施生态农业及配套技术

设施生态农业及配套技术是在设施工程的基础上通过以有机肥料全部或部分替代化学肥料(无机营养液)、以生物防治和物理防治措施为主要手段进行病虫害防治、以动、植物的共生互补良性循环等技术构成的新型高效生态农业模式。

(十)观光生态农业模式及配套技术

该模式是指以生态农业为基础,强化农业的观光、休闲、教育和自然等多功能特征,形成具有第三产业特征的一种农业生产经营形式。主要包括高科技生态农业园、精品型生态农业公园、生态观光村和生态农庄等4种模式。

三、发展生态农业的重要意义

(一)发展生态农业有利于促进农业的可持续发展

生态农业的生产技术有利于防治环境和农产品的污染。因为生态农业的生产过程要求无污染,所以生态农业技术无论是栽培技术、施肥技术,还是病虫害防治技术,收获加工技术等。都不会对环境造成污染,相反,还会有利于生态环境的保护与改善,有利于农业生产在生态上的可持续性。同时,生态农业生产技术的运用、监控也保证了农产品的安全性。这是生态农产品生产从"土地到餐桌"全程质量控制的必然结果,从而有效地促进了保护生态环境目的的实现。

(二)发展生态农业有利于加快社会主义新农村的建设

生态农业作为一种生态经济优化的农业经济体系,在指导思想上明确了以经济发展与环境、自然资源的持续承受能力相适应,在不危及后代需要的前提下寻求满足当代人需求的发展途径,实现经济、生态和社会效益的优化与统一,这一指导思想与新农村建设的目标要求相适应。建设新农村的目标要求是"生产发展、生活宽裕、乡风文明、村容整洁、管理民主",彼此之间是互相促进、相辅相成的,统筹发展这五项要求才能建设好新农村。通过生态农业建设,有助于调整农业生产结构,改变农业增产的单一方式,优化农业生产布局,推进农业产业化经营,提高农业综合生产能力,发展高产、优质、高效、生态、安全农业,促进农业和农村经济发展,增加农民收入,改善农业和农村生态环境,推进乡风文明建设,为加速社会主义新农村建设奠定雄厚的物质基础。因此，发展生态农业体现了社会主义新农村建设的本质要求，是增强社会主义新农村建设发展能力的根本途径，建设社会主义新农村必须要走生态农业的道路。

（三）发展生态农业有利于实现经济、社会和环境的和谐发展

在科学发展观的指导下，建立人与自然和谐发展的有效机制，重视节约资源、保护环境、大力发展循环经济，建设节约型社会，是今后更好地推动经济社会发展的战略指导。我国农村经过30年的改革开放发生了巨大变化，然而农村存在诸多不和谐的因素，土地资源相对短缺，耕地面积在不断减少，而人口还继续增加。到2030年前后，中国人口将达到16亿。农村剩余劳动力的转移已成为农村可持续发展的障碍。解决好"三农"问题是建设社会主义和谐社会的关键，建设社会主义和谐社会的重点、难点和焦点都在农村。当前，我国农业的健康发展如何体现科学发展观的要求，大力发展循环经济，发展生态农业无疑是一条很好的途径。生态农业坚持以科学发展观为指导，以人为本，因地制宜，合理规划，稳步实施，建设有利于高效利用资源、减少废弃物排放造成的污染，有利于改善生态环境，实现农产品的清洁生产和无害化，保障人们的身体健康。建设生态农业对于协调经济发展和资源利用、加强环境保护、统筹人与自然和谐发展、促进社会全面进步有着非常重要的现实意义。

第三节　生态农业的发展路径

农业生态园就是采用生态园模式进行观光园内农业的布局和生产，将农业活动、自然风光、科技示范、休闲娱乐、环境保护等融为一体，实现生态效益、经济效益与社会效益的统一。

一、国家级生态农业典型代表——上海孙桥现代农业园区

上海孙桥现代农业园区成立于1994年，是全国第一个综合性的现代农业开发区，规划面积4平方千米，地处上海浦东新区中心地带，地理位置优越，交通发达。园区由上海孙桥现代农业联合发展有限公司负责主体开发，公司隶属于上海浦东农业发展（集团）有限公司，园区定位为：中国农业与世界农业接轨、传统农业与现代农业转变的桥梁。

先后被批准为国家农业科技园区、国家引进国外智力成果示范推广基地、

图 8-1 国家级生态农业典型代表——上海孙桥现代农业园区

农业产业化国家重点龙头企业、国家级农业标准化示范区、全国科普教育基地、全国工农业旅游示范点,并且通过了 ISO14001 环境管理体系认证,"孙桥"品牌成为上海市著名商标。

园区现入驻企业 60 多家,已形成种子种苗、设施农业、农产品精深加工、温室制造、生物技术、休闲观光和科普教育六大主导产业(图 8-1)。先后承担国家、市、区级科研项目近百项,申请专利 100 多项,累计接待了 300 多万国内外游客、上百个各级政府考察团、数十位外国政要和我国国家领导人。

2006 年 6 月 12 日,胡锦涛总书记亲临园区考察并作指示:建设社会主义新农村,最重要的是发展农业和农村经济,发展农业和农村经济必须依靠科技进步和创新,努力在农业科技上取得新突破,加快建设现代农业。

二、省级生态农业示范园区——江西省凤凰沟风景区

江西省凤凰沟风景区,又名江西省现代生态农业示范园,位于南昌县黄马乡蓝园大道旁,离南昌市中心 35 千米,属丘陵地势,占地面积 8 平方千米,集"生态模式、科技集成示范、品种展示、科普教育、技术培训、农业体验、休闲观光"于一体,常年有花、月月有果。景区拥有蚕桑、茶叶、果业、苗木等丰富植物种类与生态资源,形成丝绸之源、茶海碧波、百果飘香、山花烂漫等美丽的农业旅游景观,融合了现代生态科技亮点与传统蚕丝文化、茶文化底蕴。休闲观光之余还能体验:真人 CS 丛林野战、茶海迷宫探秘、采

茶制茶、植树、园艺 DIY、无患子天然手工皂制作、水果采摘（草莓、桑葚、梨、橘子、杨梅等）、垂钓、烧烤、野炊等。另外景区特产也十分丰富，有桑叶茶、无患子天然手工皂、蚕丝被、茶叶、桑果汁、桑葚冰酒、茶叶枕、蚕丝枕、蚕砂枕、丝巾、领带、彩色丝茧球、美容丝茧等。

图 8-2　省级生态农业示范园区——江西省凤凰沟风景区

"休闲体验生态园，养眼养性凤凰沟"。凤凰沟是世人共有的美丽花园、天然氧吧，非常有利于对人"眼、心、肺、胃"养生保健的科学需要（图 8-2）。

景区先后荣获"全国休闲农业与乡村旅游五星级园区、全国休闲农业与乡村旅游示范点、国家 AAAA 级旅游景区 ☆ 全国科普教育基地、江西省级农业科技园区"。

体验项目：

①湖边垂钓：湖中鱼儿品类繁多，鲤鱼、鲫鱼和草鱼为主。

②采茶、炒茶：一阵忙碌之后，赏着窗外的风景，抿一口自己亲自采的、炒的绿茶。

③鲜果采摘：冬、春季的草莓，4～5 月的桃子、桑葚，6 月杨梅，7 月梨，8 月桂花，10～11 月的柑橘等。

④科教认知：园内植物种类丰富，拥有 200 多个绿化苗木品种、150 种桑树、60 多种果树以及先进的制茶、养蚕工艺等。是开展青少年科普教育的生动素材。

⑤樱花阁品茶：坐落于樱花丛中的樱花阁，不仅能登高望远，还能喝茶

品尝小吃甜点，供游人休憩聊天。

⑥会议接待：景区建有4星级的白浪湖度假村以及凤凰沟度假村。

特色产品：

①优质茗茶：前岭银毫、梁渡银针等

②赣劲酒（蚁蚕酒）：添精补髓、活血补气、调补阴阳、强筋壮骨、明眼目，对心悸失眠、老年痴呆有良好功效。

③蚕丝被：有防风、除湿、安神、滋养及平衡人体肌肤的功效。蚕丝具有滑爽、透气、轻柔、吸湿、不刺痒及抗静电等特点。

④润尔茶（桑叶茶）：有止咳、去热，治疗头昏眼花、消除眼部疲劳，消肿、清血，治愈痢疾、腹痛，补肝、减肥、美肤等功效。

⑤桑果饮料：不含任何防腐剂，滋肝肾，充血液，祛风湿，健步履，息虚风，清虚火。

⑥时令水果：桃、翠冠梨、草莓、柑橘、柚子等

三、身边的生态农业典型——章贡区沙石镇火燃村

章贡区大力发展生态农业，促进城郊农村环境改善、农民增收。从赣州城区出发，沿着蜿蜒的水泥公路，驱车半小时，便来到了位于峰山脚下的章贡区沙石镇火燃村。蓝天白云下，青山绿水间，一幢幢楼房错落有致，一阵阵瓜果清香扑面而来，沁人心脾。

前几年，火燃村还只是一个以传统水稻种植为主的普通村子，经济发展落后。而今，从传统农业向现代农业华丽转身，火燃村在探索中前进，在跨越中发展，走向了一个新的天地。如今的火燃村已经成为了远近闻名的"蘑菇村"，探访正在建设中的章贡区（火燃村）现代农业示范园，领略了现代农业的风采。食用菌是火燃村现代农业的主导产业。汽车驶进村里的万家兴现代农业发展有限公司，公司内厂房林立。据了解，2011年，公司生产金针菇550万袋，年产量1800余吨，年销售收入达1700万元。现在每天产量在4000千克左右，随着生产规模的扩大，预计今后每天的产量将突破5000千克。"金针菇从生产到上市需要经过装袋、接种、养菌、催蕾、出菇、包装等生产工序。在果蔬冷藏包装室内，安装了温度、湿度控制的成套生产设备系统，具有很好的温度、湿度环境调控能力。金针菇主要供应赣南地区，还有部分销往广东、福建等地，现在金针菇的产量还不是很大，正在不断地扩大规模。

"现在园区还建立起了沼气池，而生产沼气的原料全是来自被切下来的菇

图 8-3　赣州市章贡区火燃村的香菇种植基地（图片引自山阿月）

类的菇脚，同时，还利用抽运喷灌车将沼液、沼渣抽起来作为附近合作社农场的天然肥料，用沼渣、沼液浇灌的脐橙、瓜果非常的甜，这也吸引了很多市民到农场认养和休闲采摘。"原本菇脚被切掉是毫无用处的，放入沼气池内发酵后可成为最好、最天然的燃料。目前，公司沼气的生产规模还不大，只能供公司员工食堂和宿舍使用，今后通过政府政策的扶持，以及企业生产规模的日渐扩大，将生产更多的沼气免费供村民使用。

火燃村食用菌基地采取"企业+专业合作社+农户"的有机合作模式，实现了农村劳动力转移，带动了当地农民致富（图8-3）。在食用菌产业蓬勃发展的同时，火燃村的休闲旅游农业方兴未艾、农业专业合作社迅速发展，现代农业逐步成型。

"日前，《若干意见》提出，大力发展特色农业，扶持农业产业化龙头企业和农民专业合作社发展，支持赣州等市建设国家现代农业示范区等条款更是鼓舞了我们发展的愿望，火燃村也牢牢把握赣南苏区振兴发展重大历史机遇，制订了近期目标和远期目标，到2016年要实现现代农业产业和休闲旅游产业的跨越式发展。"截至目前，火燃村已有专业合作社4个，现代农业企业5家，形成了以食用菌产业为主、蔬菜、花卉苗木产业为辅、休闲农业产业为特色的现代农业产业示范园区。2012年火燃村现代农业产值达3000多万元，解决当地100多名农民就业。

第九章 绿色工业

第一节 走进绿色工业

一、发展绿色工业的背景

18世纪兴起的工业革命,改变了世界格局,极大的加速了人类历史发展的进程。科学技术的进步和工业的发展,提高了人类的生活水平,但也给人类生存和发展带来了潜在威胁。20世纪50~60年代开始的"环境公害事件",导致成千上万人生病甚至离世。因此,不断推进的工业现代化为工业生产率的提高和工业产品的增长创造了奇迹,但却造成了环境污染和由生态资源耗竭引起的工业生态平衡失调等问题,对生态环境和人类的可持续发展造成了消极影响。

20世纪50年代以前,我国的工业化刚刚起步,环境污染问题尚不突出。50年代后特别是改革开放后,随着我国工业化的持续推进,我国的环境污染逐渐加剧,同时向农村急剧蔓延,生态破坏的范围也在扩大,资源枯竭问题开始凸显,传统的经济发展模式特别是传统工业发展模式已经不能适应生态文明建设的需要。

二、绿色工业的概念和内涵

绿色工业是指可持续发展为宗旨,合理、充分利用包括智力资源在内的各种资源,以工业经济活动的物质消耗最小化和污染排放量最小化为特征,使工业产品与服务在生产和消费过程中对生态环境和人体健康的损害最小,达到工业经济发展的生态代价和社会成本最低的工业发展模式。

绿色工业不再局限于传统的末端治理模式,而是通过"绿色"设计,在资源的开采、利用和处理等各个环节杜绝和减少污染的产生,以实施节材、节能,资源回用的清洁生产作为首要目标。由于社会的经济发展是不会停止的,每一步的发展必然要求更新的生产工艺及治理技术来协调经济发展与环境之间的矛盾。因而绿色工业不同于具体产品行业，它是一个不会衰落的产业，只会随着时间的推移而不断改进，以不断推动人类的不可持续发展。

三、发展绿色工业的重要意义

（一）有利于促进我国生态文明建设

党的十八届三中全会明确提出，要紧紧围绕建设美丽中国深化生态文明体制改革，加快建立生态文明制度，推动形成人与自然和谐发展的现代化建设新格局。这对我国工业发展提出了更新更高的要求，一方面，要加快推进工业化进程，到2020年基本实现工业化；另一方面，也要更加重视生态文明建设，切实转变发展方式，形成节约资源和保护环境的空间格局、产业结构、生产方式和生活方式。

进入新世纪以来，我国工业化进程加快，工业整体素质明显改善，工业体系门类齐全、独立完整，国际地位显著提升，已成为名副其实的工业大国。在500多种主要的工业品当中，有220多种产品产量居全球第一位。但我国工业发展依然没有摆脱高投入、高消耗、高排放的粗放模式，工业仍然是消耗资源能源和产生排放的主要领域，资源能源的瓶颈制约问题日益突出。据初步核算，2014年我国能源消费总量达42.6亿吨标准煤，其中煤炭消费量约占全球一半。原油进口3.1亿吨，占国内消费量的59%；铁矿石进口9.33亿吨，占国际贸易量的69%；天然橡胶、铜、镍、铝土矿、铅锌等对外依存度超过50%，有的高达85%。人均水资源量只有2100立方米，仅为世界平均水平的四分之一左右。主要污染物二氧化硫、氮氧化物排放量分别占全国的90%、70%，烟尘、粉尘排放量约占全国的85%以上；特别是对人民群众危害严重的非常规污染物如持久性有机污染物、重金属等几乎都来源于工业领域。与此同时，我国工业能效、水效与发达国家仍有差距，我国能源综合利用效率仅为34%，单位GDP能耗比世界平均水平高2.4倍。重化工业占工业增加值比重已达70.6%，电力、钢铁等8个高耗能工业的单位产品能耗比国际水平高40%。我国万美元工业增加值用水量为569立方米，还远高于日本的88立方米、韩国的55立方米、英国的89立方米。全国600多个城市，大气质量符合国家一级标准的不足1%；每年污水排放达360亿吨，仅10%的生活污水和70%的工业废水得到处理，城市垃圾和工业固体废弃物累计堆积量超过66亿吨。

生态文明是工业文明发展的新阶段，是对工业文明的发展与超越。建设生态文明并不仅仅是简单意义上的污染控制和生态恢复，而是要克服传统工业文明的弊端，探索资源节约型、环境友好型的绿色发展道路。作为建立在循环经济基础上的绿色工业，是科技含量高、能源消耗少、生态化、零排放、资源循环利用、可持续发展的工业体系，主要特征是低投入高产出。因此，发展绿色工业是我国建设生态文明的必由之路。

（二）有利于我国成为世界性制造强国

工业是立国之本，是我国经济的根基所在，也是推动经济发展提质增效升级的主战场。工业要主动适应新常态，把绿色低碳转型、可持续发展作为建设制造强国的重要着力点，放在更加重要的位置，大幅提高制造业绿色化、低碳化水平，加快形成经济社会发展新的增长点。

全面推行绿色制造是参与国际竞争、提高竞争力的必然选择。2008年国际金融危机后，为刺激经济振兴，创造就业机会、解决环境问题，联合国环境规划署提出绿色经济发展议题，在2009年的20国集团会议上被各国广泛采纳。各主要国家把绿色经济作为本国经济的未来，抢占未来全球经济竞争的制高点，加强战略规划和政策资金支持，绿色发展成为世界经济重要趋势。欧盟实施绿色工业发展计划，投资1050亿欧元支持欧盟地区的"绿色经济"；美国开始主动干预产业发展方向，再次确认制造业是美国经济的核心，瞄准高端制造业、信息技术、低碳经济，利用技术优势谋划新的发展模式。同时，一些国家为了维持竞争优势，不断设置和提高绿色壁垒，致使其全球化面临新的挑战，绿色标准已经成为国际竞争的又一利器。

我国制造业总体上处于产业链中低端，产品资源能源消耗高，劳动力成本优势不断削弱，加之当前经济进入中高速增长阶段，下行压力较大，在全球"绿色经济"的变革中，要建设制造强国，统筹利用两种资源、两个市场，迫切需要加快制造业绿色发展，大力发展绿色生产力，更加迅速地增强绿色综合国力，提升绿色国际竞争力，不断缩小与世界领先绿色制造能力的差距，加快赶超国际先进绿色发展水平。全面推行绿色制造，加快构建起科技含量高、资源消耗低、环境污染少的产业结构和生产方式，实现生产方式"绿色化"，既能够有效缓解资源能源约束和生态环境压力，也能够促进绿色产业发展，增强节能环保等战略性新兴产业对国民经济和社会发展的支撑作用，推动加快迈向产业链中高端，形成节约资源、保护环境的产业结构、生产方式，改变传统的高投入、高消耗、高污染生产方式，建立投入低、消耗少、污染轻、产出高、效益好的资源节约型、环境友好型工业体系，实现绿色增长，为社会创造"金山银山"的物质财富,又保持自然环境的"青山绿水",实现制造强国的梦想。

第二节 绿色工业的具体表现

一、传统工业的经济发展模式——线形经济模式

线形经济模式是指传统的"资源—产品—废弃物"的单向流动的线性经济。在这种经济发展过程中,从资源的开采,到产品的生产加工、运输和消费的各个环节产生的污染物和废弃物不经处理和利用直接排放到环境中。对资源的加工和利用程度比较粗放,利用效率低。其指导理论是机械论规律。其本质就是把资源持续不断地变成垃圾的过程,通过消耗和破坏自然的代价来实现经济的数量增长。线形经济模式的特点是"高开采、低利用、高排放",主要关注劳动生产率的提升,不关注资源的高效利用和生态环境和保护。随着世界人口的增长、消费水平的提高,必然会导致自然资源的短缺与枯竭,对生态环境的影响将越来越大,导致生态环境无法承受,甚至崩溃。因此,这种经济发展模式无法实现经济社会的可持续发展(图9-1)。

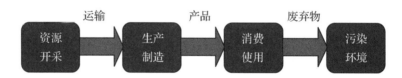

图9-1 传统线性经济发展模式示意图

二、绿色工业的经济发展模式——循环经济模式

循环经济是人们在不断探索和总结的基础上,提出以资源利用最大化和污染排放最小化为主线,逐渐将清洁生产、资源综合利用、生态设计和可持续消费等融为一体的可持续发展的经济战略。以"减量化、再利用、资源化"为三大基本原则,以"低消耗、低排放、高效率"为基本特征,符合可持续发展理念的经济发展模式,其本质是一种"资源—产品—消费—再生资源"的物质闭环流动的生态经济(图9-2)。

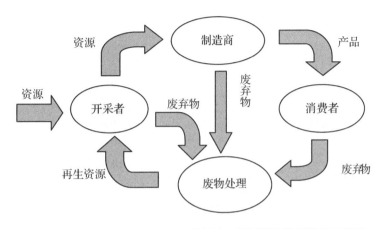

图 9-2　循环经济发展模式示意图

3. 传统工业与绿色工业的比较

从图 9-2 我们可以看出，循环经济是在人类社会面临着环境污染、生态破坏、自然资源日趋枯竭等诸多难以解决的问题，遭受了大自然无情报复、人类社会可持续发展受到严重威胁的情况下，重新审视人类社会的发展历程，在对人与自然的关系进行深刻反思后，对经济发展模式进行的一种战略性调整。与线形经济相比，循环经济作为一种"促进人与自然的协调与和谐"的经济发展模式，具有更多的优点，循环经济的实施改变了传统经济发展模式——线形经济所造成的"人与自然相对立"发展，体现了可持续发展战略的思想（表9-1）。

表 9-1　绿色工业与传统工业比较一览表

比较内容	绿色工业	传统工业
理论指导	生态学规律	机械论规律
物质流动	"资源—产品—再生资源"的反复循环流动	"资源—产品—污染物"的单向流动
环境政策	全过程控制	末端治理
经济增长方式	集约型增长	数量型增长
特征	低开采、低消费、低排放高利用	高开采、高消费、高排放低利用
生产过程	追求资源的使用效率； 经济效益与环境效益并举； 遵循"3R"原则，强调资源的合理高效利用	追求劳动力的效率； 重视经济效益、轻视环境效益； 轻视资源的制约而过度生产

(续)

比较内容	绿色工业	传统工业
产品	推行生态设计，生产者责任制等，减少产品对环境的不利影响；对人体健康无害	忽视产品对环境的影响；对人体健康可能造成危害
除污技术与产品制造的关系	结合在制造环节	与制造环节相分离
废弃物处理	尽量资源化，减少排放	大量遗弃，忽视对环境的影响

第三节　绿色工业的发展路径

一、发展绿色工业的主要对策

（一）发挥政府主导作用，开启绿色发展新思路

建设绿色工业体系，促进工业与环境、资源以及社会的协调发展需要建立起符合我国基本国情的具有中国特色的可持续发展经济新体制和生态、经济一体化的新型绿色经济制度，重视环境效益、能源效益以及社会效益等非经济因素，优化国民经济核算体系，建立一套符合我国基本国情的绿色 GDP 核算体系。而这些措施均需要发挥政府主导作用，从国家到省、市、自治区各级政府都应该以绿色 GDP 作为衡量本地区经济发展水平的标尺，既可以有效避免个体经济以牺牲区域环境为代价，又可以从制度上激发企业的生态意识，为我国绿色工业的发展提供内在动力。因此，如果没有政府的制度保障和约束，企业发展绿色工业也将变成空谈，人民享受绿色工业成果也将成为奢望。

（二）实施传统行业绿色改造

对钢铁、有色、化工、建材、造纸、印染等传统制造业绿色化改造，加快新一代可循环流程工艺技术研发，大力开发推广具备能源高效利用、污染减量化、废弃物资源化利用和无害化处理等功能的工艺技术，积极采用高效电机、锅炉等先进设备，用高效绿色生产工艺技术装备改造传统制造流程，加快实现重点行业绿色升级。广泛应用清洁高效铸造、锻压、焊接、表面处理、切削等加工工艺，实现绿色生产；加强绿色产品研发应用，推广轻量化、低功耗、易回收等技术工艺，持续提升电机、锅炉、内燃机及电器等终端用

能产品能效水平。

(三)引领新兴产业绿色发展

努力在新兴领域打造绿色全产业链,增强企业绿色设计、绿色生产、绿色技术、绿色管理能力,提高产品绿色运行、绿色回收、绿色再生水平,鼓励应用绿色能源、使用绿色包装、实施绿色营销、开展绿色贸易。加快发展绿色信息通信产业,大幅降低电子信息产品生产、使用、运行能耗,推广无铅化生产工艺,发展绿色新型元器件,有效控制铅、汞、镉等有毒有害限用物质含量。建设绿色数据中心和绿色基站,统筹应用节能、节水、降碳效果突出的绿色技术和设备,加强可再生能源利用和分布式供能。加快推进新材料、新能源、高端装备、生物产业绿色低碳发展,推广应用近净成形、快速成型、表面工程等绿色节材工艺技术,大力研发高性能、轻量化绿色新材料和绿色生物工艺、绿色生物制品。加快推进信息通信技术应用,带动智能电网、智能建筑、多网融合、智能物流等建设,促进节能减碳。

(四)推进资源高效循环利用

支持企业强化技术创新和管理,增强绿色精益制造能力,大幅降低能耗、物耗和水耗。不断提高绿色低碳能源使用比率,开展工业园区和企业分布式绿色智能微电网建设,控制和削减化石能源消费量。全面推行循环生产方式,促进企业、园区、行业间链接共生、原料互供、资源共享。推进资源再生利用产业规范化、规模化发展,强化技术装备支撑,提高大宗工业固体废弃物、废旧金属、废弃电子产品等综合利用水平。大力发展再制造产业,针对航空发动机、燃气轮机、盾构机、重型矿用载重车等大型成套设备及关键零部件实施高端再制造,利用信息化技术对传统机电产品以及通用型复印机、打印机实施智能再制造,对老旧和性能低下、故障频发、技术落后的在役机电装备实施在役再制造。推进再制造产品认定,进一步规范再制造产品生产,引导再制造产品消费,推动建立再制造产品认定国际互认机制,促进再制造产业持续健康发展。

(五)构建绿色制造体系

支持企业开发绿色产品,推行生态设计,提升产品节能环保低碳水平,引导绿色生产和绿色消费。建设绿色工厂,实现厂房集约化、原料无害化、生产洁净化、废物资源化、能源低碳化,探索可复制推广的工厂绿色化模式。发展绿色园区,推进工业园区(集聚区)按照生态设计理念、清洁生产要求、产业耦合链接方式,加强园区规划设计、产业布局、基础设施建设和运营管理,培育示范意义强、具有鲜明特色的"零"排放绿色工业园区。打造绿色供应链,引导企业不断完善采购标准和制度,综合考虑产品设计、采购、生产、包装、物流、销售、服务、回收和再利用等多个环节的节能环保因素,与上下游企业共同践行环境保护、节能减排等社会责任。壮大绿色企业,支持企业实施绿色战略、绿色标准、绿色管理和绿色生产。推动发展绿色金融,加强信贷政策与产业政策的衔接配合,引导资金流向节能环保技术研发应用和生态环境保护治理领域。强化绿色监管,健全节能环保法规、标准体系,加强节能环保监察。进一步转变职能,创新行业管理方式,推行企业社会责任报告制度,开展绿色评价。践行绿色理念,加强绿色产品和绿色服务供给能力,创造绿色需求,带动绿色消费,引领绿色时尚,弘扬绿色文化。

(六)强化绿色科技支撑

十八大明确提出了实施创新驱动发展战略,把科技创新摆在国家发展全局的核心位置。工业是实施创新驱动发展战略的主要领域。欧美发达国家经验和我国发展实践表明,工业是研发投入的主要阵地,是创新最活跃、成果最丰富的领域,从根本上决定了国家整体创新水平。我国工业既要保持中高速增长、支撑国民经济合理增速,又要实现产业结构和生产方式绿色化、应对资源能源约束和生态环境压力,只有坚持把创新摆在工业发展全局的核心位置,进一步强化工程科技的支撑地位,才能够实现质量更优、效率更高、消耗更少、污染更小、排放更低的绿色发展模式。

(七)督促企业转型,开展清洁生产,大力发展绿色经济

在绿色工业发展过程中,企业应积极转变生产经营模式,逐渐从末端治理转变为开端预防,处理污染物的制度与态度必须进行根本性的转变,积极应对国际绿色经济浪潮,在整个社会物质流动过程中最大程度的发挥资源的利用价值、采取创新方法努力避免或减少工业污染,加大对废弃物资源化以及产业化的投入,只有控制废弃物源头与治理已生成污染相结合,开展清洁生产,我国绿色工业的发展效益才能实现全面增长。

科技创新在资源循环利用以及污染物控制方面起着至关重要的作用,为实现绿色工业的永续发展,就必须加大科技创新投入,通过开发利用创新技术,将其与传统工业相结合,积极采取低消耗少污染生产运营模式,并努力改造传统工业,促进经济与生态的协调发展。企业能够运用绿色运营体系的

关键是加大投入、积极开发清洁生产技术，力求使用可再生资源替代不可再生资源，要把清洁生产从一个企业扩展到整个工业园区，再由一个工业园扩展到一个区域，通过建立一批生态工业示范园区来推动地区工业发展。

(八)维持区域平衡，激发绿色工业活力

我国中西部地区，虽然能源存储量较高，但生产技术水平受限，导致能源利用率较低，造成了不必要的浪费以及对优质自然环境的破坏，因此，这些地区要积极引先进技术、发展生产工艺、制定技术标准，对于不符合绿色工业要求的企业，要加大惩罚力度，污染严重则坚决予以淘汰。同时，我国东部地区生产力发展较为快速，经济发展水平较高，应充分利用其在技术以及成本控制方面的优势，帮助中西部地区共同提高绿色工业发展效率，运用生态经济理念改造传统工业体系，在其合理的资源配置基础上优化能源消费结构，努力避免可能因能源消耗以及生产排放所造成的环境污染，调整原有的工业结构，利用高新技术产业，提高资源利用效率，以实现绿色工业的发展进步。

二、发展绿色工业的典型案例

(一)丹麦卡伦堡生态工业园

卡伦堡生态工业园是目前世界上生态工业园区运行最为成功的代表。其所在地卡伦堡市是一座靠近峡湾的小城，距离丹麦首都哥本哈根市100多千米，该地区地下水资源不足，于是从20世纪70年代开始，当地几家重要的工业企业(发电厂、炼油厂、制药厂等)试图在更有效地使用淡水资源、减少费用和废料管理等方面寻求创新，自发建立起一种紧密而又相互协作的关系。后来地方政府、居民和其他类型企业陆续加入，使园区逐渐发展成为一个包含三十余条生态产业链的循环型产业园区。目前，该园区已稳定运行40余年，年均节约资金成本150万美元，年均获利超过1000万美元。同时，通过各企业之间的物流、能流、信息流建立的循环再利用网不但为相关公司节约了成本，还减少了对当地空气、水和陆地的污染。

卡伦堡生态工业园的成功依赖于其功能稳定、可以高效利用物质、能源和信息的企业群落。包括由发电厂、炼油厂、制药厂和石膏制板厂四个大型工业企业组成的主导产业群落；化肥厂、水泥厂、养鱼场等中小企业作为补充链接融入整个生态工业系统，成为配套产业群落；以微生物修复公司、废

品处理公司以及市政回收站、市废水处理站等静脉产业组成的物质循环和废物还原企业群落(图9-3)。

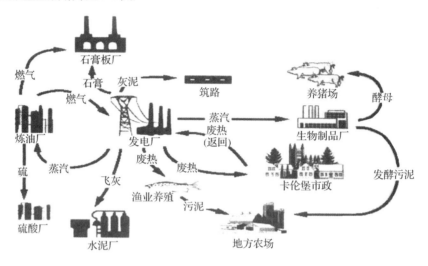

图 9-3　卡伦堡生态工业园区示意图

1959年建立的Asnaes发电厂是丹麦最大的燃煤火力发电厂，具有年发电1500千瓦时的能力，可以算作整个生态工业园区核心中的核心。除作为发电厂本身需要为企业和居民提供电能以外，Asnaes发电厂还在多个方面维持着整个生态工业系统的稳定运行，主要包括：为卡伦堡约5000个家庭提供热能，大量减少了烟尘排放；为炼油厂和制药厂提供工业蒸汽，热电联产比单独生产提高燃料利用率可达30%；电厂的冷却水还为当地农业提供了热能，如供应中低温的循环热水，使大棚生产绿色蔬菜，引到渔场后促进水温升高从而生产了100多吨"电厂鲑鱼"等；发电站的脱硫设备每年生产约20万吨石膏，这些石膏被卖给石膏板厂，可以减少石膏厂天然石膏的使用，同时减少固体废物的排放；每年产生的3万吨粉煤灰被水泥厂回收利用；发电厂产生的大量飞灰提供给土壤修复公司用于生产水泥和筑路等。

Statoil炼油厂是丹麦最大的炼油厂，具有年加工320万吨原油的能力，除此之外，炼油厂还出资建设了通往Tisso湖的输水管道，来节约冷却水的使用成本；炼油厂多余的可燃气体通过管道输送到石膏板厂和发电厂供生产使用；炼油厂通过管道把经过生物净化处理的废水输送给电厂；将进行酸气脱硫过程中产生的脱硫气供应给电厂燃烧，而产生的副产品硫代硫酸铵，则被用于生产液体化肥。

Novo Nordisk 制药公司，年销售额约 20 亿美元，公司生产医药和工业用酶，是丹麦最大的制药公司。该公司在生态工业园区中还担任着连接农业的重任，例如，制药厂的原材料土豆粉、玉米淀粉发酵产生的废渣、废水以及污泥等废弃物，经杀菌消毒后被农民用作肥料；胰岛素生产过程的残余物酵母被用来喂猪等。

Gyproc 石膏制板厂，具有年加工 1400 万平方米石膏板墙的能力。通过工艺和设备改造后，用电厂的脱硫石膏和市政回收站回收的石膏做原料造石膏板，不需要再从西班牙进口石膏原矿。

(二)日本北九州生态工业园

1. 从"七色烟城"到"星空城市"

图 9-4　北九州过去现在对比图

北九州市位于日本九州岛最北部，该工业地带的主要产业有钢铁、化工、机械、窑业以及信息关联产业等，是日本四大工业基地之一。从 20 世纪中叶开始不断出现的公害问题，给该地区造成了难以估量的经济与环境损害。许多大型工厂集中在洞海湾边，年降尘量创日本最高纪录，许多市民感染上了哮喘病，北九州市也因此被称作"七色烟城"。1968 年，震惊世界的八大公害事件之一的米糠油事件就发生在这里（图 9-4）。

"公害事件"犹如当头一棒,从政府到民间企业,从学者到普通市民,都把环保当成头等大事。政府实施了包括缔结防止公害的协议、疏浚洞海湾、设置公害监视中心、建设污水处理厂等一系列措施;企业也逐渐设置污染防治设备、引进清洁生产技术。经过20多年的努力,终于把降尘量位居日本首位的"七色烟城"变成"星空城市"(北九州市1987年被日本环境厅评为"星空城市")。1990年北九州市还成为日本第一个获得联合国环境规划署颁发的"全球500佳奖"的城市。

2. 北九州生态工业园总体构成

园区主要设立三大区域:验证研究区、综合环保联合企业群区和响(Hibiki)再生利用工厂群区。

(1)验证研究区域

在该区域内,企业、行政部门和大学通过密切协作,联合进行废弃物处理技术、再生利用技术的实证研究,从而成为环境保护相关技术的研发基地。

(2)综合环保联合企业群区

各个企业相互协作,开展环保产业企业化项目,从而使该区成为资源循环基地。区域内主要汇集了废塑料瓶、报废办公设备、报废汽车等大批废旧产品再循环处理厂,并通过复合核心设施,将园区内企业排出的残渣、汽车碎屑等工业废料进行熔融处理,将熔融物质再资源化(制成混凝土再生砖等),同时利用焚烧产生的热能发电,并提供给生态工业园区的企业。

(3)响(Hibiki)再生利用工厂群区

该区域分为汽车再生区域和新技术开发区域。前者是由分散在城区内的7家汽车拆解厂集体搬迁而形成的厂区,目的是通过共同合作,实施更为合理、有效的汽车循环再利用。后者是当地中小企业和投资公司应用创新技术的地方,市政府通过制定优惠政策,吸引一些小型废弃物处理企业进入该区,扶持中小企业在环保领域的发展。

3. 北九州生态工业园的效益

(1)显著的环境效益

北九州市发展重工业时造成的严重环境污染被彻底改变,已从"浓烟滚滚的天空和死海中奇迹般的复苏"。目前每年减少碳排放18万吨,居民生活品质得以明显提高。

(2)可观的资源效益

园区通过发展资源循环再利用项目,提高了资源回收和再利用率。目前每年回收废弃物 77000 吨，其中来自北九州市外的废弃物达 70000 吨；再利用 70000 吨，其中北九州市内再利用 19000 吨。

(3) 长远的教育效益

北九州工业园已成为日本环境学习基地之一，对日本公众开放并接受参观，同时还成为世界环保人才的培养基地。

4. 特点及成功经验

(1) 政府有力的政策支持

各级政府建立了生态工业园区补偿金制度。对进入园区的具有先进技术的企业，国家补助其企业建设经费 1/3～1/2 的费用；北九州市政府对入园企业补助其总投资额 2.5% 的费用，对入住园区的企业在土地、选址、建设项目立项等方面给予补助。属于自购土地的，新建项目最多可补助 10%，扩建项目最多可补助 6%；租赁土地的，在项目运行的第一年，可免除第一年租金的一半。对于相关科研机构和验证研究机构，市政府每年也将给予一定的补助。

北九州还制定了针对产业废弃物征税的条例，以促进废弃物的减量化、资源化。在政府政策投资银行等的政策性融资对象中，与 3R 事业、废弃物处理设施建设等相关的项目，可以得到税收优惠。

(2) 完善的法律保障体系

从国家层面上，日本已经建立起完善的保障循环经济发展的法律体系，包括《推进循环型社会形成基本法》《固体废弃物管理与公共清洁法》《资源有效利用促进法》《促进容器和包装分类回收法》《家用电器回收法》《建筑材料回收法》《报废汽车循环利用法》等。

北九州市制定了"北九州市公害防止条例"，其标准比国家规定更为严格；市政府还与市内的重要企业签订了"公害防治协议书"。

(3) 重视科研及人才培养

北九州市的工业化已有百年历史，积累了丰富的产业技术及人才优势。1994 年北九州市开始构建"北九州学术研究城"，为循环经济的发展提供科技支撑和智力支撑，目前已有早稻田大学、北九州大学、英国克拉菲尔德大学等多所研究单位和新日铁公司等 40 多家企业进驻城内。在生态工业园的实证研究区内，政府、企业和多所大学联合起来建立了多个试验基地，吸收了大量高科技人才进行科学研究。

(4) 官、产、学、民共同参与

北九州生态工业园区的建设以地方为主体，中央政府和地方政府共同辅助和管理，企业、研究机构、行政部门积极参与，形成了"官、产、学一体化"的生态工业园区管理和运作模式，企业与研究机构、政府之间进行强有力的合作。同时，政府向社会和市民公开信息，加强与市民之间有关风险方面的信息交流。企业也做到信息、设施公开，与市民共享信息，并制定风险管理与风险评价的方法，以加深相互的理解，力争避开或降低风险，最终消除市民的不安感、不快感与不信任感。

（三）中国生态工业园区发展的成功案例

在国家大力推进循环经济建设的进程之中，我国也开始了基于循环经济理念的生态工业示范园区的建设，形成了一批国家级生态工业示范园区，包括广西贵港（制糖）、包头（铝业）、鲁北（化工）、天津泰达等，这些园区探索出了我国工业园区可持续发展的模式，打造出新型工业化及生态工业示范基地，树立了循环经济典范。

1. 广西贵港国家生态工业（制糖）示范园区

该园区正以上市公司贵糖（集团）股份有限公司为核心，以蔗田系统、制糖系统、酒精系统、造纸系统、热电联产系统、环境综合处理系统为框架，通过盘活、优化、提升、扩张等步骤，建设生态工业（制糖）示范园区。该示范园区的六个系统，各系统内分别有产品产出，各系统之间通过中间产品和

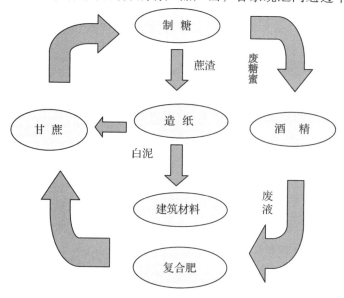

图 9-5　广西贵港国家生态工业（制糖）示范园区绿色工业示意

废弃物的相互交换而互相衔接，从而形成一个比较完整和闭合的生态工业网络，园区内资源得到最佳配置、废弃物得到有效利用，环境污染减少到最低水平。其中，甘蔗→制糖→蔗渣造纸生态链、制糖→糖蜜制酒精→酒精废液制复合肥生态链以及制糖(有机糖)→低聚果糖生态链三条园区内的主要生态链，相互间构成了横向耦合的关系，并在一定程度上形成了网状结构。物流中没有废物概念，只有资源概念，各环节实现了充分的资源共享，变污染负效益为资源正效益(图9-5)。

2. 鲁北生态工业化工园区

山东鲁北集团在1997年5月开始规划、建设了"年产15万吨磷铵、副产磷石膏制20万吨硫酸、联产30万吨水泥工程"为主体的生态工业园区。通过关键技术创新、过程耦合、工艺联产、产品共生和减量化，再循环、再利用等一系列措施，到现在，鲁北生态工业园区形成了工业共生体系，实现了物质充分循环、能量的多级集成使用和信息交换共享，实现了与自然环境的友好协调，取得经济效益、社会效益和生态效益的协调发展。

在鲁北企业集团的共生体系中，热电厂利用海水产业链中的海水替代淡水进行冷却，既利用了余热蒸发海水，又节约了淡水；磷铵、硫酸、水泥产业链中的液体SO_2用于海水产业链中的溴素厂提溴，硫元素转化成盐石膏返回用来生产水泥和硫酸；热电厂的煤渣用作水泥的原料，热电生产的电和蒸汽用于各个产业链的生产过程；海水产业链氯碱厂生产的氢气用于磷铵、硫酸、水泥产业链中的合成氨生产，海水产业链的钾盐产品用于复合肥生产。各个产业链内部和产业链之间建立了良性的共生关系，系统中共生关系总数达17个，包括15个互利共生关系和2个偏利共生关系。这些共生关系产生了占总产值14%的经济效益，同时系统的资源共享共管模式具有较强的适应不确定因素的柔性。鲁北集团的生态工业发展模式实现了资源的有效整合，主要产品的成本降低了30%~50%，对企业年总产值的增长贡献率达40%。

生态工业系统的成功实践，使有限的资源构成一个多次生成过程，资源、能源利用率和循环利用率特别高。据研究鉴定，磷矿石的原子利用率达97.7%，清洁能源利用率达85.9%。它的创新之处并不在于产品本身，而在于集成思维和集成创新，将不同的产品依照其内在的联系，实施科学有机地排列组合，各系统之间相互关联形成一个完整的工业系统。通过检测表明，鲁北生态工业园的科技、经济、社会、生态等综合贡献率，高出丹麦卡伦堡生态工业园的一倍。

3. 天津经济技术开发区

天津经济技术开发区是向生态工业园区转型较为成功的园区之一。20世纪90年代天津经济技术开发区提出走可持续发展的目标，90年代末以企业清洁生产为切入点，治污为目标，建立副产品和环境事故应急系统，以实现园区运行和管理的现代化。2000年年初天津经济技术开发区实施ISO14001环境管理体系标准，2001年5月10日国家环保总局正式授予天津经济技术开发区为"ISO14001国家环保示范区"。

天津开发区是中国最大的经济开发区之一，主导产业为电子信息、生物医药、汽车制造和食品饮料等。水资源的综合利用成为园区生态化建设的最大特点，园区不断致力于中水回用、海水淡化、雨水的收集和再生利用。园区通过完善各种水处理设施，利用各企业生产对水质的不同要求，形成了水分循环利用的高效体系。另外，在垃圾分拣和再生方面，园区发展也取得了一定成绩。

4. 包头生态工业（铝业）园区

内蒙古包头生态工业园区主要依据循环经济和生态工业理论为指导，以"铝电联营"为核心，铝业为龙头，电厂为基础，重点发展电力、电解铝、铝深加工、铝合金铸件和建材等相关产业。该系统通过产品、产成品和废物之间相互交换而形成工业生态链，可使园区资源得到最佳配置，废物得到有效回收利用，环境污染可以降低到最低，经济效益得到大幅度提高，最终实现区域经济跨越式发展。2003年4月国家环境保护总局（环函[2003]102号文件）正式批准包头国家生态工业（铝业）示范园区建设，包头国家生态工业（铝业）示范园区是全国第四家获正式批准建设的国家级生态工业园区。

第十章 现代林业

第一节 走进现代林业

一、现代林业的概念、内涵

20世纪七八十年代以来,随着生态危机和环境问题的日益凸显,人们对传统林业的发展方式进行了反思,提出了"生态林业"的概念。随后这一概念又逐渐演化为"可持续林业""现代林业"。到目前为止,"现代林业"这个概念正在被越来越普遍的接受,但往往并没有被正确理解,业外人士有的将"现代林业"当做"现代化林业"。业内人士也有将"现代林业"抽象化,使其远离社会,影响了我国现代林业的建设。

(一)"现代林业"的定义

林业,顾名思义,培育、保护、管理和利用森林的事业。一般认为,林业是大农业的组成部分,与农业中的种植业相似,区别在于其种植对象是木本植物。随着社会的发展,林业的内涵和范畴发生了巨大的变化。

古代的林业主要是开发利用原始林,以取得燃料、木材及其他林产品。中世纪(公元476年~1453年)以后,随着人口增加及森林资源的减少,局部地区出现森林减少的现象。从此,人们开始关心森林的恢复和培育,保护森林和人工种植森林逐渐成为林业的经营内容。

近代以来,人类开始把林业经营放在比较科学的基础之上。现代的林业则正在逐渐摆脱单纯生产和经营木材的传统观念,重视森林的生态和社会效益。

国内较早的对"现代林业"的定义是:现代林业即在现代科学认识基础上,用现代技术装备武装和现代工艺方法生产及用现代科学方法管理,可持续发展的林业。后来,这一概念进一步发展,定义为:现代林业是充分利用现代科学技术和手段,全社会广泛参与保护和培育森林资源,高效发挥森林的多种功能和多重价值,以满足人类日益增长的生态、经济和社会需求的林业。

前一个概念连续使用了四个"现代",关于"林业"之前,就其观点的实质而言,不过是"现代化""林业"的定义。后一个概念,具有较强的可操作性,其实,这个定义的实质并未超越可持续林业的范围。

现代林业就是科学发展的林业,以人为本、全面协调可持续发展的林业,体现现代社会主要特征,具有较高生产力发展水平,能够最大限度地拓展林业多种功能,满足社会多样化需求的林业。

现代林业要构建林业生态、产业和文化三大体系建设,开发和拓展林业三大功能,加速推进六大转变。即传统林业经营思想向现代林业发展理念转变,传统技术向现代技术转变,传统装备向现代装备转变,低能劳动者向知识型劳动者转变,加速推进陈旧管理模式向现代管理模式转变,全面推进现代林业建设。

(二)现代林业的内涵

基于上述分析,我们应该从以森林生态系统为经营对象,和谐地协调人与人(包括组织与组织、人与组织)、人与环境的关系(即竞争、共生、自生),以"人地共荣"为最高目标等几个方面来理解现代林业。

因此,现代林业的内涵可以理解为:以和谐发展理论为指导,以现代科学技术为手段,全社会参与社会—生态系统的研究与管理,协调人与人的社会关系和人与自然的生态关系,实现人与自然的和谐共荣。

现代林业是充分利用现代科学技术和手段,全社会广泛参与保护和培育森林资源,高效发挥森林的多种功能和价值,以满足人类日益增长的生态、经济和社会需求的开放型林业。

现代林业是以可持续发展理论为指导,以生态环境建设为重点,以产业化发展为动力,以全社会共同参与为前提,推进全球交流与合作,实现林业资源、环境与产业协调发展,生态、经济和社会效益高度统一的林业。

我国林业正处在一个由传统林业向现代林业转变的重要时期,加快发展现代林业,是全面落实科学发展观、坚持以生态建设为主的林业发展战略的必然要求,是今后一个时期林业工作的旗帜、方向和主题,是构建和谐社会、推进社会主义新农村建设的重要内容,是贯穿现代化建设的一项长期而艰巨的重要任务。

在20世纪,林业在以下三个方面取得重大进展。

①继续以生产木材为主要经营目标,但其培育走定向化、集约化,保护走向综合化、广域化,管理走向科学化、系统化,利用走向高效化、深层化,

其效果是从有限的林地面积上生产出更大量多样的木制品，不断满足了人类文明发展对木材的需求。

②培育、开发利用森林中除木材以外的其他林产资源，这方面的资源利用门类很多，包括果实、茶叶、油脂、松香、树汁、橡胶、生漆、栲胶、紫胶、食用菌、药材、调料、香料、花卉、森林饮料等。随着人们对自然认识的不断提高，可开发利用的资源门类几乎每年都有增加。

③研究和利用森林所具有的多种公益效能。这个方面20世纪下半叶取得了巨大的进展，人们对森林的防风固沙、保护水土、涵养水源、净化大气、美化风景等公益性功能有了充分深刻的理解和认识。

目前，许多学者以及一些发达国家政府，已经把森林的公益性放在森林的经济效益之上，成为培育和经营森林的主要目的，特别是在1992年于巴西召开的联合国环境与发展大会的推动下，森林问题已经上升为世界性的资源和环境问题的重点。这样，林业的地位和作用当前已经从大农业的一部分演变为横跨大农业和资源环境事业的重要行业，特别是在当今自然资源日益枯竭、生态环境日益恶化的情况下，林业几乎是唯一既能改善生态环境，又能生产可再生资源的特别产业，从而将会在未来发展中占有越来越重要地位。因此，不能把林业单纯地看做一项产业或公益事业，要从可持续发展的战略高度理解林业。

第二节 现代林业的具体表现

一、现代林业承担的特殊使命

森林是陆地生态系统的主体，林业是一项重要的公益事业和基础产业，承担着生态建设和林产品供给的重要任务，做好林业工作意义十分重大。2003年，党中央、国务院作出的《关于加快林业发展的决定》，明确了林业发展的指导思想、基本方针、主要任务和政策措施，指出了林业发展要坚持以生态建设为主的可持续发展道路。在这个文件中，中央明确了必须把林业建设放在更加突出的位置。即："在全面建设小康社会、加快推进社会主义现代化的进程中，必须高度重视和加强林业工作，努力使我国林业有一个大的发展。在贯彻可持续发展战略中，要赋予林业以重要地位；在生态建设中，要赋予林业以首要地位；在西部大开发中，要赋予林业以基础地位。"

1. 林业承担着保护自然生态系统的重大职责

林业不仅肩负着保护森林生态系统和恢复湿地生态系统的使命，还担任着保护和拯救生物多样性、改善和治理荒漠生态系统的职责。被誉为"地球之肺""地球之肾""地球的癌症"和"地球的免疫系统"的分别为森林、湿地、荒漠和草原，它们作为陆地生态系统中最重要的 4 个子系统，发挥着主导和决定性作用的为森林和湿地生态系统（图 10-1）。经科学研究表明，70% 以上的森林和湿地参与了地球化学循环过程，对生物界与非生物界之间的物质和能量交换发挥了重要作用，并维护了生态系统的平衡。因此，林业不管在当前还是在今后，都将是一项调节人与自然的关系的重要途径。

图 10-1　地球之肺——林业

党的十八大报告指出，"必须树立尊重自然、顺应自然、保护自然的生态文明理念"，加大自然生态系统保护力度。生态文明，核心是人对自然的文明。保护自然生态系统，就是保护生态文明的本源基础。林业承担着保护和建设森林生态系统、保护和恢复湿地生态系统、治理和改善荒漠生态系统、维护和发展生物多样性的重要职责，肩负着保护自然生态系统的重大任务。

2. 林业承担着实施重大生态修复工程的重大职责

当前人类共同面临的严峻挑战和建设生态文明需要着力解决的重大问题是如何应对气候变化。其中森林生态系统不仅是陆地上最大的储碳库，同事也是最经济的吸碳器。科学研究表明，森林在光合作用下，其每生长 11 吨蓄积，就能将 1.83 吨的 CO_2 吸收，同时释放 1.62 吨的 O_2。当前约有 2.48 万亿吨碳储存于全球陆地生态系统中，其中在森林生系统中就有 1.15 万亿吨。只有减少 CO_2 等温室气体的排放才能维护全球气候安全。在《京都议定书》中就有明确规定,工业直接减排和森林碳汇间接减排是两条主要的减排途径。森林碳汇减排与工业减排相比,不仅投资少、代价低,且综合效益大,为此,其成为世界各国的基本共识和共同选择,还被列为"巴厘路线图"的一项重要内容。

党的十八大报告提出:要实施重大生态修复工程,增强生态产品生产能力,推进荒漠化、石漠化、水土流失综合治理,扩大森林、湖泊、湿地面积。这是党中央主要针对林业建设作出的具体部署,也是一直以来林业建设的重点。目前,我国正在实施天然林资源保护、退耕还林、京津风沙源治理、三北防护林、沿海防护林、湿地保护与恢复、石漠化综合治理等16项世界级重点生态修复工程。

3. 林业承担着构建生态安全格局的重大职责

党的十八大报告提出:要加快实施主体功能区战略,推动各地区严格按照主体功能定位发展,构建科学合理的生态安全格局。国家主体功能区战略明确要求,要加快构建青藏高原生态屏障、黄土高原—川滇生态屏障和东北森林带、北方防沙带、南方丘陵山地带"两屏三带"为主体的生态安全战略格局(图10-2)。

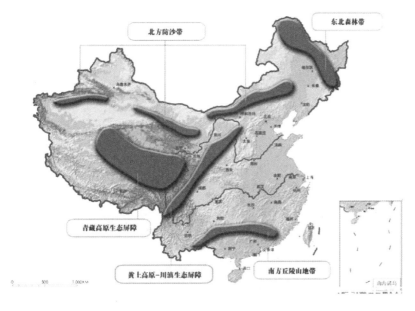

图10-2 全国主要生态屏障分布区域示意

4. 林业承担着促进绿色发展的重大职责

林业是重要的绿色经济体，承担着促进绿色发展的重大职责。党的十八大强调要着力推进绿色发展、循环发展、低碳发展，形成节约资源和保护环境的空间格局、产业结构、生产方式、生活方式。绿色发展的特征是低消耗、低排放、可循环，重点是形成有利于生态安全、绿色增长的产业结构。林业既是改善生态的公益事业，又是改善民生的基础产业；既是增加森林碳汇、应对气候变化的战略支撑，又是规模最大的绿色产业和循环经济体；既是增加农民收入的潜力所在，又是拉动内需的主战场。依托林业发展绿色经济、实现绿色增长，是建设生态文明的重要内容（图10-3）。

图10-3　绿色发展、循环发展和低碳发展

5. 林业承担着建设美丽中国的重大职责

林业是自然美、生态美的核心，承担着建设美丽中国的重大职责。林业是自然资源、生态景观、生物多样的集大成者，拥有大自然中最美的色调，是美丽中国的核心元素。"无山不绿，有水皆清，四时花香，万壑鸟鸣，替河山装成锦绣，把国土绘成丹青"，一直是中国林业人的不懈追求和光荣使命。九寨沟、张家界、武夷山、西双版纳等都因森林、湿地而美，因森林、湿地而秀。

生态文明建设，破除了科学发展的瓶颈制约。发达的林业、良好的生态，是国家文明、社会进步的重要标志。但目前我国的森林覆盖率仅为21.63%，不足世界平均水平的70%，沙化土地面积超过国土面积的1/5，水土流失面积超过国土面积的1/3。由此带来的生态环境恶劣、生态承载能力不高等问题，已经成为经济社会科学发展和全面建成小康社会所面临的现实问题。推进生态文明建设，是解决这些难题的总开关和总钥匙，彰显了我们党推动科学发展的坚强决心。林业是生态文明建设的关键领域和主要阵地，党的十八大首次提出建设美丽中国的重要目标,是对人民群众生态诉求日益增长的积极回应。林业承担着保护森林、湿地、荒漠三大生态系统和维护生物多样性的重要职责,是生态文明建设的关键领域,是生态产品生产的主要阵地,是美丽中国构建的核心元素。

6. 林业承担着维护全球生态安全的重大职责

党的十八大报告不仅对我国生态文明建设提出了新的要求,而且明确提出要"为全球生态安全作出贡献"。经过长期不懈的努力,在世界森林资源总体下降的情况下,在经济持续高速增长对生态的巨大压力下,我国实现了森林面积和森林蓄积量双增长,成为森林资源增长最快的国家,成为世界防沙治沙和湿地保护的成功典范,受到国际社会的高度赞誉(图 10-4)。各级林业部门一定要再接再厉,把建设生态文明的战略任务落到实处,为实现中华民族永续发展和维护全球生态安全发挥不可替代的作用,作出无愧于时代的贡献。

图 10-4 生态安全状态下的魅力大自然

二、现代林业与生态安全

(一)中国林业的现状

对中国林业的现状进行估价,可以用两句话来概括:一是成就巨大;二是问题严重。林业取得的成就主要体现在三个方面:

一是人工造林势头很猛,人工林保存面积居世界首位。20 世纪 90 年代,全国植树造林以年均 500 万公顷的速度发展;进入新世纪,随着六大工程的启动实施,造林绿化速度迅速提升,2007 年造林面积为 390.77 公顷,其中人工造林 273.85 公顷,飞播造林 11.87 万公顷。

二是林业产业不断发展,实力不断增强。为满足国民经济对木材的需求,国家相继建立了 135 个国有大中型森工企业，林业系统曾经位列国民经济各部门前五名。新中国成立 50 多年来，累计生产木材 50 多亿立方米，为国民经济的恢复、发展提供了原始积累，做出了历史性贡献。改革开放以来，林业面向市场，改革传统的单一产业结构，木材加工、林产化工、林机制造快速发展，非林非木产业发展和对林地资源多种利用步伐加快，森林旅游、花卉、木片、森林食品、森林药材、经济林、竹产业等一大批新兴产业异军突起。2007 年，全国木材产量 6976 万立方米；人造板产量 8838 万立方米，居世界第二位；经济林产品产量突破 1 亿吨。以森林旅游为代表的林业第三产业产值达 1200 亿。规模以上林业工业企业超过 1.5 万家，林产品进出口贸易总额达 570 亿美元，我国已成为全球林业产业大国，全年林业产业总产值达到 12533 亿元。

三是林业科技水平显著提高，法律体系不断完善。新中国成立以来已取得林业科技成果 5100 项，其中获国家级科技奖励的成果 306 项，"包兰浅沙坡头地段铁路治沙防护林体系的建设"和"ABT 生根粉系列的推广"荣获国家科技进步特等奖。林业科技贡献率由 20 世纪 80 年代末的 21.2% 提高到 90 年代中后期的 30.3%。经过 50 多年的努力，我国初期健全了林业法律体系。全国人大先后颁布了《森林法》《野生动物保护法》《关于开展全民义务植树运动的决定》《防沙治沙法》；国务院颁布了《森林防火条例》《森林病虫害防治条例》《植物检疫条例》《森林采伐更新管理办法》《野生植物保护条例》《植物新品种保护条例》《退耕还林条例》等，为林业建设提供了有力的法律保障。

但是，我国森林资源保护和发展仍面临一些不容忽视的问题，主要表现在：

一是总量不足。我国森林覆盖率仅相当于世界平均水平的 61.52%，居世界第 130 位；人均森林面积 0.132 公顷，不到世界平均水平的 1/4；人均森林蓄积 9.421 立方米，不到世界平均水平的 1/6。

二是分布不均。东部地区森林覆盖率为 34.27%，中部地区为 27.12%，西部地区只有 12.54%，而占国土面积 32.19% 的西北 5 省（自治区）森林覆盖率只有 5.86%。

三是质量不高。全国林分平均每公顷蓄积量只有 84.73 立方米，相当于世界平均水平的 84.86%。

四是经营管理水平有待加强。人工林经营水平不高，树种单一，林地流失、林木过量采伐现象依然存在。

五是森林生态系统的整体功能还非常脆弱,与社会需求之间的矛盾仍相当尖锐,保护和发展森林资源任重道远。

客观分析生态建设面临的严峻形势,主要原因:一是森林资源底子薄、总量不足、分布不均;二是人口、经济高速增长对森林资源造成巨大消耗;三是林业投入长期不足,税费较重;四是林业改革滞后,体制、机制不顺。根据对林业现状的分析,可以做出这样的基本判断:中国林业处在社会主义初级阶段的较低层次,森林资源增长缓慢与社会对林业日益增长的多种需求之间的矛盾成为现阶段林业的主要矛盾。生态需求成为社会对林业的主要需求,林业建设成为生态建设的首要任务。

(二)生态安全概述

1. 生态安全的概念

生态安全是指生态系统的健康和完整情况,是人类在生产、生活和健康等方面不受生态破坏与环境污染等影响的保障程度,包括饮用水与食物安全、空气质量与绿色环境等基本要素。

狭义的生态安全概念是指自然和半自然生态系统的安全,即生态系统完整性和健康的整体水平反映。健康系统是稳定的和可持续的,在时间上能够维持它的组织结构和自治,以及保持对胁迫的恢复力。

广义的生态安全概念以国际应用系统分析研究所(IIASA,1989)提出的定义为代表:生态安全是指在人的生活、健康、安乐、基本权利、生活保障来源、必要资源、社会次序和人类适应环境变化的能力等方面不受威胁的状态,包括自然生态安全、经济生态安全和社会生态安全,组成一个复合人工生态安全系统。

2. 生态安全的内涵

生态安全具有整体性、不可逆性、长期性的特点,其内涵十分丰富。

①生态安全是人类生存环境或人类生态条件的一种状态。或者更确切地说,是一种必备的生态条件和生态状态。也就是说,生态安全是人与环境关系过程中,生态系统满足人类生存与发展的必备条件。

②生态安全是一个相对的概念。没有绝对的安全,只有相对安全。生态安全由众多因素构成,其对人类生存和发展的满足程度各不相同,生态安全的满足也不相同。

③生态安全是一个动态概念。一个要素(如空气、水、土壤等)、区域和

国家的生态安全不是一劳永逸的，它可以随环境的变化而变化，反馈给人类生活、生存和发展条件，导致安全程度的变化，甚至由安全变为不安全。

④生态安全强调以人为本。安不安全的标准是以人类所要求的生态因子的质量来衡量的，影响生态安全的因素很多，但只要其中一个或几个因子不能满足人类正常生存与发展的需求，生态安全就是不及格的。也就是说，生态安全具有生态因子一票否决的性质。

⑤生态安全具有一定的空间地域性质。真正导致全球、全人类生态灾难的威胁不是普遍的，生态安全的威胁往往具有区域性、局部性；这个地区不安全，并不意味着另一个地区也不安全。

⑥生态安全可以调控。不安全的状态、区域，人类可以通过整治，采取措施，加以减轻，解除环境灾难，变不安全因素为安全因素。

⑦维护生态安全需要成本。也就是说，生态安全的威胁往往来自于人类的活动，人类活动引起对自身环境的破坏，导致生态系统对自身产生威胁，解除这种威胁，人类需要付出代价，需要投入，这些投入应该算作人类开发和发展的成本。

（三）现代林业与生态安全的关系

生态文明的底线是生态安全，生态良好是生态文明的物质基础，人与自然和谐是生态文明的根本要求，森林是陆地生态系统的主体。林业是实现人与自然和谐的关键和纽带。所以在维护生态安全中，林业肩负着特殊使命。

发展林业——→维护森林——→生态良好——→生态安全——→生态文明
　　　　　　　　　　　　　　　物质│基础　　底│线
　　　　　　　　　　　　　　　生态文明　　生态文明

①发展林业是减少水土流失的治本之策。森林也有效阻隔雨水对土地的直接冲刷，可吸收大量降水，实现"细水长流"。

②发展林业是治理沙漠化的关键措施。植被可降低近地面风速，减少风沙流对地表的侵蚀，促使多种生物的活动、繁衍和稳定生态系统的形成，起到永久固定流沙，防止风沙危害的作用。

③发展林业对减缓温室效应具有极重要的作用。森林是陆地生态系统中最大的碳储库，森林每生长 1 立方米的蓄积，可吸收 1.8 吨二氧化碳，释放 1.6 吨氧气。

④发展林业对含蓄淡水和净化水质具有根本性的作用。森林具有很强的

保持水土、涵养水源的作用。我国湿地维持着全国96%的可利用淡水资源，并对污染的水体发挥着独特的净化作用。

⑤发展林业是维护物种安全的本质要求。

⑥发展林业对木材安全、粮食安全都有十分重要的作用。

第三节 现代林业的发展路径

一、国家层面

基于现状和国民经济发展要求，中国林业当前和今后一个时期工作的基本思路明确为：以邓小平理论和"三个代表"重要思想为指导践行科学发展观，以"确立以生态建设为主的林业可持续发展道路，建立以森林植被为主体的国土生态安全体系，建设山川秀美的生态文明社会"为总纲，以保护和发展森林资源为中心，以科教兴林和依法治林为手段，按照"严管林、慎用钱、质为先"的要求，切实抓好六大工程建设，努力推进中国林业由以木材生产为主向以生态建设为主的历史性转变，跨越世界多数发展中国家都走过的边破坏边治理的漫长历程，直接进入可持续发展的新阶段。

中国林业建设的目标是：到2020年，使森林覆盖率达到23.4%，重点地区的生态问题基本解决，全国的生态环境明显改善，林业产业实力显著增强，并具有较强的国际竞争力；到2050年，使森林覆盖率达到28%以上，基本实现山川秀美和木材自给自足，生态环境步入良性循环，林业经济发展水平跻身世界中等发达国家水平，建立比较完备的森林生态体系和比较发达的林业产业体系。

为了实现上述发展目标，国家对原有的17个工程项目进行了系统整合，形成了天然林保护、退耕还林、"三北"和长江等重点防护林体系建设、京津风沙源治理、野生动植物保护及自然保护区建设，速生丰产用材林基地建设等六大林业重点工程。六大工程覆盖了我国97%以上的县，规划造林任务超过11亿亩，工程规划总投资7000多亿元，工程范围之广、规模之大、投资之巨为历史所罕见。特别是退耕还林工程、天然林保护工程，其投资超过了前苏联斯大林改造大自然计划、美国罗斯福工程和北非五国绿色坝工程，成为世界生态工程之最，在国内外具有巨大影响。

二、个人层面

林业关系生态安全、气候安全、淡水安全、生物安全、木材安全、能源安全、粮食安全、社会就业与和谐稳定。所以，作为当代大学生要时刻牢记党中央赋予林业的"四大地位"，即可持续发展的重要地位、生态建设的首要地位、西部大开发的基础地位和应对气候变化中林业具有的特殊地位，努力承担起时代赋予的"四大使命"，即实现科学发展观的重大举措、建设生态文明的首要任务、应对气候变化的战略选择、解决"三农"问题的重要途径，为建设美丽中国做出应有的贡献。

习近平总书记2016年4月2日在北京植树时强调"森林是陆地生态系统的主体和重要资源，是人类生存发展的重要生态屏障。不可想象，没有森林，地球和人类会是什么样子。全社会都要按照党的十八大提出的建设美丽中国的要求，切实增强生态意识，切实加强生态环境保护，把我国建设成为生态环境良好的国家"。

作为当代的在校大学生，不仅要积极关注国家发布的有关发展现代林业、建设生态文明的号召，更要力所能及的为现代林业的发展贡献自己的一份力量。具体说来，可以从以下几个方面进行实践：

1. 积极关注国家有关发展现代林业、建设生态文明的理念和政策，做好宣传和教育工作

现在的大学生活早已进入了网络信息时代，大学生对网络信息的关注比以往任何媒体都要迅速和广泛。国家在网络上对发展现代林业和建设生态文明的各种宣传和解读，作为在校学生都要及时给予关注并广为宣传。大学生作为具有较高知识水平的青年人，对新知识、新理念的学习和实践有着独特的优势，更应为引导大众舆论、建设美丽中国而贡献自己的一份力量。

2. 保护森林资源，及时举报滥砍滥伐、毁林开荒等违法行为

森林在维护生态平衡、保护生态安全中发挥着决定性的作用。自然生态系统之间和生态系统内部各要素之间通过能量流动、物质循环和信息传递达到高度适应，从而使生态系统的结构、功能处于相对稳定的状态，即处于生态平衡的状态。但是，如果人类无限度的滥砍滥伐和毁林开荒，造成不可逆转的破坏，将会严重扰乱生态系统的平衡，带来不可估量的生态灾难。

据估测，如果地球上的森林消失，陆地上90%的生物就会灭绝，90%以上的生物量将会消失，90%的淡水就会汇入大海，就会减少60%的生物放氧。

当前我国正处在经济高速发展的过程之中，各行各业对木材的需求都呈现出与日俱增的现象。据统计，每年我国都需要从国外进口大量的木材来满足国内的需求。供不应求的现状也造成木材的价格在水涨船高，部分不法分子就乘机进行滥砍滥伐，对森林资源造成了严重的破坏和浪费。因此，面对这种情况，我们就需要及时的向当地林业局或林业执法部门反映情况，以便于及时地采取制止措施，挽救森林资源，保护生态环境(图10-5)。

图10-5　林业执法

3. 引领林业在树立生态文明理念、繁荣生态文化中的主力军作用

著名生态与社会学家沃斯特指出：我们今天所面临的全球生态危机，起因不在于生态系统本身，而在于我们的文化系统。要度过这一危机，必须尽可能清楚的理解我们的文化对自然的影响。也就是说，人类要自救的话，只有进行文化价值观念的革命。只有从思想文化的深层次解决问题才能从根本上医治"工业文明"顽疾，走出"工业文明"困境，才能实现经济社会的科学发展。

森林是人类文明的发源地，孕育了灿烂悠久、丰富多样的生态文化，如森林文化、花文化、竹文化、茶文化、湿地文化、野生动物文化、生态旅游文化等。

千百年来，中华儿女种树用树、爱林赏林、借树寓意、以林抒情，留下了许多诗词丹青，形成了许多情操哲理。这些完全与生态文化核心价值观基本内涵相一致（图10-6）。

大学生从小学开始学习要具有热爱自然、热爱劳动的良好情操。我国历史文化中的很多山水文化都是当时文人墨客的借景抒情之作，很多都寄予着作者的喜爱山水之情。大学生可以继承和发扬这种山水生态文化，可以引领全社会了解生态知识，认识自然，热爱自然，树立生态价值观念，形成生态行为规范，为生态文明建设提供精神动力。

图10-6　黄山迎客松

4. 提升林业在发展循环经济、倡导低碳生活中的作用

循环经济是在物质的循环、再生、利用的基础上发展经济，是一种建立在资源回收和循环再利用基础上的经济发展模式（图10-7）。其生产的基本特征是低消耗、低排放、高效率。其原则是资源使用的减量化、再利用、资源化（简称"3R原则"）再循环（图10-8）。

（1）减量化（reduce）

要求用尽可能少的原料和能源来完成既定的生产目标和消费目的。这就能在源头上减少资源和能源的消耗，大大改善环境污染状况。例如，产品小型化和轻型化；包装简单实用而不是豪华浪费；生产和消费的过程中，废弃物排放量最少。

图10-7　循环经济广告宣传画

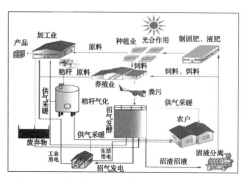

图10-8　循环经济参考模式图

(2)再使用(reuse)

要求生产的产品和包装物能够被反复使用。生产者在产品设计和生产中,应摒弃一次性使用的思维,尽可能使产品经久耐用和反复使用。

(3)再循环(recycle)

要求产品在完成使用功能后能重新变成可以利用的资源,同时也要求生产过程中所产生的边角料、中间物料和其他一些物料也能返回到生产过程中或是另外加以利用。

第十一章 生态旅游

第一节 走进生态旅游

一、生态旅游的概念

生态旅游(ecotourism)是由国际自然保护联盟(IUCN)特别顾问谢贝洛斯·拉斯喀瑞(Ceballos-Laskurain)于1983年首次提出。1990年国际生态旅游协会(International Ecotourism Society)把其定义为:在一定的自然区域中保护环境并提高当地居民福利的一种旅游行为。目前,生态旅游的概念进一步系统化,是指以可持续发展为理念,以保护生态环境为前提,以统筹人与自然和谐发展为准则,并依托良好的自然生态环境和独特的人文生态系统,采取生态友好方式,开展的生态体验、生态教育、生态认知并获得心身愉悦的旅游方式。同时,生态旅游具有两个要点,一是生态旅游的物件是自然景物;二是生态旅游的物件不应受到损害。

生态旅游是在一定自然地域中进行的有责任的旅游行为,为了享受和欣赏历史的和现存的自然文化景观,这种行为应该在不干扰自然地域、保护生态环境、降低旅游的负面影响和为当地人口提供有益的社会和经济活动的情况下进行。在全球人类面临生存的环境危机的背景下,随着人们环境意识的觉醒,绿色运动及绿色消费席卷全球,生态旅游作为绿色旅游消费,一经提出便在全球引起巨大反响,生态旅游的概念迅速普及到全球,其内涵也得到了不断的充实,针对目前生存环境的不断恶化的状况,旅游业从生态旅游要点之一出发,将生态旅游定义为"回归大自然旅游"和"绿色旅游";针对旅游业发展中出现的种种环境问题,旅游业从生态旅游要点之二出发,将生态旅游定义为"保护旅游"和"可持续发展旅游"。同时,世界各国根据各自的国情,开展生态旅游,形成各具特色的生态旅游。

西方发达国家在生态旅游活动中极为重视保护旅游物件。在生态旅游开发中,避免大兴土木等有损自然景观的做法,旅游交通以步行为主,旅游接待设施小巧,掩映在树丛中,住宿多为帐篷露营,尽一切可能将旅游对旅游物件的影响降至最低。在生态旅游管理中,提出了"留下的只有脚印,带走的只有照片"等保护环境的响亮口号,并在生态旅游目的地设置一些解释大自然奥秘和保护与人类攸息相关的大自然标牌体系及喜闻乐见的旅游活动,让游客在愉怡中增强环境意识,使生态旅游区成为提高人们环境意识的天然大课堂。

过去,西方旅游者喜欢到热带海滨去休闲度假,热带海滨特有的温暖的阳光(Sun),碧蓝的大海(Sea)和舒适的沙滩(Sand),使游客的身心得到平静,"三S"作为最具吸引力旅游目的地成为西方人所向往的地方。随着生态旅游的开展,游客环境意识的增加,西方游客的旅游热点从"三S"转"三N",即到大"自然(Nature)"中,去缅怀人类曾经与自然和谐相处的"怀旧(Nostalgia)"情结,使自己在融入自然中进入"天堂(Nirvana)",其更强调的是对自然景观的保护,是可持续发展的旅游。

由此可见,生态旅游的内涵应包含两个方面:

一是回归大自然,即到生态环境中去观赏、旅行、探索,目的在于享受清新、轻松、舒畅的自然与人的和谐气氛,探索和认识自然,增进健康,陶冶情操,接受环境教育,享受自然和文化遗产等;

二是要促进自然生态系统的良性运转。不论生态旅游者,还是生态旅游经营者,甚至包括得到收益的当地居民,都应当在保护生态环境免遭破坏方面做出贡献。只有在旅游和保护均有保障时,生态旅游才能显示其真正的科学意义。

二、发展生态旅游的重要意义

生态旅游不仅通过自身的行动、宣传教育作用促进生态环境的保护,而且作为旅游生态文明的许多正面效益对经济文化、生态建设、保护区可持续发展都有着积极的现实意义和经济效益、社会效益、环境效益和人文效益等。

(一)生态旅游的经济效益

1. 提高外汇收入和国内旅游收入水平

外汇收入是国际旅游者所交纳的旅游费用,国内收入是本国旅游者在自己国家的消费。收费项目包括门票、交通费、住宿费、餐饮费、购物费、娱乐费以及医疗、保险、邮电、通讯费等。生态保护区的经济收入主要来自参与旅游者所交的观光费用。主办生态旅游的单位将这笔费的一部分交给保护区，以换取对该保护区的使用权、合作契约。生态保护区在土地开发上搞生态旅游也有利可图。

2. 提高生态旅游地域知名度，为社会经济发展提供各种其他机会

生态旅游的发展通过旅游促销和旅游者的流动等，提高了区域的知名度，改善了投资环境，产生了名牌效应，增加了无形资产，为经济联合、吸引外地资金创造了条件，如云南省人民政府批准的500万美元以上的外资旅游项目就有30多个，实际利用外资4亿多美元，旅游业成为全省外商投资较多的行业。

3. 生态旅游的开发增加了本地区经济收入，提高了自我发展能力

旅游开发和生态旅游开发还可以带来若干间接效益。据测算，国外每1美元的直接旅游收入可以带动2.5美元的间接收入，如法国的东南山区通过旅游，特别是滑雪旅游的开展，使法国占国土面积的21%的山区经济得到一定程度的发展。在我国旅游业每收入1美元，可带动国民生产总值增加3.12美元。特别是一些贫困地区发展生态旅游业可以帮助脱贫致富，带动区域经济发展。

(二)生态旅游的社会效益

1. 有利于保护地方传统文化，促进民族文化发展

生态旅游主要是自然生态旅游，但也有民族生态文化、地域生态文化的旅游内涵。为了开发生态文化旅游项目和产品，就需要对当地民族文化资源进行深入挖掘、整理、继承、保护和发扬，以便进一步发挥民族文化资源的内在价值。如瑞典、英国、加拿大等国家特别强调尊重地方文化传统，鼓励开发与当地居民文化传统相一致的旅游项目，注重社区的参与，增加当地人管理生态旅游业的权力。瑞典北部土著萨米人居住区是该国重要的旅游区，萨米人的历史、文化和独特的生产、生活方式吸引了许多国际旅游者。瑞典政府为继承这种民族文化传统，采取了严格的保护政策和措施，限制其他现代产业的发展，将传统驯鹿与生态旅游有机结合起来，引导萨米人发展传统文化生态旅游业。

2. 提高人们的生活质量，促进国民素质的提高

当今，人们越来越关注生活内容和生命质量。生态旅游作为一种特殊的高层次的旅游方式，不仅能更多地赋予旅游者地理、历史和生态环境知识，而且比其他旅游活动更有效地开拓视野，陶冶情操，娱乐身心，对人们的身体、工作、事业和生活都会产生深刻而积极的影响。国民素质是以知识、技术和对社会关注水平为标志的，生态旅游恰是这种深厚的自然和文化的供给源头，人们通过生态旅游，能够更好地培养其崇尚文明的良好习惯，对提高国民生活质量和素质具有不可替代的作用。

3. 促进生态旅游区社会政治环境改善，提高管理水平

生态旅游往往是一种跨国界、跨地区的广泛人际交往活动，接待国际生态旅游者同一般旅游者一样是对外开放和友好往来的重要体现，有利于在世界上树立良好的形象，有利于扩大国际合作和民间外交，有利于推动科学技术和文化交流，有利于促进世界和平，同时也有利于促进各旅游区改善自身的社会、政治、政策环境，促进区域社会全面发展，提高运用高新技术手段进行社会管理的能力。

4. 促进社会安定

除了上述社会效应外，生态旅游还可促进民众参与环境保护，提高人们对可持续发展的认识、消除生态旅游区的民族隔阂、促进社会安定，优化市场需求结构等。

(三)生态旅游的环境效益

1. 提高环境质量的效益

根据国家级风景区质量等级标准规定，其区域大气环境质量和水环境质量都应该是Ⅰ级或者Ⅱ级。这一标准促使各个风景区对大气环境极力进行保护，对大气污染进行治理。如黄山市汤口镇寨西村，在开发生态旅游之前，家家都砍木烧炭，砍柴煮饭，每年破坏很多树木，既造成了黄山森林资源的破坏和空气的污染。开展生态旅游以后，他们意识到保护大气质量的重要性，家家户户自觉地改善了能源结构，改用液化气，使大气污染状况得以好转。湖南张家界过去空气中二氧化硫含量高达0.62豪克/平方米，超过了国家Ⅰ级大气标准3.68倍，pH值达4.44，开展生态旅游以后，规定了排污标准。在促进水体保护和水体污染的治理方面，有明显的效果。许多风景名胜区山清水秀，水体洁净，优于周围其他地域的水体环境。如昆明滇池由于多年国家级风景名胜区和旅游度假区的经历，使水质污染严重，构成负面影响，成为旅游开发的限制因素。为开展生态旅游，昆明市在滇池畔兴建了几座污水处理厂，彻底整治了大观河等几座入湖河流的水质，将草海与外湖隔离开来，开通西园隧道，清理草海等，总共耗资160多亿元，大大提高了滇池水体质量。

2. 保护自然资源和野生动植物方面的效益

从正面环境效应的角度来看,生态旅游具有保护自然界和野生动植物的功能。众所周知,生态旅游可使游人与资源之间产生移情作用,减少负面伤害,从而建立起一种和谐的共生关系,世界野生动物基金会(WWF)对世界一些国家的国家公园的调查报告显示,推动和开展生态旅游可以促进生物,尤其是珍稀濒危生物的保护。这是因为生态旅游是一种环境友好的旅游方式,一般规模相对较小,行为要受到一定规范和限制。参与者一般有较高的知识水平,会以环境伦理作为行为的准则,而且在他们深切地了解了生态环境危机后,就会落实到实际的关爱环境的行动中。如在游览阿尔卑斯山时,顺手进行净山、净水活动;在德国,许多热爱野生生物的潜水者,会在潜水时顺便清理珊瑚礁的垃圾。有时生态旅游者还会成为前哨观察员,一旦发现某些珍贵资源和珍稀动物遭受破坏时,他们就会设法通知相关的保护团体或政府机构或者发起相应的保护运动。在自然保护区的实验区开发旅游后,一是可以起到对社区居民和旅游者的生态和保护意识的教育作用;二是为保护区的珍稀濒危生物保护找到经济支撑,增加保护和管理力度;三是可以通过生态旅游开发帮助当地群众就业和脱贫致富,人民富足了,反过来又会加强对野生生物的保护。

(四)生态旅游的人文效益

从旅游者角度来看,生态旅游是通过旅游者地走进自然、认识自然,从而达到自觉保护自然的目的。生态旅游与其他旅游形式最大的区别就是将环境教育贯穿于旅游的全过程。众所周知,旅游者的环境觉醒程度是参差不齐的,有的环境意识较差,需要不断提高。生态旅游的兴起,可推动旅游对环境的保护,营造优良环境,为强化人们的环境意识提供有利的契机。随着生态旅游实践的进一步展开,生态旅游的环境教育功能不断得以强化,具体表现在三个方面:一是教育对象的扩大化,从只教育学生发展为所有旅游游客,把教育对象的范围扩展到了全社会;二是教育手段的提高,从单纯的游客用心去感受的教育方式,发展为充分利用现代科学、技术、艺术等知识展示自然,使人能够更为直观形象地接受教育,教育的效果会大大提高;三是教育意义更大,教育不仅仅是个人的环境素养提高,更为重要的是全民环境素养的提高,这将是人类解决21世纪所面临的生存环境危机的希望所在。

第二节 生态旅游的具体表现

一、生态旅游与传统大众旅游的比较

旅游业一度被认为是"无烟工业""朝阳产业"而受到世界各国政府的高度重视。但是，由于传统旅游业的发展是遵循产业革命的管理思想和方法，对旅游对象采用的是"掠夺式"的开发利用，使得旅游活动的范围和程度超过了自然环境的承载力，破坏了旅游地的生态环境，造成旅游资源的旅游价值降低，阻碍了旅游业的持续发展。全球绿色浪潮的兴起和"可持续发展"思想为旅游业发展指明了正确的道路，生态旅游正是在这个背景下产生和发展的，它实际上是旅游业可持续发展的内容和形式之一。

自从 Ceballos lascurain 于 1983 年提出生态旅游概念以来，随着生态旅游在世界各国的实践和普及，世界各国不同领域的专家学者从不同的地理、自然、文化、社会经济等角度对其内涵进行了不断地探索和充实。

与传统旅游业一样，生态旅游也会对旅游资源和旅游环境产生负面影响。但是，生态旅游是针对传统旅游活动对旅游资源和环境的负面影响而提出的，保护性是它区别于传统旅游的最大特点。生态旅游保护性的实质是要求旅游者和旅游业约束自己的行为，以保护旅游资源和旅游环境。例如，在卢旺达原始森林中观赏野生动物时，传统旅游允许旅游者进入野生动物的生活环境并随意地嬉戏野生动物，而生态旅游采用对旅游资源（野生动物）影响最小的方式，用望远镜进行远距离观察的旅游活动。

生态旅游的保护性体现在旅游业中的各个方面。对于旅游开发规划者而言，保护性体现在遵循自然生态规律和人与自然和谐统一的旅游产品开发设计，充分认识旅游资源的经济价值，将资源的价值纳入成本核算，在科学的开发规划基础上谋求持续的投资效益；对于管理者而言，保护性体现在资源环境容量范围内的旅游利用，杜绝短期行为，谋求可持续的经济、社会、环境三大效益的协调发展；对于游客而言，保护性体现在环境意识和自身素质的提高，自觉地保护旅游资源和环境。对于与旅游业与其他产业的关系而言，保护性体现在对当地产业结构进行合理的规划和布局，谋求当地长久的最佳综合效益。

另外，传统旅游的最大受益者是开发商和游客，而旅游活动对旅游资源

和当地环境所造成的负面影响(如当地水资源和食物的消耗、旅游基础设施和交通设施的建设往往在一定程度上破坏景观和生态环境、旅游活动产生的各种各样污染等)则主要由当地居民承担,使旅游业与当地社区之间处于对立状态,不利于旅游资源和当地环境的可持续发展,甚至造成旅游资源和环境的严重破坏。而生态旅游则强调当地社区的居民是旅游活动的积极参与者并应当公平地获得分配旅游业社会经济效益的机会,只有旅游资源的利用和保护让当地居民受益,才可能实现旅游资源和环境的可持续发展。强调当地居民公平地获得分享旅游业的社会经济效益的权利也是生态旅游保护性的内容之一。

生态旅游具有比较高的科学文化内涵,这就要求旅游设施、旅游项目、旅游路线、旅游服务的设计和管理均要体现出很强的专业性,使游客在较短的时间内获得回归大自然的精神享受和满足,启发和提高游客热爱和保护大自然的意识,进而自觉地保护旅游资源和环境;同时,旅游管理的专业性也是旅游资源和环境得以保护和持续利用以及三大效益的协调发展的前提条件之一。再者,专业性还体现在游客的旅游心理上。生态旅游者是具有欣赏、探索和认识大自然和当地文化的明确要求的较高层次的游客。

生态旅游属于替代旅游的范畴,生态旅游作为替代旅游的扩展和派生,其发展弥补了大众旅游的不足,其最大的特点是对环境影响最小化。生态旅游业与传统的大众旅游业的比较,前者是在后者的发展过程中出现并逐渐发展的,是旅游发展的一个新阶段,二者在目标、管理方式、受益者、正负面影响上呈现出不同的特征(表11-1)。

表11-1 传统大众旅游业与生态旅游业的比较

内容	传统大众旅游业	生态旅游业
目标	利润最大化,价格导向,享乐为基础,文化景观资源的展览	适宜的利润与持续维护环境资源的价值导向,以自然为基础的享乐,环境资源和文化完整性展示和保护
管理方式	旅游第一,无计划的空间拓展,规划项目分散,交通方式不加限制	生态化管理、有选择、有计划的空间布局,功能导向景观生态调控,有选择的交通方式
受益者	开发商和游客为净受益者,当地社区和居民的受益与环境代价相抵后所剩无几或入不敷出	开发商、游客、当地居民和社区分享利益
正面影响	创造就业机会,刺激区域经济增长,单纯注重短期;交通、娱乐和基础设施的改善带来一定的经济效益	创造持续性就业机会,促进经济持续健康发展;交通、娱乐和基础设施的改善与环境资源保护相协调,实现经济、社会和生态效益相结合
负面影响	高密度的占用土地资源,各种污染现象严重,严重干扰当地居民和生物	游客数量得到控制,合理性开发和游客的保护性旅游

二、生态旅游的类型

生态旅游的类型是十分丰富多样的，它的主要旅游对象是自然景观和生态文化景观。生态旅游的最大特点在于强调参与，了解自然。培养热爱自然、保护自然的高尚情操。所有的旅游项目都存在着有机的联系，就其活动形式来说，依照旅游的主导目的可以将生态旅游划分为动植物观赏、自然景观旅游、生态文化旅游、城市绿色旅游4大类型。

1. 动植物观赏

动植物观赏是以特定动植物为主要欣赏对象的生态旅游类型。生物是大自然的灵气所在，欣赏动植物是生态旅游的重要内容。人与自然的关系最直接的就是人与生物的关系，特别是与野生动植物的关系，保护绿色、保护生命是地球的呼声。久居城市里的人久违了同在地球故乡的生命伙伴，动植物欣赏是生态旅游中最令人神往的生态旅游类型。

2. 自然景观旅游

自然景观旅游是指旅游者在各种自然生态系统中进行的旅游活动，其形式多样，有野营、野餐、步行、骑马、登山、游泳、划船、滑雪、探险、疗养、垂钓、漂流等。自然景观旅游的环境特点决定了它具有以下特点：知识性，即通过在自然中的旅游，可以使人们认识和了解自然的特点以及生存知识，学习如何对待自然；冒险性，在自然环境中开展的许多旅游活动往往具有一定刺激性和冒险性，能培养人们的勇敢和挑战精神；健身性，在野外的许多活动都需要人们具有强健的身体，因此有助于人们强身健体，景观多样性，野外自然景观的时空多样性会使旅游地的景观更加丰富多彩，各种奇花异木，珍禽异兽以及随四季变化而变化的景色，令人心旷神怡。且身在自然环境中，有助于培养人们良好的性格，陶冶情操，特别是为青少年热爱大自然、探索科学知识提供良好的场所。

3. 生态文化旅游

生态文化旅游就是观赏、体验这方面文化的旅游。生态文化旅游有不同的形式，一种是观光型的或者叫欣赏型的，如观看节庆活动、文娱表演、展览等。另一种是体验参与型的，如参与农事活动、生态工艺制作、与农民牧民共同生活等。

从一定意义上说，旅游是对人类文化最生动、最真实、最直接的保护形式,是现代文化背景下文化多样性的极好载体。生态文化旅游主要分农业、农家生态文化旅游,牧野生态文化旅游,山林生态文化旅游,水域渔猎生态文化旅游等几种主要类型。

4. 都市绿色旅游

城市依然有绿色天地,如园林、绿地、动物园、植物园、工厂式大型现代化农业基地等。这些旅游场所离市民最近,是市民经常去的地方。都市绿色旅游不仅是生态旅游的组成部分,而且是相当重要的组成部分。都市绿色旅游包括城市园林、现代观光农业旅游等。

城市园林是为满足城市居民游乐休息和改善城市环境,通过工程技术和艺术手段,运用水、土、石、植物、动物、建筑物等素材创造出的游览场所,在城市地区主要包括各类公园、花园、森林公园、植物园、动物园和野生动物园等。园林的功能不仅只限于游览,而且在保护和改善城市生态环境中具有很大的作用。园林植物可以吸收二氧化碳、释放氧气、净化空气;能够在一定程度上吸收有害气体和吸附尘埃,减轻污染;可以调节空气的湿度和湿度,改善城市小气候,还有减弱噪声和防风、防火、防灾等防护作用。尤为重要的是园林对于调节城市居民的心理有很大帮助。游览在景色优美和安静的园林中,有助于消除长时间工作所带来的紧张和疲劳,使脑力、体力得到恢复。美国著名风景建筑师 C·W·埃利奥特(1910)认为,园林最重要的作用是创造和保存人类居住环境和更大郊野范围内的自然景色美,但它也涉及城市居民的舒适、方便和健康的改善。市民由于很少接触到乡村的景色,迫切要借助风景艺术(创作的自然美)充分得到美的、恬静的景色和天颐,以便在紧张的工作生活之余,使身心恢复平静。园林中的文化、游乐、体育、科普教育等活动更可以丰富人们的知识和充实精神生活。大部分的城市园林具有离市中心较近、交通方便、类型多样的特点,因此便于开展旅游活动。

在园林中旅游,除了获得身心的享受外,同时还可以体验园林的文化特征以及区域差异,既增长知识,又可从中进一步认识人与自然的关系。园林文化的差异,反映了人们对自然的不同哲人与自然的关系,反映了人们对自然的不同哲学观点和审美趣味,而园林区域差异,体现了自然环境对园林建造的影响。中国具有悠久的造园历史,在世界园林中具有独特的风格。西方古典园林,如意大利台地园林和法国园林,主要是在理性主义的哲学和美学思想的支配下,更多地注重人工美,其特点是强调整齐一律、均衡对称,并极力推崇几何形式的图案美。

第三节 生态旅游的发展路径

近年来,我国生态旅游建设已经取得许多成果,人们的生态保护自觉意识已经有了明显的提高,但这种提高离我国经济社会高速发展的要求还相差甚远。为此,在当前和今后一个较长的时期,应努力进行现代生态经济尤其生态旅游产业规律的研究,采取各种措施,多渠道、多途径地进一步提高生态旅游业发展中的生态自觉意识和水平,大力发展生态经济,搞好社会主义生态文明建设,早日实现我国旅游的综合创新,重建人类美好的家园。

知识链接

"阳光之州"——昆士兰州的生态旅游

昆士兰州被称为澳大利亚"阳光之州",据说一年有300天阳光普照。除了灿烂的阳光之外,这个地方还因其多样的地理特征——狭长的海岸线、茂密的热带雨林、宜人的国家公园,吸引着来自世界各地的游客(图11-1)。

图11-1 碧水蓝天的澳大利亚"阳光之州"——昆士兰州

昆士兰州幅员辽阔,面朝太平洋,且没有很高的山脉。正是在这样单一的自然条件下,动物演化缓慢,大量珍稀物种得以保留。各种奇花异草和稀有树种安静地生长在这里。除了人们熟知的袋鼠之外,这里有多达上百种有袋类动物。东部沿海的广袤森林之中,90% 以上都是桉树,而这些桉树的品种也多达 500 多种,高的可达 100 多米,笔直入天,而矮的则像灌木丛一般,只有 1~2 米。所以在澳洲旅行时,遇到的叫得出名的或叫不出名的树种,往往大都是桉树。这些桉树不仅固化了澳洲贫瘠的红色土壤,给予那些珍贵物种以栖身之所,还有很多独特用处——如某种桉树是天生的储水罐,树干中空,传说土著人只要轻轻敲打,就知道其中是否有水。

丰富的自然资源,使得昆士兰成为世界上最早实践"生态旅游"的地区之一。生态旅游通常是将自然作为主打的核心旅游产品,通过积极的管理措施和"环境影响最小化原则",直接或间接实现对环境的保护。在一定条件下,生态旅游要比不加区别的伐木、破坏性的捕鱼或者是刀耕火种的单一农业对环境的影响要小得多。

将"生态旅游"作为昆士兰州最大的旅游卖点,和澳大利亚举国上下对环境重视的氛围直接相关。早在 20 世纪 90 年代,澳大利亚政府就出台了世界上第一个国家生态旅游战略。

"生态旅游"也越来越受到旅游从业者的追捧。位于昆士兰州首府布里斯班东南部的莫顿湾,很早就打出了"生态之旅"的招牌。为保护众多生物物种的栖息地,莫顿湾东部的大部分海域都被划入了生态保护区域,船只或不许进入其中,或被要求减速航行。在国家公园中,雨林、红树林、沼泽湿地、海草床、淡水湖、沙丘、珊瑚等种类丰富的生态系统,共同支撑着这里的生物多样性。

面积 189 平方千米、周长 38 千米的莫顿岛,是世界上第二大砂质岛屿。早在 1500 年前,这个古老的小岛便有土著人居住,岛上至今保留着被人们称为"垃圾堆"(Middens)(一些由废弃贝壳堆成的小山丘)的土著生活遗迹。在岛的北端,还拥有于 1857 年建造的最古老的灯塔。

Tangalooma 野生海豚度假村,因为达莫顿岛内生态系统脆弱,度假村的范围也被严格规定,目前的占地不足整个岛屿的 2%,岛内的机动车道也全部为沙质路面。整个小岛被热带棕榈覆盖着。和莫顿湾东岸的惊涛骇浪不同,位于西岸的 Tangalooma 沙滩柔软,海水清澈。海风常年吹拂下形成的沙丘,大都为植物所固定,其中 MtTempest 高达 280 米,是世界上最高的延海沙坡。滑沙也成了这里最受推崇的固定项目。拨开地上的白沙层,露出黑、黄、蓝、紫等颜色交替的沙土。

20 世纪中叶时,这里曾一度是捕鲸站。但由于周围海域鲸类数量急剧下降，以及基于环保人士的倡议，捕鲸活动很快停止。如今，在数千米长的海岸线上可以清晰地看到捕鲸船、旧驳船、采砂船残骸组成的近海废船遗迹，成为了海鸟的新家园。出海的小船也可以此作为停泊的庇护所。游客们还可以浮潜而入，观察海平面下的另一世界。捕鲸站内的很多设施也一直沿用下来，记录着那段特殊岁月。

吸引大多数人来到Tangalooma的是另一种经历——亲自喂海豚。每到傍晚，八九条野生海豚就会向海岸边缓缓游来。度假村特别针对儿童推出喂食海豚的生态教育活动。

"生态旅游"具备的另一层含义，是将当地社区纳入旅游规划、发展和实施当中，使当地社区居民获利。因此，澳大利亚数百个国家公园和各类保护区，都要依靠当地群众和私有林主来参与保护。政府支持他们因地制宜发展旅游业，同时基本形成了社区共管、专业公司与土著居民共同开发的格局。澳大利亚有关旅游标准中，明确规定了生态旅游的从业单位雇用当地人的数量和比例。

不过，昆士兰乃至整个澳洲最出名的旅游景点——大堡礁，也开始向前来的人们展示它并不美丽的一面，多处受欢迎潜水点都发现了严重的珊瑚礁白化现象。这一现象主要归咎于海水温度的升高，环境不断恶化。珊瑚礁受到的其他严重威胁还包括过度捕鱼、陆地污染，而气候变化又加剧了这些因素的影响。（来源：经济观察报/张晶）

地球上最独一无二的神奇乐园——美国黄石国家公园

黄石国家公园（Yellowstone National Park），简称黄石公园，1872年3月1日它被正式命名为保护野生动物和自然资源的国家公园，于1978年被列入世界自然遗产名录。这是世界上第一个也是最大的国家公园（图11-2）。

黄石国家公园占地面积约为898317公顷，主要位于美国怀俄明州，部分位于蒙大拿州和爱达荷州。黄石公园分五个区：西北的猛犸象温泉区以石灰石台阶为主，故也称热台阶区；东北为罗斯福区，仍保留着老西部景观；中间为峡谷区，可观赏黄石大峡谷和瀑布；东南为黄石湖区，主要是湖光山色；西部及西南为间歇喷泉区，遍布间歇泉、温泉、蒸气池、热水潭、泥地和喷气孔。园内设有历史古迹博物馆。

该公园是世界上最大的火山口之一，它拥有世界上面积最大的森林之一，公园内的森林占全美国森林总面积的90%左右，水面占10%左右。有超过

图 11-2　美国黄石国家公园

10000 温泉和 300 多个间歇泉。拥有 290 多个瀑布。园内有黄石湖、黄石河、峡谷、瀑布及温泉等景观，是一个负有盛名的游览胜地。园内野生动物包括 7 种有蹄类动物，2 种熊和 67 种其他哺乳动物，322 种鸟类，18 种鱼类和跨境的灰狼。有超过 1100 种原生植物，200 余种外来植物和超过 400 种喜温微生物。

黄石国家公园被美国人自豪地称为"地球上最独一无二的神奇乐园"。园内交通方便，环山公路长达 500 多千米，将各景区的主要景点联在一起，徒步路径达 1500 多千米。

如今黄石公园的旅游活动可以说是包罗万象、丰富多彩，适合不同品位的形形色色的旅游者。

1. 初级守护者

黄石公园针对 5~12 岁的孩子开展了一项名为"初级守护者"的官方项目，其目的是向孩子们介绍大自然赋予黄石公园的神奇以及定位孩子们在保护这一人类宝贵财富时所扮演的角色。

要成为一名初级守护者，每个家庭需要为长达 12 页的活动表支付 3 美元，这样孩子们就可以参观公园的任何一个游览中心。孩子们的主要活动包括：参加由公园守护者引领的一些活动，在公园的小道上徒步旅行，完成一系列的关于公园的资源和热点问题的活动，以及了解诸如地热学、生态学的相关概念。然后，在核实了孩子们确实出色地完成上述活动后，参与者将被授予官方的"初级守护者"荣誉称号。

2. 野生动物教育——探险

黄石公园的野生动物数量众多，类型多样。也是全美国观察悠闲漫步的大型野生哺乳动物的最佳地区之一。该活动通常在黄石公园协会的有经验的生物学家的带领下，探寻黄石公园内珍惜的野生动物。通过该活动，参与者将会了解观察野生动物时间、地点和方式，并且从它们的行为、生态学以及保护状况中得到满足。

3. 寄宿和学习

该项目是集教育和休闲于一体。借助于黄石公园住宿条件，为游客提供了最为美好的两个不同的世界——白天，参与者在黄石公园研究会的自然学家的带领下饶有兴趣的探寻黄石的有趣之处；夜晚，他们返回住处享受美味佳肴和舒适的住宿设施，并且在有历史性的公园饭店内体验丰富多彩的活动。

4. 现场研讨会

该活动提供一段相对比较集中的近距离的教育经历，主要涉及一些专门领域，如野生动物、地质学、生态学、历史、植物、艺术以及户外活动的技巧。研讨会的指导者一般是对黄石公园充满感情的、并且愿意与他人共享其专业知识的知名学者、艺术家和作家。而无论是青年和老人、男人和女人、长期从事科研工作的学者还是初来黄石公园的游人，都成为该活动的积极参与者。

5. 徒步探险

面积达 220 万英亩的黄石公园，是全美国最原始的荒原地区。这其中，有 1700 多千米的小道适合徒步行走，然而，由于荒野带给人们固有的恐惧感、不可预知的野生动物、变幻莫测的天气情况、难以忍受的地热环境、寒冷的湖水、湍急的溪流以及布满松散岩石的崎岖不平的高山，使得徒步探险活动充满了艰险和危险。当然，有一部分探险活动是在公园守护者的带领下，参观鲜为人知的地热区、探寻野生动物的栖息地、经历黄石公园的一段荒凉地带

6. 野营和野餐

黄石公园内共有 12 个指定的野营地点，人们可以既欣赏黄石公园的美景，又可以远离喧嚣的都市，体验悠闲自得的恬静的乡野生活，同时，举行的一些活动加深对黄石公园的美好经历。

陕西省商南县金丝峡旅游景区：将生态规划建设进行到底

位于陕西省商南县的金丝峡，无论是过去、现在还是将来，一直倡导生态规划的理念，坚持生态环保与旅游开发相结合。从开发初期保留金丝峡整个景区的生态原真性，到如今的每一个项目规划，每一处设施建设都渗透着生态环保的理念。《金丝大峡谷旅游发展提升规划》顺利通过评审，这标志着

以生态环保、减排节能、资源循环利用的可持续发展规划将成为未来金丝峡建设一流生态景区的新目标。

昨天：规划从保护生态入手

金丝峡是秦岭造山运动的大自然杰作，也是丹江水系的源头地和秦岭兰花的富集区。景区天然的峡谷、深泉、溶洞和森林是难得的自然景观和地质遗迹，也是无法复制的生态旅游资源。2002年金丝峡景区开发建设时，商南县聘请一流的专业规划队伍和林学专家主持景区规划，一切从保护生态入手。他们没有照搬一些自然景区的常规做法，而是进行了科学的、前瞻的生态规划。坚持宜曲不宜直、宜粗不宜细、避石护树、依弯就势、原汁原味的生态保护要求，绝不随意移动一土一石，绝不乱砍乱踏一木一草。始终按照生态第一的原则，坚持用最具生态价值的资源来发展真正意义上的生态旅游，从而为后来短短几年间获得的国家森林公园、国家地质公园、4A级景区、生态中国贡献奖奠定了坚实的基础。

据介绍，金丝峡景区在整个规划和建设过程中，采用了专家、业界成熟经验与景区自身的特点相结合的方式来规划和建设景区。所采用的都是生态材料，尽量地减少不必要的工程建设。虽然全面建设生态化的做法使金丝峡的资金投入远远高于同类自然景区，但却为金丝峡旅游打响了真正意义上的"生态牌"。

今天：生态规划全方位延伸

经过8年时间的开发建设，目前金丝峡已经建成了黑龙峡、青龙峡、石

图 11-3　陕西省商南县金丝峡旅游景区

燕寨、丹江源、栗园寨五大景区，总面积达100平方千米，景观展露奇、险、幽、秀、狭等特点，融峰、石、洞、林、泉、潭、瀑、禽于一体（图11-3）。开发建设了完善的景区环保系统、西北第一家景区剧院、环保大课堂，挖掘包装了丰富多彩的景区生态文化，形成了当地原生态土特产品与景区原生态文化的有机衔接。

为适应生态保护需求，金丝峡全方位延伸环保概念。他们与专业的规划单位建立了长达8年的品牌共建关系，并鼓励从业人员学习生态环保知识，投资900万元实施了污水处理、垃圾填埋、环保厕所、太阳能照明系统等项目，并建立了严格的生态保护一系列措施，还在项目规划、建设开发、运营管理上实行了生态保护方面的"一票否决制"。

为了形成景区与周边环境相协调的生态发展模式，景区管委会还投资在周边农村推广沼气使用，循序渐进地培育、建设原生态的"金丝人家"农家乐体系。今年景区又启动了金丝峡旅游产业园区建设，把环保、低碳概念向更大的范围延伸推广。全国很多景区慕名到金丝峡考察学习时，都对金丝峡无处不有的环保意识、生态意识赞不绝口。

明天：生态规划形成基地

2009年开始，由国内外旅游专家组成的金丝峡规划提升团队，先后多次深入景区实地考察评估和调研，通过召开座谈会、发放调查问卷、收集资料、听取意见等方式，最终形成了以生态、绿色开发理念为特点的《金丝大峡谷旅游发展提升规划》。

根据规划，金丝峡景区未来20年里将按照"国内一流、国际知名"的目标，投资45亿元，建设太子坪综合服务区、秦岭学院、南天门通天桥、思维影院、旅游客运站、休闲养生馆等60多项工程。以"绿色、生态、环保、低碳"为理念，转变景区旅游模式，在倡导公共交通和混合动力汽车、电动车、自行车等低碳或无碳方式的同时，丰富旅游生活。另外，金丝峡旅游将逐步走向智能化发展，全面引进节能减排技术，降低碳消耗，最终形成全产业链的循环经济模式。在生态景观建设方面，立足动植物生态学和景观生态学，以区域内部生态景观质量和多样性，通过外围植被改造和改善区域整体生态环境。

（来源：中国旅游资源投资网/张梦呢）

身边的生态旅游景区——赣州崇义上堡梯田

上堡梯田被上海大世界吉尼斯评为"最大的客家梯田",是国内三大梯田奇观之一,距离崇义县城50千米,距赣州市城区127千米,梯田依山势开建,连绵数百亩,又有零星村落点缀其间。在耕作期里泉水自山顶向山下逐层灌溉气象万千,收获期里五颜六色的农作物又给梯田增添了无限生机。这是客家人长期在自然环境中求生存、求发展的历史见证(图11-4)。

图11-4　赣州崇义上堡梯田

上堡梯田位于面积148平方千米的上堡乡海拔1741米的赣南地区第二高峰的华仙峰周围。上万亩梯田就散落在华仙峰周围的南流、良和、赤水一带,梯田的垂直落差近千米,位置最高的田块在海拔1260米处。有的梯田从高到低不断延续,竟然达百层之多,就像一条条长梯,架搭在山间岭谷,特别是在水南村,周围的梯田,高高低低,层层叠叠,涌向天际,令人叹为观止。

参观梯田,最好到南流村岭顶子。这里有句民谣:"上堡,上堡,高山顶上水淼淼。"由于这里森林覆盖率高达88.3%,泉流充足,即使处于山顶上的梯田,灌溉也不成问题。由于生态环境好,少有病虫害,很少施用化肥、农药,因此,所产稻谷米质晶莹柔软,颇受市场欢迎。

上堡梯田最美的季节是春播阶段。在上堡乡梯田风光里,还有朱德"上堡整训"历史事件旧址、华仙峰庵等历史名胜古迹;有万丈山高山草园、赤水华仙峰、暖水温泉、水南客家民俗省级摄影文化基地等多处旅游景点。还有"上堡猎酒""红米粥""赤水仙茶"等特产。

第4篇
绿色生活：生态实践

第十二章 美丽乡村

第一节 走进美丽乡村

一、美丽乡村的由来

从我国历史上看,对农村建设问题的直接关注起始于近代的中国资本主义开始发育的时期。晚清政府(1908年)颁布《城镇乡地方自治章程》和《城镇乡地方自治选举章程》,在农村开展了"乡村治理运动"。民国时期,对农村建设与发展的探索进一步深化,在多个省区均发动了"乡村自治运动",近代的探索主要侧重于农村政治建设方面。

新中国成立以来我国农村发展的历程,大概可分为三个阶段,一是以粮为纲发展阶段(解放初期至1978年12月十一届三中全会以前):20世纪50年代中期我国就提出"农村现代化"的社会主义新农村建设目标,由于当时社会生产力水平低,农民的温饱还难以保障,建设新农村的任务主要是发展农业互助合作社和人民公社、解放和发展农业生产力,解决农民的温饱和社会粮食需求问题。二是市场化发展阶段(1978年12月十一届三中全会至2005年10月十六届五中全会以前):改革开放以后,政治上废社建乡(镇),实行村民委员会管理体制;经济上推行家庭联产承包责任制,体制上突破计划经济模式,发展社会主义市场经济,极大地调动了亿万农民的积极性,农村生产力获得了空前解放,农村各项事业都获得了飞速进步,农村的发展迎来了前所未有的机遇。三是社会主义新农村建设阶段(2005年10月十六届五中全会至今):十六届五中全会更加明确具体地提出了社会主义新农村建设的20字方针,即"生产发展、生活宽裕、乡风文明、村容整洁、管理民主",对新农村建设进行了全面部署。这个时期,我国的经济发展已经基本具备了工业可以反哺农业、城市可以带动农村发展的条件。党的十七大进一步提出"要统筹城乡发展,推进社会主义新农村建设",把农村建设纳入了国家建设的全局。党的十八大报告明确提出"要努力建设美丽中国,实现中华民族永续发展",

第一次提出了城乡统筹协调发展共建"美丽中国"的全新概念,随即出台的2013年中央1号文件,依据美丽中国的理念第一次提出了要建设"美丽乡村"的奋斗目标,新农村建设以"美丽乡村"建设的提法首次在国家层面明确提出。

二、美丽乡村的概念及内涵

美丽乡村,简言之就是指美丽的村庄,美丽乡村的"美丽"不仅仅是指村容整洁,还包括村庄特色鲜美、村庄生态优美、村庄乡风和谐、村民生活甜美;不仅仅是指村容整洁,还包括村庄特色鲜美、村庄生态优美、村庄乡风和谐、村民生活甜美。美丽乡村的"乡村"也不单单指某个村庄,而是一个群体概念,包括镇域、乡域甚至县域范围。美丽乡村,是建设"生产发展、生活宽裕、乡风文明、村容整洁、管理民主"社会主义新农村的具体要求,也是建设美丽中国,实现中华民族永续发展的具体举措。

目前,学术界对"美丽乡村"的概念没有一致的观点,但普遍认为,"美丽乡村"应注重人与自然的和谐、倡导生态环境质量的改善、实施农祉产业规模化,目的在于提升农村居民的生产生活质量,推动地域经济与环境协调发展,是新农村的升级。因此,美丽乡村是规划科学、布局合理、环境优美的秀美之村;是家家能生产、户户能经营、人人有事干、个个有钱赚的富裕之村;是传承历史、延续文脉、特色鲜明的魅力之村;是功能完善、服务优良、保障坚实的幸福之村;是创新创造、管理民主、体制优越的活力之村。

由国家质检总局、国家标准委2015年5月27日发布的《美丽乡村建设指南》国家标准已于2015年6月1日起正式实施。该标准由12个章节组成,基本框架分为总则、村庄规划、村庄建设、生态环境、经济发展、公共服务、乡风文明、基层组织、长效管理等9个部分。为开展美丽乡村建设提供了框架性、方向性技术指导,使美丽乡村建设有标可依。该标准指出,美丽乡村的内涵是经济、政治、文化、社会和生态文明协调发展,规划科学、生产发展、生活宽裕、乡风文明、村容整洁、管理民主,宜居、宜业的可持续发展乡村(包括建制村和自然村)。

因此,美丽乡村要做到规划科学布局美、村容整洁环境美、创业增收生活美、乡风文明身心美、社会和谐服务美等"五美",根据美丽乡村建设这五个"美"的中心思想,其本质内涵也相应地体现在生态环境提升、生态人居建设、生态经济推动、生态服务优化及生态文化培育5个方面。

1. 生态环境的提升

生态环境的提升要突出重点、连线成片、健全机制。具体的通过改道路、改水系、改厕所、污水处理、垃圾处理和村庄绿化等一系列工程，落实"千村示范，万村整治"的具体工作指示，并逐步扩大建设面，构建优美的农村生态环境体系。

2. 生态人居的建设

通过中心村的培育进一步推进农村人口集聚，优化农村和农村人口布局；对农村土地进行综合治理，对农村住房进行综合改造，从而使农民的居住条件逐步提升，形成舒适的农村生态人居系统。

3. 生态经济的推动

通过编制农村产业发展规划，推进农村产业集聚升级，发展乡村生态农业、乡村生态旅游业、乡村低耗低排放工业等新兴产业，鼓励农民自主创业，开创农村就业新模式，构建良好的农村生态产业体质，推动生态经济的进步。

4. 生态服务的优化

政府相关职能部门要紧紧围绕生态环保的目标，突出生态区建设，制定相应的监督机制，加大对农民生活的整体服务力度，优化服务质量，扎实推进农村生态文明建设。

5. 生态文化的培育

在生态文化培育方面，主要是普及生态文明教育，逐步提高农民自身文化修养，形成良好的乡风，同时，建立农村生态文化体系，倡导健康文明的生产生活方式，促进农村未来可持续发展。

三、建设美丽乡村的重要意义

1. 创建"美丽乡村"是落实党的十八大精神，推进生态文明建设的需要

党的十八大明确提出要"把生态文明建设放在突出位置，融入经济建设、政治建设、文化建设、社会建设各方面和全过程，努力建设美丽中国，实现中华民族永续发展"，确定了建设生态文明的战略任务。农业农村生态文明建设是生态文明建设的重要内容，开展"美丽乡村"创建活动，重点推进生态农业建设、推广节能减排技术、节约和保护农业资源、改善农村人居环境，是落实生态文明建设的重要举措，是在农村地区建设美丽中国的具体行动。

2. 创建"美丽乡村"是加强农业生态环境保护，推进农业农村经济科学发展的需要

近年来农业的快速发展，从一定程度上来说是建立在对土地、水等资源超强开发利用和要素投入过度消耗基础上的,农业乃至农村经济社会发展越来越面临着资源约束趋紧、生态退化严重、环境污染加剧等严峻挑战。开展"美丽乡村"创建,推进农业发展方式转变,加强农业资源环境保护,有效提高农业资源利用率,走资源节约、环境友好的农业发展道路,是发展现代农业的必然要求,是实现农业农村经济可持续发展的必然趋势。

3. 创建"美丽乡村"是改善农村人居环境,提升社会主义新农村建设水平的需要

我国新农村建设取得了令人瞩目的成绩,但总体而言广大农村地区基础设施依然薄弱,人居环境脏乱差现象仍然突出。推进生态人居、生态环境、生态经济和生态文化建设,创建宜居、宜业、宜游的"美丽乡村",是新农村建设理念、内容和水平的全面提升,是贯彻落实城乡一体化发展战略的实际步骤。

第二节 美丽乡村的具体表现

一、中国传统乡村现状

(一)环境污染日益加剧

1. 污染来源广、类型多

我国农村污染源大致可分为农村本地污染源、乡镇企业污染源。农村本地污染有三大类:农作物生产污染、农民集聚区生活污染和集约化畜禽养殖粪便污染等。农作物生产污染主要有农药、化肥及地膜污染,在一些污灌区还有污灌所造成的污染。农民集聚区生活污染主要有生活垃圾污染、生活污水及厕所粪便污染等。

有些农村存在异地污染源,尤其是靠近城市的农村。这类污染源主要有靠近农村的城市污染、城市周边各类企业或工业开发区污染、道路污染及污染物高空远程传输等。城市及企业对其附近农村的污染可以是全方位的,污染可通过大气、水体及固体废弃物等影响附近农村环境质量,在我国许多大城市或大企业周边都存在不同程度的污染带或污染圈。

我国农村还存在一类特殊污染源,即扎根于农村的乡镇企业(尤其是那些作坊式企业)。这些企业很多生产规模小,几乎没有任何污染治理设施,即使有也十分简陋,治理效果差。有的企业虽有污染治理设施但只是一种应付检查的摆设。

2. 污染物种类复杂

农村污染物按基本属性一般可分为4个大类：生物类、无机类、有机类及有毒类。生物类污染物包括：畜禽粪便、作物秸秆、生产及生活过程中的生物废弃物(有些地方还包括城市的生活垃圾)。无机类污染物包括：各种有害的无机大气污染物，如SO_2、NOx、氟化物、氯气、硫化氢、氨气、大气或水体中的重金属如铅(Pb)、砷(As)、汞(Hg)、镉(Cd)、铬(Cr)、镍(Ni)、锰(Mn)等，当有些无机物在环境中的含量超过环境承受能力时也成为污染物，这类物质有氮(N)、磷(P)、锌(Zn)、铜(Cu)、铁(Fe)。有机类和有毒类的污染物种类更多，常见的有苯、二甲苯、甲醛、氨氮、硝酸盐氮、多环芳烃、多氯联苯、有机氯及其他农药等。

3. 污染负荷大

我国农村既是一个环境污染物产生地，又是一个环境污染物承受者。目前我国绝大多数农村生活垃圾没有进行安全处置，垃圾随便丢弃在屋后沟边的情况十分普遍，每年约有上亿吨农村生活垃圾产生，大量农村生活污水不作任何处理就直接排放。靠近城市或企业的农村还被动接纳大量来自城市和企业各种污染物。据农业部对6个省26个基地县的农产品抽样调查显示，粮食中农药检出率为60.1%，残留超标率达1.12%。这些损失还没有包括土壤沙化、水土流失及大气污染如酸雨等造成的损失，更没有考虑因农产品受污染后对人体健康的影响及所造成的损失。

(二)传统文化失序严重

乡村文化秩序建立在农业文明的基础上，而城市化进程的推进为乡村社会带来了工业文明。与农业文明相比，工业文明具有自身的优越性和进步性。它改造了乡村文化中落后、愚昧的观念，也打破了乡村文化的封闭性。在城市化与工业文明的影响下，农民的知识视野日益开阔，政治参与意识日渐增强，民主法治与权利义务观念逐渐得到强化，传统的依附型人格正在向现代公民人格转型，乡村社会正呈现出强劲的经济发展态势和发展活力。不过，城市化也是一把"双刃剑"，在给农村带来先进和富裕的同时，也以强势力量改造和解构着乡村社会的文化价值，冲击着农民的精神世界，带来了深刻的文化冲突。

在城市文化和工业文明的视域中，城市被认为是"富裕"和"文明"的空间代表，农村则被看做是"贫穷"和"野蛮"的同义词，"农民"背负着贬义的身份象征。这种极端化的想象使得当今社会文化体系中的城市文化与乡村文化处于不平等的地位，乡村陷入被工业文明、城市文化和精英文化等强势文化形态所殖民和改造的境地。城市文化通过各种方式和途径不断向乡村社会灌输自己的文化理念与精神，改变着乡村文化的价值理念与存在状况。农民原有的生活方式、思维方式、居住状态、人际关系甚至语言习惯都在潜移默化地发生变化，他们已经无法在乡村社会找到家园感、归属感和依赖感。同时，受传统习惯、受教育程度、村落环境等因素的影响，城市文化中的高雅艺术难以在乡村社会立足、扎根，而其中的浅薄、低俗文化却在乡村肆意泛滥，极大地冲击着乡村社会淳朴、敦厚的文化根基。在城市化的大规模推进中，乡村社会逐渐丧失了文化培育的独立性和自主性，丧失了自己的话语表达和文化自信，从而失去了文化认同的基础。

(三)产业经济粗放发展

目前，我国农村经济发展整体还处于粗放式发展阶段。从经营方式和土地利用上看，以家庭为基本单位。受历史因素和发展阶段的影响，土地流转还无法全面推行，土地规模化利用程度低。通过农业公司和农业专业合作社进行现代化规模化经营的规模还不够大。从农业科技应用上看，农业科技研发的投入仅占 GDP 的 0.4% 左右，农业科技推广应用水平不高，贡献率低。因此，我国农村经济整体还处于粗放型发展阶段。

(四)基础设施不够完善

农村基础设施主要包括交通设施、通信设施、农田水利、水气电、商业服务网点、环卫绿化、教科文卫事业等生产生活服务设施。农村基础设施关系农业经济发展和农村社会进步，直接影响农民生活质量。几年来，国家投入大量财政资金用于农村基础设施建设，但整体上看，农村基础设施还不够完善，同时相关设施缺少规划，一些设施利用率不高，还有一些设施不能完全满足农村实际需求，重复建设的现象依然存在。

二、美丽乡村的主要特征

(一)产业发展

(1)产业形态

主导产业明晰，产业集中度高，每个乡村有 1~2 个主导产业；当地农民

(不含外出务工人员)从主导产业中获得的收入占总收入的80%以上;形成从生产、贮运、加工到流通的产业链条并逐步拓展延伸;产业发展和农民收入增速在本县域处于领先水平;注重培育和推广"三品一标",无农产品质量安全。

(2)生产方式

按照"增产增效并重、良种良法配套、农机农艺结合、生产生态协调"的要求,稳步推进农业技术集成化、劳动过程机械化、生产经营信息化,实现农业基础设施配套完善,标准化生产技术普及率达到90%;土地等自然资源适度规模经营稳步推进;适宜机械化操作的地区(或产业)机械化综合作业率达到90%以上。

(3)资源利用

资源利用集约高效,农业废弃物循环利用,土地产出率、农业水资源利用率、农药化肥利用率和农膜回收率高于本县域平均水平;秸秆综合利用率达到95%以上,农业投入品包装回收率达到95%以上,人畜粪便处理利用率达到95%以上,病死畜禽无害化处理率达到100%。

(4)经营服务

新型农业经营主体逐步成为生产经营活动的骨干力量;新型农业社会化服务体系比较健全,农民合作社、专业服务公司、专业技术协会、涉农企业等经营性服务组织作用明显;农业生产经营活动所需的政策、农资、科技、金融、市场信息等服务到位。

(二)生活舒适

(1)经济宽裕

集体经济条件良好,一村一品或一镇一业发展良好,农民收入水平在本县域内高于平均水平,改善生产、生活的愿望强烈且具备一定的投入能力。

(2)生活环境

农村公共基础设施完善、布局合理、功能配套,乡村景观设计科学,村容村貌整洁有序,河塘沟渠得到综合治理;生产生活实现分区,主要道路硬化;人畜饮水设施完善、安全达标;生活垃圾、污水处理利用设施完善,处理利用率达到95%以上。

(3)居住条件

住宅美观舒适,大力推广应用农村节能建筑;清洁能源普及,农村沼气、太阳能、小风电、微水电等可再生能源在适宜地区得到普遍推广应用;省柴节煤炉灶炕等生活节能产品广泛使用；环境卫生设施配套，改厨、改厕全面完成。

(4) 综合服务

交通出行便利快捷，商业服务能满足日常生活需要，用水、用电、用气和通信等生活服务设施齐全，维护到位，村民满意度高。

(三) 民生和谐

(1) 权益维护

创新集体经济有效发展形势，增强集体经济组织实力和服务能力，保障农民土地承包经营权、宅基地使用权和集体经济收益分配权等财产性权利。

(2) 安全保障

遵纪守法形成风气，社会治安良好有序；无刑事犯罪和群体性事件，无生产和火灾安全隐患，防灾减灾措施到位，居民安全感强。

(3) 基础教育

教育设施齐全，义务教育普及，适龄儿童入学率100%，学前教育能满足需求。

(4) 医疗养老

新型农村合作医疗普及，农村卫生医疗设施健全，基本卫生服务到位；养老保险全覆盖，老弱病残贫等得到妥善救济和安置，农民无后顾之忧。

(四) 文化传承

(1) 乡风民俗

民风朴实、文明和谐，崇尚科学、反对迷信，明理诚信、尊老爱幼，勤劳节俭、奉献社会。

(2) 农耕文化

传统建筑、民族服饰、农民艺术、民间传说、农谚民谣、生产生活习俗、农业文化遗产得到有效保护和传承。

(3) 文体活动

文化体育活动经常性开展，有计划、有投入、有组织、有设施，群众参与度高、幸福感强。

(4) 乡村休闲

自然景观和人文景点等旅游资源得到保护性挖掘，民间传统手工艺得到发扬光大，特色饮食得到传承和发展，农家乐等乡村旅游和休闲娱乐得到健康发展。

第三节　美丽乡村的建设路径

创建美丽乡村是落实生态文明建设的重要举措，也是在农村推进美丽中国建设的具体行动。自 2013 年初，农业部在全国开展美丽乡村创建活动以来，各地积极开展美丽乡村建设的探索和实践，涌现出一大批各具特色的典型模式，积累了丰富案例和范例。

一、产业发展型模式

主要在东部沿海等经济相对发达地区，其特点是产业优势和特色明显，农民专业合作社、龙头企业发展基础好，产业化水平高，初步形成"一村一品""一乡一业"，实现了农业生产聚集、农业规模经营，农业产业链条不断延伸，产业带动效果明显。

案例：

江苏省张家港市南丰镇永联村

永联村是江苏省乡村发展最具代表的乡村之一，全国"美丽乡村"首批创建试点村，地处江南，长江之滨，隶属于江苏省张家港市南丰镇。

永联曾被称为"华夏第一钢村"，曾是张家港市面积最小、人口最少、经济最落后的村。改革开放期间，村领导组织村民挖塘养鱼、开办企业，陆续办起了水泥预制品厂、家具厂、枕套厂等小工厂以及村集体轧钢厂，收益颇丰。在村集体的共同努力下永联村不仅完全脱贫，还跨入全县十大富裕村的行列。永联村是以企带村发展起来的，村集体有了经济实力，就可以为新农村建设、美丽乡村建设"加油扩能"。

近十年来，永联村投入数亿元用于新农村建设，村里的基础设施及社会公共事业建设都得到快速发展。此外，为解决数量过万的村民的就业问题，村党委还利用永钢集团的产业优势，创办了制钉厂等劳动密集型企业，有效吸纳了村里剩余劳动力。村里还开辟 40 亩地建设个私工业园，统一建造生产厂房，廉价租给本村个私业主。另外，还利用本村多达两万人的外来流动人口的条件，鼓励和引导村民发展餐饮、娱乐、房屋出租等服务业。

随着集体经济实力的壮大，永联村不断以工业反哺农业，强化农业产业化经营。2000 年，村里投巨资于"富民福民工程"，成立了"永联苗木公司",将全村4700亩可耕地全部实行流转,对土地进行集约化经营。这一举措,不仅获得巨大的经济效益,同时大面积的种植苗木成为永钢集团的绿色防护林和村庄的"绿肺",带来巨大的生态效益。目前,永联村正在规划建设3000亩高效农业示范区,设立农业发展基金,并提供农业项目启动资金,对发展特色养殖业予以补助,促进高效农业加快发展。

近年来,永联村先后共投入2.5亿元,积极发展以农业观光、农事体验、生态休闲、自然景观、农耕文化为主的休闲观光农业,初步形成了以苏州江南农耕文化园、鲜切花基地、苗木公司、现代粮食基地、特种水产养殖基地、垂钓中心为一体的休闲观光农业产业链,休闲观光农业年收入7573.7万元。村里建设的"苏州江南农耕文化园"为张家港唯一一家四星级乡村旅游区(图12-1)。

图12-1 永联村现状图

二、生态保护型模式

此模式主要是在生态优美、环境污染少的地区,其特点是自然条件优越,水资源和森林资源丰富,具有传统的田园风光和乡村特色,生态环境优势明显,把生态环境优势变为经济优势的潜力大,适宜发展生态旅游。

案例:

浙江省安吉县山川乡高家堂村

高家堂村位于全国首个环境优美乡山川乡境内,全村区域面积7平方千米,其中山林面积9729亩,水田面积386亩,是一个竹林资源丰富、自然环境保护良好的浙北山区村。高家堂是安吉生态建设的一个缩影，以生态建设为载体，进一步提升了环境品位。

高家堂村将自然生态与美丽乡村完美结合，围绕"生态立村——生态经济村"这一核心，在保护生态环境的基础上，充分利用环境优势，把生态环境优势转变为经济优势。现如今，高家堂村生态经济快速发展，以生态农业、生态旅游为特色的生态经济呈现良好的发展势头。全村已形成竹产业生态、生态型观光型高效竹林基地、竹林鸡养殖规模，富有浓厚乡村气息的农家生态旅游等生态经济对财政的贡献率达到50%以上，成为经济增长支柱。高家堂村把发展重点放在做好改造和提升笋竹产业，形成特色鲜明、功能突出的高效生态农业产业布局，让农民真正得到实惠。从1998年开始，对3000余亩的山林实施封山育林，禁止砍伐。并于2003年投资130万元修建了环境水库——仙龙湖，对生态公益林水源涵养起到了很大的作用，还配套建设了休闲健身公园、观景亭、生态文化长廊等。新建林道5.2千米，极大方便了农民生产、生活。同时，着重搞好竹产品开发，如将竹材经脱氧、防腐处理后应用到住宅的建筑和装修中，开发竹围廊、竹地板、竹层面、竹灯罩、竹栏栅等产品，取得了一定的效益。并积极为农户提供信息、技术、流通方面的服务。同时积极鼓励农户进行竹林培育、生态养殖、开办农家乐，并将这三块内容有机地结合起来，特别是发展农家乐经营模式(图12-2)。

图12-2　高家堂村现状图

三、城郊集约型模式

此模式主要是在大中城市郊区,其特点是经济条件较好,公共设施和基础设施较为完善,交通便捷,农业集约化、规模化经营水平高,土地产出率高,农民收入水平相对较高,是大中城市重要的"菜篮子"基地。

案例:

上海市松江区泖港镇

松江区泖港镇地处上海市松江区南部、黄浦江南岸,是松江浦南地区三镇的中心,东北距上海市中心50千米,北距松江区中心10千米。该镇的发展不倚仗工业,而是依托"气净、水净、土净"的独特资源优势,大力发展环保农业、生态农业、休闲农业,成为上海的"菜篮子""后花园",服务于以上海为主的周边大中城市。

该镇注重卫生环境的治理,在新农村建设中,开展村庄改造和基础设施建设,使全镇生态环境和市容卫生状况显著改善,2010年,该镇成功创建国家级卫生镇,2011年成为上海市第一家创建成功的市级生态镇。截至2012年6月份,市容环境质量已连续18个季度保持全市郊区108个乡镇第一名。泖港镇作为上海市的"菜篮子",把工作重点放在发展农业上是极其明智的选择,该镇以创建高产田为抓手,大力发展环保农业;以"三净"品牌为优势,大力发展农副经济;以节能环保为标准,淘汰落后工业产能。此外,泖港镇还鼓励兴办家庭农场。泖港镇2007年起走上了以家庭农场为主要经营模式的农业发展道路,如今已基本实现了家庭农场的专业化、规模化经营。具体做法一是规范土地流转,实行家庭农场集中经营;二是完善服务管理,提高家庭农场运行质量;三是推动集约经营,优化家庭农场运行模式。截至2012年上半年,泖港镇已有20324亩土地交由家农场经营,占全镇粮田面积的87%。同时,随着家庭农场的集约化规模化机械化程度的提高,特别是由此带来的土地产出效益和农民收入的提高,农户承办家庭农场的积极性也空前高涨。

为顺应时代发展,满足大城市休闲度假的市场需求,泖港镇借助自然资源优势,发展生态旅游。近年来该镇开发和引进了大批中高档旅游项目,从旅游项目空白镇发展成农村休闲旅游镇。同时,以乡土民俗为核心,以市场需求为导向,充分整合生态农业、生态食品、农业观光、农业养殖、村落文化、会务培训、疗养度假、农家餐饮等各类乡村旅游资源，实现了农村休闲产业的功能集聚。目前，乡村旅游已成为该镇农业经济新的增长点。同时，旅游景点的建造周边环境的改造，也使泖港的环境越来越优美（图12-3）。

图 12-3　泖港镇一角

四、社会综治型模式

此模式主要是在人数较多，规模较大，居住较集中的村镇，其特点是区位条件好，经济基础强，带动作用大，基础设施相对完善。

案例：

天津大寺镇王村

天津市西青区大寺王村镇北邻西青经济技术开发区，东邻天津微电子城。该村距天津港10千米，距天津国际机场15千米，距市中心15千米，交通四通八达。全村580户，人口1862人，占有土地4000余亩。

王村是天津东南方新农村发展的一颗耀眼的明星。王村被天津市政府命名为天津市"示范村"，2012年，荣获"美丽乡村"称号。王村经过近几年的发展实现了农村城市化。村里生活环境和谐有序，基础设施完善，家家户户住进新楼房，电脑、电话、汽车走进农家，村民过着"干有所为，老有所养，少有所教、病有所医"其乐融融的城市化生活。

十几年前,王村90%的村民仍然住着低矮潮湿的危陋平房,单调、简陋、陈旧、窘迫、拥塞是绝大多数王村人的居住状况。为了改变这一现状,彻底解决村民的住房问题,村委会制定了5年村庄建设规划,推倒全村危陋平房,建成公寓和别墅,让全体村民住上了新楼房。此外,为了实现农村城市化,使百姓生活在舒适、整洁、文明、优美的环境中,村委会组织制定了彻底改造村内生活环境的规划,并筹措资金,组织力量先后完成了许多工程、项目的改造和提升,村庄环境得到很大改善。王村在完善社区服务中心、商业街,开发建设峰山菜市场、卫生院等公共服务设施的同时,还先后建成了占地2万多平方米的音乐喷泉健身广场、2400平方米的青少年活动中心以及1000多平方米的村民文体活动中心,室内网球场、羽毛球场、乒乓球场、拉丁舞排练场、农民书屋、村民学校、党员活动室、文化活动室、舞蹈排练厅、棋牌室样样俱全,全部按照最高标准建设,设施完善,而且所有场馆都不对外营业,全部作为百姓的福利,让乡亲们无偿使用。完善的基础服务设施,极大方便了村民生活(图12-4)。

图12-4　大寺镇王村现状图

五、文化传承型模式

此模式主要是在具有特殊人文景观,包括古村落、古建筑、古民居以及传统文化的地区,其特点是乡村文化资源丰富,具有优秀民俗文化以及非物质文化,文化展示和传承的潜力大。

案例:

河南省洛阳市孟津县平乐镇平乐村

平乐村地处汉魏故城遗址,文化积淀深厚,因公元62年东汉明帝为迎接大汉图腾筑"平乐观"而得名。该村以农民牡丹画而闻名全国,农民画家已发展到800多人。"一幅画、一亩粮、小牡丹、大产业",这是流传在河南省孟津县平乐村村民口中的一句新民谣。近年来，平乐村按照"有名气、有特色、有依托、有基础"的"四有"标准，以牡丹画产业发展为龙头，扩大乡村旅游产业规模，探索出了一条新时期依靠文化传承建设"美丽乡村"的发展模式。

千百年来，平乐村民有着崇尚文化艺术的优良传统。改革开放后，富裕起来的农民开始追求高雅的精神文化生活，从事书画艺术的人越来越多。随着牡丹花会的举办和旅游业的日益繁荣，与洛阳有着深厚历史渊源而又雍容华贵的牡丹成为洛阳的重要文化符号。游人在观赏洛阳牡丹的同时，喜欢购买寓意富贵吉祥的牡丹画作留念，从事书画艺术的平乐村民开始以牡丹作为创作主题。

经过二十多年的发展，平乐农民画家们的牡丹画作品远销西安、上海、香港及国外新加坡、日本等地，多次参加各种展览并获奖。2007年4月，平乐村农民牡丹画家自愿组建洛阳平乐牡丹书画院，精选120余幅作品在洛阳市美术馆隆重举办了农民书画展，展示了平乐牡丹画创作的规模和水平。（图12-5）

图 12-5　平乐村牡丹书画展

"小牡丹画出大产业"。如今的平乐，已拥有国家、省市画协、美协会员20多名，牡丹画专业户100多个，牡丹绘画爱好者300余人，年创作生产牡丹画8万幅，销售收入超过500万元。2007年，平乐村被河南省文化厅授予"河南特色文化产业村"荣誉称号，平乐镇被文化部、民政部命名为"文化艺术之乡"。

六、渔业开发型模式

此模式主要是在沿海和水网地区的传统渔区，其特点是产业以渔业为主，通过发展渔业促进就业，增加渔民收入，繁荣农村经济，渔业在农业产业中占主导地位。

案例：

甘肃天水市武山县

武山县位于甘肃省东南部，天水市西端的渭河上游。目前，该县渔业产值占农林牧渔总产值的10%。2012年末，全县养鱼水面达464亩，其中冷水鱼12亩，水产品总产量达到300吨，其中冷水鱼超过40吨，渔业总产值达770余万元。

近几年，旅游市场火热，武山县紧抓机遇，结合实际，大力发展休闲渔业。休闲渔业是对渔业生产的补充，是对渔业资源的综合利用，是实现渔业产业结构调整的战略选择。该县盘古村的发展前景比较好，该村400余亩河滩渗水地充分利用后采取"台田养鱼"模式进行开发池中养鱼、台田种草种树，随着经济的发展逐步开辟成具有水乡特色的以生产商品鱼为主，将来要建设成休闲式生态渔家乐。2008年秋，该县龙台董庄村冷水鱼养殖户按照旅游要素，加大休闲农业开发建设的力度，以渔业生产为主题，以区域文化为内涵，以景观为依托，结合本地特点，打造功能齐全的休闲农业示范景区。其中，君义山庄等渔业养殖户进行了改造提升，积极推出"住在渔家、玩在渔家、吃在渔家"的"渔家乐"休闲旅游项目，已成为武山"农家乐"示范基地。近年来，武山县试验推广鲑鳟鱼为主的冷水鱼品种，培育发展休闲渔业，全县渔业产业实现了从粗放到精养、从单一的养卖到提供垂钓、餐饮、休闲观光等综合服务方式的巨大转变，养殖规模不断扩大，呈现出良好的发展态势。

盘古村的"渔家乐"，依托良好的生态资源发展垂钓运动，经济收入可观，效益比原先高出一倍以上。现武山"渔家乐"成为了天水休闲渔业示范基地，带动了乡村休闲旅游的发展。武山县积极研发引进渔业养殖新技术，其中"河流养殖冷水鱼技术试验"的成功极大地拓展了养鱼空间，也为该县渔业找到了确实可行之路。大南河西河、榜沙河上游有生产上千吨冷水鱼的水资源潜力，养殖技术已达到自繁自育的水平。武山县有河谷滩涂地、渗水地、薄田等宜渔土地5000余亩，适宜集中连片发展常规鱼养殖，"台田养鱼""塑料薄膜防渗"等渔业实用技术的试验示范为常规鱼养殖奠定了技术支撑。龙台乡董庄村冷水鱼养殖开发小区、温泉乡"福源生态农庄"、鸳鸯镇盘古村养鱼小区依托周边山水风光、人文景观、人脉资源，发挥自身环境优美、产品绿色环保的优点，为人们提供休闲娱乐、观光垂钓、农家餐饮等服务，延长了渔业产业链，经济效益翻倍提高，成为渔业经营方式创新的典型（图12-6）。

图12-6　蓬勃发展中的武功山渔家乐（图片来源：天水在线网）

七、草原牧场型模式

此模式主要是在我国牧区半牧区县（旗、市），占全国国土面积的40%以上。其特点是草原畜牧业作为牧区经济发展的基础产业，是牧民收入的主要来源。

案例：

内蒙古太仆寺旗贡宝拉格苏木道海嘎查

道海嘎查是太旗开展"美丽乡村"建设中的一个典型。道海嘎查地处草原，因此，对草原牧区来讲，保护好草原生态环境是发展过程中的重要任务。道海嘎查在美丽乡村建设中坚持生态优先的基本方针，推行草原禁牧、休牧、轮牧制度，促进草原畜牧业由天然放牧向舍饲、半舍饲转变，发展特色家畜产品加工业，形成了独具草原特色和民族风情的发展模式（图12-7）。

图12-7　道海嘎查美丽的草原

在"美丽乡村"建设中，太旗把农牧区发展、农牧业增效、农牧民增收作为中心工作，依托自然资源、区位优势，调整产业结构，推动农牧产业向特色化、规模化、现代化发展。养殖业方面积极推广标准化养殖，引导农牧民转变发展方式，逐步由家庭"作坊式"养殖向规模化、集约化、标准化方向转变。通过项目扶持鼓励和支持农牧民发展"小三养"及特种养殖业。实施优惠政策，每年为养殖户建设标准化棚圈3000多平方米，各苏木乡镇为养殖户无偿划拨土地、并给养殖区通路、通水、通电和平整场地。积极争取国家项目扶持资金，配套推广标准化养殖技术，大力发展特种养殖生产基地。目前，全旗建成标准化奶牛养殖场26处，肉牛养殖场22处，奶牛和优质肉牛存栏分别达到4.3万和3.97万头，"小三养"和特种养殖专业合作社47家，养殖基地48处。与此同时积极引导农牧民走合作发展之路，加大政策扶持、项目倾斜力度，就重点农牧业建设项目优先安排有条件的合作社实施，为农牧民专业合作社提供全方位管理服务。定期开展业务培训工作，苏木乡镇积极培育先进示范社，全旗每年对10个农牧民专业合作示范社进行表彰奖励。创新运作模式，提高经济效益，各类农牧民合作社发展到587家。注册总资金达4亿多亿元，覆盖全旗140个嘎查村，9000多农牧户。

八、环境整治型模式

此模式主要是在农村脏乱差问题突出的地区,其特点是农村环境基础设施建设滞后,环境污染问题,当地农民群众对环境整治的呼声高、反应强烈。

案例:

广西壮族自治区恭城瑶族自治县莲花镇红岩村

红岩村位于广西桂林恭城瑶族自治县莲花镇,距桂林市108千米,共103户407人,是一个集山水风光游览、田园农耕体验、住宿、餐饮、休闲和会议商务观光等为一体的生态特色旅游新村。红岩新村成功地建起80多栋独立别墅,共拥有客房300多间,餐馆近40家,建成了瑶寨风雨桥、滚水坝、梅花桩、环形村道、灯光篮球场、游泳池、旅游登山小道等公共设施(图12-8)。

图 12-8 蓬勃发展的红岩村乡村生态旅游

以前的红岩村环境卫生较差,近几年,随着新农村建设工程的开展,红岩村脏乱差问题得到极大改善。村内环境卫生得到改善的基础上,红岩村围绕新农村建设"二十字"方针,大力发展休闲生态农业旅游,成效显著。红岩村积极启动生活污水处理系统建设工程,现已成为广西第一个进行生活污水处理的自然村,使村里生态旅游业有了新的发展。从2003年10月至今,已接待了中外游客150多万人次,成为开展乡村旅游致富的典范。先后荣获"全国农业旅游示范点""全国十大魅力乡村""全国生态文化村""中国乡村名片"等荣誉称号。

九、休闲旅游型模式

此模式主要是在适宜发展乡村旅游的地区,其特点是旅游资源丰富,住宿、餐饮、休闲娱乐设施完善齐备,交通便捷,距离城市较近,适合休闲度假,发展乡村旅游潜力大。

案例:

江西省婺源县江湾镇

国家特色旅游景观名镇江湾地处皖、浙、赣三省交界,云集了梦里江湾AAAAA级旅游景区、古埠名祠-汪口AAAA级旅游景区、生态家园-晓起和AAAAA级标准的梯云人家篁岭四个品牌景区。依托丰富的文化生态旅游资源、着力建设梨园古镇景区、莲花谷度假区,使之成为婺源"国家乡村旅游度假试验区"的典范。中国美,看乡村,一个天蓝水净地绿的美丽江湾,正成为"美丽中国"在乡村的鲜活样本,并以旅游转型升级为拓展空间,加快成为中国旅游第一镇。

江湾旅游资源丰饶,生态绿洲的晓起名贵古树观赏园荟萃了六百余株古樟群、全国罕见的大叶红楠木树和国家一级树种江南红豆杉,栖息着世界濒危珍稀多鸟种黄喉噪鹛、国家重点保护的黑麂、白鹇鸟等。江湾镇森林覆盖率高达90%,既是一个生态的示范镇,也是一个文化底蕴丰厚的千年古镇。该镇依托丰富的历史人文文化和良好的生态环境,成功打造"伟人故里—江湾""生态家园—晓起""古埠名祠—汪口"等三个品牌景区。以品牌景区发力于乡村旅游,将江湾打造成一个乡村旅游的省级示范镇。

28个省级示范镇之一的江湾镇,近年来积极发展乡村旅游,着力打造乡村旅游的示范镇,促进乡村旅游与农业、农民和农村发展有机相结合,使乡村旅游参与主体的农民,成为受益主体。投资8000万建设篁岭民俗文化村和投资7亿元重点开发以徽派古建筑异地保护区定位的梨园新区处于紧张的建设阶段,这两个重点旅游工程的建成,将使更多群众受惠于乡村旅游。积极引导开发农业观光旅游项目,打造篁岭梯田式四季花园生态公园,使农业种植成为致富的风景,成为乡村旅游的载体(图12-9)。

图12-9 婺源县江湾镇

十、高效农业型模式

此模式主要是在我国的农业主产区，其特点是以发展农业作物生产为主，农田水利等农业基础设施相对完善，农产品商品化率和农业机械化水平高，人均耕地资源丰富，农作物秸秆产量大。

案例：

福建省漳州市平和县三坪村

三坪村是国家AAAA级风景区——三平风景区所在地，该村有8个村民小组共计2086人，2012年，该村农民人均纯收入11125元。三坪村全村共有山地60360亩，毛竹18000亩，种植蜜柚12500亩，耕地2190亩。该村在创建美丽乡村过程中充分发挥森林、竹林等林地资源优势，采用"林药模式"打造金线莲、铁皮石斛、蕨菜种植基地，以玫瑰园建设带动花卉产业发展，壮大兰花种植基地，做大做强现代高效农业。同时整合资源，建立千亩柚园、万亩竹海、玫瑰花海等特色观光旅游，构建观光旅游示范点，提高吸纳、转移、承载三平景区游客的能力。

为了改善当地村民居住环境，提升景区周边环境品位，三坪村实施"美丽乡村建设"工程，现如今建设中的"美丽乡村"已初具雏形，身姿靓丽，吸人眼球。2013年，平和县斥资1900万元，全力打造闽南金三角令人神往的人文生态村落。其建设内容包括铺设村主干道1千米、慢步道2千米,河滨休闲景观绿道1.3千米,以及开展村中沿街立面装修、污水处理、绿化美化、卫生保洁等。截至目前,当地已累计完成投资960万元,占年度计划投资的50.5%。

近年来,三坪村特有的朝圣旅游文化和"富美乡村"的创建成果,吸引着众多的游客,也影响着当地村民的精神生活,带动当地旅游产业的茁壮发展,走出了一条美丽创造生产力的和谐之路。该村先后获得"国家级生态村""福建省生态村""福建省特色旅游景观村""漳州市最美乡村"等荣誉称号,是漳州市新农村建设的示范点和福建省新农村建设的联系点,连续五届蝉联省级文明村(图12-10)。

图12-10　三坪村一角

第十三章 生态社区

第一节 走进生态社区

在全球面临环境危机、资源枯竭的背景下，人类对于生存环境的关注与日俱增，对生态环境保护的呼声日益高涨，与此同时，越来越多的生态策略也被引入社区的建设实施中以创造一种与自然更加相协调的社区环境。目前，许多国家，尤其是欧美一些发达国家都在大力推动这种生态社区的建设与发展，尽管很多只处于品牌策划或实施的初级阶段，但已引起广泛关注，部分生态社区也取得了初步进展，提供了有益的经验。可以预料，生态社区将成为未来社区发展的主要方向。

一、生态社区的概念

(一)社区

"社区"是一个社会学范畴的概念。最先出现于1887年德国社会活动家F.腾尼斯(F. J. Tonnies)写的《社区与社会》一书中，德文为Gemeinschaft，原意为"共同体"。文中指出，社区是在亲族血缘关系的基础上而结成的有着共同价值取向、成员同质性较强的社会共同体。同年，美国人引入这个概念将之译为英文Community，原意为社会、群落、团体、公众以及共同体等。现在，社区则被普遍认为是"一定地域内人类社会生活的共同体。"但是社区不仅仅是一个简单的地域概念，它还涵盖了人与自然、人与社会的关系，被看做是社会——经济——自然三个子系统相结合的复合生态系统。

在中国，直到20世纪30年代，"社区"一词才由著名社会学家费孝通从英文"Community"中翻译过来。他在其主编的《社会学概论》一书中指出，社区是一些社会群体(家族、氏族)或社会组织(机关、团体)聚集在某一地域里，形成的在生活上互相关联的集体。龙冠海教授则在《社会学》做出如下表述，社区是有地理界限的社会团体，即人们在一特定的地域内共同生活的组织体系，普遍称为地域团体。我国自改革开放后大力开展的社区建设，属于小型社区范围，而不是城市或乡村社区。在农村仅指村民委员会，在城市是指居民委员会。从 1991 年开始，社区概念在我国首次被引入到实际工作中，由民政部作为主管部门开始在全国展开社区建设工作。2000 年，中共中央办公厅、国务院各地的社区建设得到了前所未有的发展。值得强调的是，社区作为一种群众性的居民自治组织，它并不是一级行政组织。上级政府与社区是指导与被指导的关系。但客观上由于社区的许多工作都与政府部门的业务直接相关，所以受传统工作方式和思维方式的影响，社区居委会客观上出现了"行政化"的趋势，在某种程度上被当作了基层政府及各主管理部门的下一级办事机构，不断被部署各种工作任务。因此，目前我国的社区建设，既不是单纯的政府行为，也不是单纯的民间行为，而是政府实施社会管理，推动社会发展和居民自治相结合的共同行为。

随着生活水平的提高，人们不仅仅满足于停留在物质上的享受，也寻求精神文化生活的进步；同时，人类还追求人文与自然的协调并存，使人居环境优化人们的身心素质；此外，人居环境还要在创造优质生活环境的基础上提供更好的社区服务，成为人类生存、生活和发展的最佳居所。在这样的背景下，一种符合 21 世纪人居环境建设发展要求的、与传统社区有着显著差异的新型聚居模式——生态社区应运而生。

（二）生态社区的愿景

人类从蒙昧、野蛮发展到文明，从渔猎文明进化到农业文明，又从农业文明转变成工业文明，如今正进入一种由于环境危机而产生的全新的文明形态——生态文明，这种文明追求人、自然、社会之间的和谐协调、共生共荣、共同发展的能力。

然而，地球是人类唯一的家园，人类只有在适宜的生态环境中生存才能得到更好的发展。随着社会生活水平的逐渐提高及环境意识的不断加强，在遵守自然规律的前提下，人类开始了对宁静的田园生活、人与自然和谐相处、有益于人们身心健康的绿色家园——生态社区的向往。

现代社会中，归属感的获得成为居民新的心灵困扰。因为，他们只有与其所处社区环境的精神状态一致，才能获得心理上的满足感与归属感。因此，生态社区的发展框架以人的全面发展为中心，围绕以下几方面构建：环境生态化，即生态社区中人类社会与自然环境关系高度和谐，人类的生产与周围环境能够进行良性的物质和能量交换；人居的生态化，即居住环境的合理性、居住性、舒适性、安全性、强调对人居环境进行规划和布局，提倡在人类建设中广泛采用绿色建筑技术;经济生态化,即人类经济活动日趋符合生态规律要求;社会生态化,即人们有自觉的生态意识与环境价值观,生活质量、人口素质及健康水平与社会进步、经济发展相适应,有一个保障人人平等、自由、教育、人权和免受暴力的社会环境。

就具体内容而言,理想的生态社区应包括以下几方面:城市绿化、景观优美、交通道路等物质环境;社区管理、社区服务、社区治安等管理环境;网络、报警、防灾等智能环境;图书馆、美术馆、音乐厅、体育中心等文化环境;祥和温馨的氛围、社区邻里和睦等人文环境。无论是节约型社会构建还是生态小康社区建设,无疑都是从健全机制或转变方式的角度来论述生态文明的社会建设的。然而,生态文明的社会建设不仅包括社会诸方面的生态化转变,而且还包括社会作为人类安身立命之本身的生态性建构。这就是要求进行生态社区建设。

(三)生态社区

生态社区的思想可谓是源远流长。生态社区思想的最初表达来源于中国传统文化中"天人合一"的思想,以及中国的风水学说中关于住宅和聚居地要根据外部生态环境来构建的思想。在西方,英国社会学家霍华德在1989年提出了"花园城市"理论,认为人类居住的理想城市应该是良好的社会经济环境与美好的自然环境兼备的城市。这一理论被公认为生态社区思想的真正萌芽,标志着社区生态意识开始启蒙。20世纪20年代巴洛斯和波尔克等人提出了"人类生态学",将生态学思想运用于人类聚落研究,生态社区思想的雏形开始形成。1967年美国的麦克哈格所著的《设计结合自然》首次将生态价值观带入城市设计,强调了自然环境因素在社区土地规划中的重要作用,标志着作为生态社区建设之重要内容的生态建筑学开始形成。

20世纪70年代以来,人类的生态意识进一步觉醒。1972年斯德哥尔摩联合国人类环境会议发表了《人类环境宣言》,明确提出了"人类的定居和城市化工作必须加以规划,以避免对环境的不良影响,并为大家取得社会、经济和环境三方面的最大利益",由此成为生态社区理论发展的重要里程碑。我国学者在1984年提出了社会-经济-自然复合生态系统理论以及生态控制论原理。进入21世纪后,中国人类居住地的建设有了更大的发展,中国对居住区的环境规划设计越来越重视,国家相应出台了很多居住区建设方面的政策和指导性文件,如《国家康居工程建设要点》《小康型城乡住宅科技为业工程城市示范小区规划设计导则》(2000)《绿色生态住宅小区建设要点与技术导则》(2001)

等,这些措施的推出标志着中国居住区环境规划已经步入新的台阶,正向生态社区环境规划方向发展。

生态社区是在社区基础上发展而来的概念,它以生态性能为主旨,以整体的环境观组合相关的建设和管理要素,来建设具有现代化环境水准和生活水准且可持续发展的人类居住地。即生态社区是一个"舒适、健康、文明、高能效、高效益、高自然度的、人与自然和谐以及人与人和谐共处的、可持续发展的居住社区"。生态社区的建设,要求不断加强社区的自我调控能力,合理高效地利用物质能源与信息,提高生活环境的水准,充分适应社会发展需要,最终创造一种能充分融合技术和自然的人类生活的最优环境的人类居住地。

生态社区,有的地方也称绿色社区、绿色小区或可持续发展社区等,是人类发展到一定阶段,伴随着生态城市的建设而发展起来的。生态社区是指以可持续发展观为导向,整合社会、经济和自然三者整体效益,服务于社区居民的健康社区,是有别于传统社区的一种全新的人类社会生活的空间组织形式。这一定义主要侧重于将社区作为整体,重视对人类居住环境的影响。

生态社区作为人类在自然环境基础上建设发展的一种以人为核心的人工生态系统,不仅包含自然生态系统的各组成要素,还包含围绕人类而产生的社会经济系统各要素。生态社区在结合物质环境、非物质环境和居民的活动三个重要因素的基础上,追求环境生态化、经济生态化、人居生态化以及社会生态化。

二、生态社区的建设意义

借助当前我国政府大力推动社区建设的良好形势,借助民间方兴未艾的建设热情,全力推动构建生态型社区,对于建设生态文明,解决生态破坏及环境污染问题,将发挥不可或缺的重大作用。

一方面,生态社区建设是化解城市化生态负效应的必要措施。改革开放30多年来,随着中国经济的快速发展以及城市化进程的急速推进,产生了极大的生态负效应:硬化面积增加,产流量增加,汇流时间减少,城市径流峰值加大,产生洪涝等问题;地下水过度开采,地面下沉,地下水位降低,海水倒灌,周边湿地系统退化,大量污染物质排入水体,超过收纳水体环境容量,导致城市水循环受到破坏,鱼虾等生物减少,甚至绝迹;大量固体废弃物产生,含有重金属等有害物质,由于人为管理不慎,或者垃圾填埋等原因,导致环境受到污染，且可能对周边生物有毒害效果；大量砍伐树木导致土壤沙化严重，风蚀现象突出，扬沙等天气时有发生。之所以出现这种状况，在很大程度上是由于传统的城市化进程对生态建设的忽视造成的。而这些负效应，不仅使城市居民生活质量急速下降，而且身心健康和生命安全都受到了威胁和损害。2007年由于环境污染爆发的太湖蓝藻事件，就给整个无锡市居民饮水造成了极大的困难。因而，要解决这些问题，就必须积极推进生态社区建设。在这个意义上，推进生态社区建设是解决中国当前生态与环境问题的现实路径与必然选择。可喜的是，不仅中国目前的经济发展为生态社区建设奠定了必要的物质基础，而且中国在生态示范区建设、小城镇建设以及新农村建设等方面所进行的有效的探求，也为生态社区建设提供了宝贵的经验财富。

另一方面，生态社区建设是实践科学发展观和推进生态文明建设的具体体现。面对严峻人口、资源环境和生态压力，以及发展中存在的一些突出问题，胡锦涛同志在2003年提出了科学发展观，强调要运用统筹兼顾的方法实现全面协调可持续发展。党的十七大报告中首次提出了生态文明的思想，强调要实现人、自然和社会三者可持续发展，"坚持生产发展、生活富裕、生态良好的文明发展道路，建设资源节约型、环境友好型社会，实现速度和结构质量效益相统一、经济发展与人口资源环境相协调，使人民在良好生态环境中生产生活，实现经济社会永续发展。"党的十八大和十八届三中、四中全会对生态文明建设做出了顶层设计和总体部署。习近平总书记更是从中国特色社会主义事业五位一体总布局的战略高度，对生态文明建设提出了一系列新思想、新观点、新论断。其根本目标都是为了实现经济社会永续发展，实现人、自然和社会三者永续发展。生态社区建设正是在实践层面上落实科学发展观和推进生态文明建设的具体体现，旨在通过生态建设和社会建设相促进的方法在社区的层次上实现人、自然和社会三者可持续发展。生态社区是人类对自身生存方式反思和变革的成果，也是解决中国面临的严峻资源、人口、环境和生态压力的必然选择。只有推进生态社区建设，才能实现人、自然和社会三者永续发展。

生态社区建设有利于实现生态建设、社会建设和人自身发展的统一，是缓解世界各国所面临严峻的人口、资源、环境和生态压力的必然选择，也是中国在推进城市化和工业化进程中的必然选择。

第二节 生态社区的具体表现

生态社区的本质是以人为本,坚持可持续性原则,整合社会、经济与自然三者整体效益,实现人与自然环境和谐共荣,使人置于一个"和谐"和"宜人"的环境中,相对于传统社区,生态社区有着自身显著的特征。

一、和谐性

生态社区是个多功能社区,主要包括人、自然、社区,三者和谐统一,共同发展。我们在坚持以人为本的前提下,为了提高居民的生活质量,满足居民的生活需求,难免出现自然资源短缺、环境污染以及生态破坏等一系列问题。但是,人类在改造自然的时候,还应保护自然、尊重自然、珍惜自然,减少人类对自然资源的不合理利用,平衡自然界索取与回报之间的关系。最终使自然系统、人类系统和居住系统三者相互和谐发展,融合为一体,超越传统社区的环境美好概念。

二、持续性

可持续发展始终是建设生态社区的生命线。以可持续发展为指导思想,执行可持续发展战略,完成生态社区的构建与发展,辅以对生态社区进行合理的规划与设计。每个生态社区的生命周期都有自己的特征,人们只有以可持续发展为根本,从长远的规划来认识和建设生态社区,控制环境污染、提升自然资源的利用效率,才可以实现环境、资源的可持续发展,以可持续发展引领整个社区的建设和发展过程,保证生态社区建设的协调、健康、持续。

三、整体性

生态社区在追求经济发展时,可能会遇到各种复杂的问题,如周围良好的环境或生态系统得到破坏、社区内部犯罪行为的出现等。因此,生态社区建设必须致力于经济(Economy)、环境(Environment)和社会公平(Equity)三者的平衡。这三者在生态社区的建设中是同等重要的,不仅要重视经济发展与生态环境协调,更注重人类生活质量的提高。只有全面衡量好这几个方面,努力使其相互促进,在整体协调的新秩序下寻求共同发展,才能构建一种经济繁荣、环境健康和社会公平的生态社区。

四、参与性

生态社区发展中注重了一种生态观,就是在社会关系、居民的传统意识和价值取向加入了新的元素。居民的积极参与是生态社区可持续发展的源动力。广泛的社区成员参与,包括居民、企业、学术机构、政府相关部门、环保组织和社区团体等群体,保障生态社区的构建和发展。市民的城市主人翁意识关系到城市的繁荣兴衰,只有市民大众参与到生态社区的建设中才能体现"人民城市人民建、人民城市人民管"的宗旨。因此,在生态社区的构建、实施和发展的各个过程中都要给予公众不同程度的参与机会,以促进多层次,多角度的交流与合作,实现利益平衡,才能更好地推动社区的可持续发展。

五、人本性

随着科技的高速发展与社会竞争日趋激烈,人们的生活压力和焦虑感与日俱增,打造人性化的生活环境是缓解人们紧张生活的良好方法。人们也开始逐渐关注"以人为本"的精神环境,如社区的文化环境、人文精神、人文关怀等,生态社区也必须体现在人文社区的建设上,以保持社区的精神面貌,同时带动人的上进心,体现人的存在和价值。

第三节 生态社区的建设路径

一、国内外生态社区规划理论

(一)国外生态社区建设理论

进入后工业化时代后,西方学者们从区域空间形态层面研究了社区的可持续发展问题,力图实现基于紧凑城市模式下的土地集约利用、步行交通友好、生态环境保护等目标。随着全球性的生态环境观念的逐步形成,生态社区的规划研究也空前活跃,并形成了以下建设理论:

1. 宏观与微观相结合的多维度、多层次研究体系

国外对于生态社区的研究,已从住宅单位扩展到社区、城市、乃至区域的层面,实现由宏观、中观到微观的多层次社区可持续发展。基于生态系统的开放性,任何社区层面的环境保护涉及范围远超过社区地域边界,例如,水土流失治理、水污染防治、物种多样化保护和改善大气质量等,都不是某一社区或一栋住宅单体的建设就能实现的目标。反之,区域大系统的整体生态环境保护,也有赖于社区每个个体的生产、生活活动,社区作为城市的基本细胞,是城市区域生态、经济和社会环境质量改善与提高的基础。

2. 重视社区生态适应性技术的积累和发展

实现社区的可持续发展,要建立在对自然生态系统的研究和相关生态技术的支撑和积累上。有学者将生态技术分为三个层次,即简单技术、常规技术和高新技术,其中简单技术和常规技术又称为传统技术。发达国家对于高新生态技术的应用多集中于建筑设计、施工和材料领域,出现了许多高技术建筑。在社区和区域层面,生态技术的发展呈现出"地域化""乡土化""组合化"的特点,在针对当地文化和地域气候而制定的以节约能源、资源,减少污染为核心内容的可持续发展目标方面,传统技术手段和因循自然的法则往往能够取得很好的效果。

3. 尽量让社区环境自然化及生态循环最大化

国外生态社区的建设大多坚持因循自然的原则,如尽可能地保留原有基地的地形、植被、河流等自然形态,尽量减少对基地环境的破坏。社区的各类资源通过合理的组织以及采用适当的生态技术达到生态循环的最大化,将居住小区产生的废弃物、污染物减少到最小,甚至零排放。

4. 重视提高市民的环境意识,并积极推动社区公众参与

国外生态社区建设中特别强调公众的参与性,让广大居民参与到社区的规划、建设及管理等各个方面。同时也非常重视市民的环境保护和生态意识教育,通过在中、小学中设立环境课,举办年度环境保护节日,组织社区环境教育基地等方式普及全民生态知识培养生态意识。公众参与有效地动员和组织了社区内部的力量,并改变了每个人的行为习惯。

(二)国内生态社区建设理论

中国1994年制定的《中国21世纪议程》是中国居住区建设从生态失落到生态自觉转变的一个里程碑,社区人居环境的建设成为国家发展战略的一部分。进入21世纪后,人居环境建设领域又取得了一系列的进展,国家相应颁布了很多社区建设领域的政策和指导性文件,如《国家康居示范工程建设要点》《小康型城乡住宅科技产业工程城市示范小区规划设计导则》《绿色生态住宅小区建设要点与技术导则》等,这些措施标志着人居环境面向生态社区环境规划方向的确立。此外,国内有关的理论研究还有:《生态型社区》《环境友好型社区》《生态产业园区：可持续发展的社区实践》等。这些研究为我国生态社区规划理论研究的进一步发展起到了积极的推进作用。

有关生态社区的理念涉及多个学科、多个领域，是在可持续发展理论、城市生态学理论、复合生态系统理论及景观生态学理论的基础上发展起来的。

1. 可持续发展理论

随着全球环境和发展问题的出现，人们对传统发展模式进行了深刻的反思，同时呼唤一个全新的概念——可持续发展。可持续发展最早起源于生态学，即"生态的可持续"，指的是对自然资源的开发管理战略。其后"可持续发展"一词被广泛应用并加入了新的内涵，即"可持续发展"被定义为"既满足当代人的需要，又不对后代人满足其需要能力构成危害的发展"，是一个涉及广泛、综合、整体的概念，蕴含社会、经济、技术和自然等内容。可持续发展的思想主要包括以下几个方面：经济的发展；资源的合理利用；良好的环境（人文环境与自然环境）；社会的全面进步；发展的长远性、发展的质量与发展的伦理等。

2. 城市生态学理论

为了摆脱过去传统的以建筑和视觉为中心的发展模式，近代城市的发展正在寻求一条人与自然协调发展的道路，这一发展孕育着新的学科——城市生态学。城市生态学形成于20世纪70年代，是生态科学与城市科学的交叉学科。城市生态学是以生态学理论为基础，应用生态学和工程学的方法，表现为多学科的综合与融合。它是研究以人为核心的城市生态系统的结构、功能、动态，以及系统组成成分之间和系统与周围生态系统之间相互作用的规律，并利用这些规律优化系统结构，调节系统关系，提高物质转化和能量利用效率以及改善环境质量，实现结构合理、功能高效和关系协调的一门综合性学科。其涉及的内容主要包括城市的生态卫生、生态安全、生态产业、生态景观及生态文明等各方面，不仅仅只研究城市人群与城市环境之间的相互关系或生态系统中的各种关系，还为建设一个良好的有益于人类生存的生态系统提供指导及策略。

3. 复合生态系统理论

20世纪80年代初，马世骏、王如松等中国生态学家提出了社会—经济—自然于一体的复合生态系统理论，指出复合生态系统由自然子系统、经济子系统和社会子系统间通过生态流、生态场在一定的时空尺度上耦合构成。在这一系统中，社会、经济和自然三者相互制约，相互作用紧密联系。其中，环境包括人的居住环境(地理环境、生物环境和构筑设施环境等)、区域生态环境(沙漠化、水资源、人类活动、气候状况等)以及社会文化环境(文化、教育、技术、组织等),与人类的生存和发展息息相关。复合生态系统理论主要是研究生态的整合,如系统结构整合、过程整合、功能整合等,达到人与环境、经济等方面协调、持续发展,从而构成良好的生态系统。

4. 景观生态学理论

生态学研究的内容可分几个层次:个体、种群、群落和生态系统,而景观则是在生态系统之上的层次。景观生态学自1939年德国著名植物学家特洛尔(A. C. Troll)提出后,迅速发展和形成了系统的理论,成为生态学一个重要分支,同时也为生态学提供了一个新的研究领域。景观生态学是研究景观单元的类型组成、空间配置及其与生态学过程相互作用的综合性学科。景观生态学在解决生物与非生物关系的同时,还涉及社会系统与自然系统间的相互影响和如何建立正确的相互关系等问题。

二、国内生态社区建设存在的问题

由于具体国情和研究方法的差异,国内外在研究内容、层次和水平上还存在明显差距。西方学者在生态社区规划方面形成了相对系统的建设方法理论,其技术特征具有很强的先进性和针对性,并且在实践方面也取得了丰富的成果,针对西方城市化过程中遇到的城市问题能够提出相应有效的解决方案。国内学者在生态社区理论研究层面多有著述,且强调对中国传统文化中的生态观念和生态思想的继承和扬弃,但在实践层面则显得比较薄弱,多处于分散探索阶段,相关经验和教训的总结和思考也不够充分。

具体而言存在以下问题:多数研究集中于生态社区相关评价体系的构建和应用方面,且评价体系侧重于已建成的社区,对于生态社区的规划和建设缺乏整体性和系统性的研究和总结;生态社区评价体系多是针对东部沿海发达地区中心城市的具体案例,缺少对于中小城市、小城镇和中西部复杂地貌环境下的研究,且缺乏能够应用于全国的统一标准;对结合我国国情和社区建设现实条件进行具备操作性和有效实施机制的研究尚不充分。

三、生态社区的建设路径

从我国具体实际出发,要加快生态社区建设,就必须依循如下路径:
①从建筑单体、社区场地规划、区域规划和生态社区规划三个层次来建

设。在单体建筑层面，生态建筑技术可以提高能源使用效率、广泛应用环保可再生的材料和可再生能源、采用非机械的被动式气候适宜技术等；在社区场地规划层面，生态化的理水和理土技术可以实现基于生态适宜性的社区土地利用、水文系统、道路交通系统、动植物保护等；在城市及其生态区域规划层面，生态化的规划政策则包括紧凑的城市用地布局模式，具备功能兼容性和开发弹性的土地使用方式、完善的公共服务设施、可负担的住宅，以及保护社区及其地域生态环境、促进区域协调发展等内容。

②组织合理的生态社区规模。生态社区的居住人口规模是要考虑诸多因素的。作为生态系统的一部分，社区必然受到环境容量的影响，若超过了环境的承载能力就会导致环境的恶化，也就无法实现可持续发展的目标。从心理角度来讲没有边界划分的社区会使居住者没有归属感，合理的社区规模应能提供足够的人均居住面积、道路、绿化以及人均能源的供给，考虑以步行为主，半径太大将使社区内部相对于边缘地区的空间生态位有所下降。一般而言，一个能提供全面的学校教育、齐全的文化设施、健全的医疗保障、完善的基础设施、齐全的社区功能的10万人左右的社区（面积在5平方千米左右），其规模就较为合理，既有城市型的便利，又有乡村型的环境。高层建筑的崛起似乎在某种程度上解决了土地资源紧缺的矛盾，但高层建筑必须要有合理的户外场地以消除、缓解高密度人居环境和超尺寸高大建筑带来的压抑感和紧张感，因此生态社区的高层建筑要向低密度的方向开发，并保证高层建筑占地密度以外的其他用地应全部用于与住宅配套的环境绿地和设施的建设。

③保证绿地系统的建设。绿地系统是社区内唯一具有负反馈功能的生态系统，绿化的功能在生态社区建设中作用是显而易见的。目前国内社区绿地系统的建设往往偏重于景观上的美化，而忽略了减少噪音、调节小气候、净化空气、调节社区布局的生态作用。同时，在绿地系统建设中只追求绿化覆盖率，绿化质量不高，采用的植被往往过于单一。研究表明复合的绿地生态系统的生态效益远远高于单一的草坪。因此，生态社区应采用"乔、灌、花、草"相结合的多层次的复合绿地系统，充分发挥其生态功能；同时在空间布局上采用"点、线、面"相结合，道路绿化、宅间绿化、中心绿化、组团绿化、垂直绿化等多种类型，发挥绿地系统的散步、休闲、运动等实用功能，从而创造具有"绿色"文化特色的生态社区，最终达到美化环境，改善生态环境质量的目的。

④运用生态技术和生态材料。现代社区常令人如同身处"水泥森林"一般具有压抑感、孤独感和紧张感。以新的生态技术为支持，合理利用生态材料和生态因子，将人工与自然相结合的尝试，在一定程度上可以解决这一问题，实现社区与自然相融合的目的。生态社区建设的实施措施具体体现在：增加软质地面面积及地面的透水性，采用"生态步道"，即在留有孔隙的路面上种绿草，降低地表径流，减少社区内环境的"水泥化"；增添居住者接触绿地机会，配置流动性的水体作为辅助景观；加强立体绿化、垂直绿化和屋顶绿化，在提高景观多样性的同时能有效地隔热、截水、净化空气；以绿篱的形式替代栅栏，发挥自然的隔离、围合、阻挡的作用，在户外创造亲切随意的交流场所；尽可能利用无污染材料、再生材料和天然材料，寻求一种能充分实现建筑的高效、低耗、无污染的材料，减少建筑对自然环境的不利影响。

⑤保持高效、畅通、可循环的生态流。社区是一个人工的生态系统，它输入能量和食物，输出垃圾、废水、废渣。作为生态系统，其能流、物流过于简单，对于外部环境的依赖性太强。因此，建设生态社区必须在生态学的指导下，改变其能流、物流、信息流的途径，提高生态流的利用效率，减少废物排量，提倡循环使用。例如，社区内的生活垃圾大部分是有机物，利用有机垃圾制成有机肥在社区内部发展观赏型的种植业，提高社区的景观多样性和生物多样性；水资源紧张是城市的通病，在水的供给方面可将饮用水与生活用水分管道供应，并在建筑群内实现生活用水的循环再利用，减少浪费，尽可能提高水资源的再利用率；生态社区应充分运用生态工艺等高科技手段，开拓尚未被占有的生态位，开发自然、清洁的能源（太阳能、风能等）；此外，在社区内部设立局域网、有线电视网，形成信息流畅通的信息网络。通过各种可能的途径来构建一个复杂的生态流的网络，增强生态社区的内部稳定性和高效和谐性。

⑥加强管理，提高规划者、居民、管理者生态意识。生态社区的构建是一项系统工程，从规划阶段到建成后维护管理阶段都必须灌输生态理念，这就要求提高规划者、居民、管理者的生态意识。规划者须运用系统理论、生态位理论、景观生态理论、污染控制理论、可持续发展理论进行初期的社区规划，根据入住对象的特点，确定社区最低的生态建设标准，并在规划中预留未来社区生态发展的空间。社区管理者和社区居民是社区生态环境建设的直接管理与参与者，在社区建成后期，他们是生态社区主要经营者。由于居民的个人素质、社会经济地位的差异，个体的生态需求也有很大差别。因此，

社区生态教育必须提到日程上来,通过广泛的宣传,营造社会关心爱护生态环境的风气。社区也应通过各种社区活动、社区交流将生态意识潜移默化地渗入居民思维习惯中,鼓励自发组建各种环保组织,并给予必要的物质、精神支持。

四、国外生态社区建设的典型案例

(一)英国伯丁顿(Beddington)零能源发展社区

基于可持续建设和城市可持续的发展理念,英国在位于伦敦近郊的萨顿镇成功建设了伯丁顿零能源发展社区,此小区由伦敦最大的商住集团皮保德(Peabody)、生态区域发展工作组及环境专家于2000年联合开发建成,现已成为英国城市可持续性典范。其设计和建设理念在于最大限度的利用自然能源,减少环境破坏与污染,实现零化石能源(不可再生能源)使用,实现基本循环利用的居住模式,为城市住宅建筑实现可持续发展提供了一个综合性的解决方案。

生态技术方面。小区在屋顶和外墙设有光学聚光电池和热传感器;房屋朝南暖房,玻璃墙面冬季吸热;雨水从屋顶可以直接收集到蓄水池;玻璃设计成三层真空,特别注重隔离隔热,外墙大约30cm厚,室内始终保持在17℃左右;色彩缤纷的烟囱成为其屋顶的特色,会随风转向,利用Venturi tube原理向上抽气,将屋内热空气排出(图13-1)。

图13-1 伯丁顿零能源发展社区屋顶的自然通风烟囱

绿色交通计划方面。小区提供电动汽车充电车位，鼓励采用环保电动汽车；汽车俱乐部提倡汽车共享以及租用等形式；自行车博士提供自行车的修理维护，举办各类自行车赛事。针对新入户居民，每月举行欢迎晚会并提供公共交通信息。这些措施促使伯丁顿零能源发展社区的小汽车使用量减少了65%，大大改善了空气环境质量，降低了汽油耗用。

能源和水方面。小区家庭电能消耗为平均每年2579千瓦时，比该地区平均水平低45%；热能主要采用燃气，其消耗为每年3526kwh，比平均水平低81%；水的消耗平均每天为72L，其中15L为循环水或雨水，为平均水平用水的一半。

绿色生活方式及生活质量方面。86%的居民购买有机食品，39%的居民自己种植；由于社区居民汽车拥有率较低，但飞行旅程较多，因此在交通影响上要高于一般水平；60%的废弃物被用于回收和堆肥，是本国平均回收率的两倍；84%的居民对现今社区的认同感优于以前的社区。

（二）芬兰生态居住区——赫尔辛基的维基（Viikki）实验新区

1998~2002年，在赫尔辛基中心东北部的维基地区建成了具有全球示范意义的生态建筑试验区。其占地11.32平方千米，距市区8千米，周边是生态保护区，除生态住宅区、木质结构公寓示范区还有相应的公共设施，如儿童护理中心、综合学校、地区商场和其他设施（图13-2）。此建筑区重现了北欧传统城市形态——绿色廊道所切割的街区式布局，通过建筑合成为院落，再通过次一级的街巷空间将各个院落串接起来，各家各户需通过院落方能进入建筑（图13-3）。

图13-2 维基实验新区

图 13-3 维基实验新区之绿色廊道

绿地系统方面。社区的骨架采用"指状结构"，一根根绿色手指从主骨架（绿地、农田和自然区域）上伸出，分别渗入住宅所围合和界定的庭院和街巷中，贯穿绿地系统的则是一套同城市公路相分离的步行体系和自行车专用道；此外，在维基新区的南侧，保留了大面积农田和一片占地254公顷的湿地，在居住区间规划出一条蜿蜒的南北向绿色廊道，连接实验区内外自然生态系统，廊道包括公共活动空间、儿童游戏场、农场、果园和家畜园（图13-4）。

水处理方面。小区将原溪流改道，与居住区紧密结合。作为植被和野生动物栖息地以及高校教育和科研场所；建筑和场地均同市政给水和排污管网相连，建筑内部安装节水型洁具和独立水表；在住宅之间建设生态通道，便于雨水渗入地下土层，并设置灌溉水池和中水过滤池；所有雨水均通过地面自然排放，如居住区收集的雨水就是先导入3个灌溉水池，再直接排向植被丛生的湿地；屋面采集的雨水经过滤后，也导入灌溉水池；通过控制排水来保持现有场地的水平衡，以在设计上消除洪涝隐患；小规模地分离和利用中水，一般中水在放入灌溉水池或是再利用前都会进行净化处理（图13-5）。

绿化方面。除了住宅后的私家花园和林地边缘布置的园艺中心外，新区还设置了可共享的开放空间和绿地系统。其措施主要有：围绕居住区域，种植树林和灌木形成过渡带以减少风的影响；每套住宅的厨房保证25平方米～50平方米的后院面积，以便今后可扩建；在生态型居住区的指状绿地中，辟

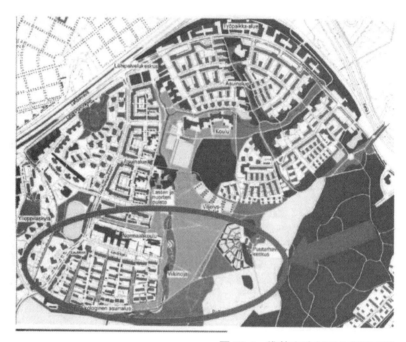

图 13-4　维基实验新区之绿地系统

图 13-5　维基实验新区的水处理

建社区园艺区，并设置堆肥的设施和雨水、雪水的处理器；在周边建立大片的植被覆盖区，同时保持高水准的物种多样性；因为拥有生态防御功能和生命周期的户外结构更为持久耐用，故新区以生物方式来净化池塘水体，以铺地和种植物来降低地表水的流速(图13-6)。

图13-6　维基实验新区之绿化环境

交通方面。新区实行人车分流，将机动车流量降至最低，同时凭借强大广泛的交通网络，确保在内外联络上布局高效的公共交通系统。其措施有：以高比例的步行交通和自行车交通作为重点，按每人一辆自行车来提供工作场地和服务设施；重点规划和大力发展公共汽车、火车及未来的有轨电车交通；庭院也是主要交通的停放区域，行人和交通工具均可利用这一空间；所有的停车位均设在地面层并由使用者付费；停车空间按住宅面积每95～190平方米一辆来配置，访客停车则按每1000平方米一辆来配置，沿街停放。另外，新区还为未来通讯信息技术的发展需求预留了空间。新区还将规划建立一个开放的信息网络和智能化的自控系统，住户可以通过远程监控参与操作。

生态效益方面。社区建设主要表现在以下几个方面：一是能源节约与太阳能利用，就交通而言，除了提供便捷的公共交通和自行车道给使用者外，还对汽车拥有者征收较高的停车费用；二是在能源方面大力发展可再生能源，住区总体节能约30%，其中太阳能的利用率占13%～15%；三是水资源管理，生态区水资源的管理包括水的构成、再分配、地表雨水的收集，鼓励雨水处理利用和无污染排放；四是建造方式，基本上放弃了传统的混凝土建造体系，主要考虑结合运用钢结构及木结构。

(三)德国佛莱堡瓦邦(Vauban)社区

佛莱堡是德国巴登－符腾堡州直辖市，位于黑森林南部的最西端，人口约20万，被认为是德国最温暖，阳光最灿烂的城市。其市内的弗莱堡大学亦为德国精英大学之一。距离佛莱堡市中心四公里的瓦邦(Vauban)原来是军事基地，面积约38公顷，1990年代后期，瓦邦开始推动将旧军营改造为集生态、低耗能及太阳能应用的"可持续性发展的示范社区"，这也是第一座由市政府、住户及建筑业者一起合作开发的成功案例。2010年，佛莱堡更是以案例的形式出现在上海世博会的城市最佳实践区，让更多的人了解佛莱堡的可持续发展。

瓦邦区靠近市中心，约为5000人，是欧洲唯一一个家庭用电量和发电量相平衡的小区，独具匠心的节能设计和超前的环保理念，使这里成为欧洲低碳经济的人居典范。小区所有建筑都采用太阳能或热电联厂的方式解决(图13-7)。太阳能盈余还可返销给城市电厂，为每个家庭创造利润。由于瓦邦社区的居民主要是弗莱堡大学的教师和员工，属于收入稳定的知识中产阶层，在环保生活理念上比较一致，许多环保措施，并没有法律法规强制执行，主要靠小区居民的自觉维持。

图13-7 佛莱堡瓦邦社区屋顶的太阳能电池板

交通方面。小区70%的居民没有私家车，出行主要靠自行车与有轨电车，是欧洲为数不多的自行车数量超过汽车的小区。小区边上的一座7层的太阳能停车场为小区最主要的停车场，其停车费高达17500欧元每年，故小区多半居民都已加入拼车俱乐部，每年会费600欧元；有轨电车已连接到弗莱堡市中心的电车系统，且所有的家庭都是沿着轨道进行的线性布局，电车站到居住地仅步行即可到达（图13-8）。随着未来时代的发展，汽车拥有量逐步下降，骑自行车将是瓦邦社区最主要的交通方式。

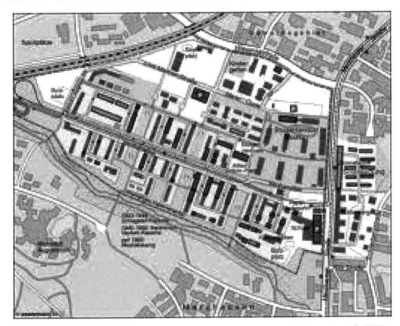

图13-8　佛莱堡瓦邦社区交通布局图

绿化方面。在瓦邦区有5个绿地带和建筑工程同期进行。这5个绿色地段对住房区进行划分并让其显得不拥挤。绿色带不仅有助于瓦邦区的空气流通，提升住宅环境质量，还可以为小区儿童及居民提供娱乐休闲场所；此外，许多瓦邦区的居民积极参与到社区绿地建设计划的研讨会之中。瓦邦区现有的树木栽植景就已为其自身做到了良好的宣传示范作用（图13-9）。

水处理方面。瓦邦区设有特定的雨水渠。降水将通过户外铺设的水渠被引入位于中心位置的两个小水沟中然后在那进行渗漏。因此，大部分降水可以用来缓解排水渠的压力，保护下游以增加"现有的"地下水量。许多业主还会收集蓄水池中的降水做其他的用途（图13-10）。

图 13-9　佛莱堡瓦邦社区的绿化环境

图 13-10　佛莱堡瓦邦社区地下水处理系统中的户外水渠

第十四章　绿色校园

第一节　走进绿色校园

随着社会、经济、文化事业的不断发展，环境问题越来越受到社会各个阶层的普遍关注，通过宣传和教育，提高社会各个阶层人士的环境意识，是保护与改善环境的重要措施之一，这不仅关系到长远的需要，也是当前的迫切需要。绿色校园就是为满足这种需要应运而生并繁荣开展的，它不仅是中国环境教育的重要标志，也是我国环境教育发展进程中重要的实践活动。

一、绿色校园的概念及特点

随着国际环境教育的发展，1994年欧洲环境教育基金会首次提出了一项全欧"生态学校计划"。这标志着在学校中的环境教育由实现环境知识、能力、意识、态度、参与五个方面的目标"发展到融学校政策、管理、教学、生活为一体的全校性、综合化的'绿色学校'模式"。这个计划得到全世界各国的认同，迅速得到各国响应和实践。不同的是，各国的命名有所不同，如在德国称作"环境学校"，在英国称作"生态学校"，而爱尔兰称作"绿色学校"；但相同的是在学校的建设与发展中都以环境教育和可持续发展教育理论作为指导思想，从而推动全民环境意识的提高。

在我国，1994年国务院发布的《中国21世纪议程》中明确提出，将可持续发展思想贯穿于初等到高等的整个教育过程中。1996年，原国家环保总局等单位联合颁发的《全国环境宣传教育行动纲要（1996—2010年）》提出了创建"绿色学校"。1998年，清华大学率先提出"绿色大学建设"的倡议。1999年，中共中央宣传部、原国家环保总局和教育部联合颁布的《2001—2005年全国环境教育宣传教育纲要》（以下简称《纲要》）中明确指出："在全国高校中逐渐开展创建绿色大学活动。"2000年，原国家环保总局环保宣传教育中心提出了与1999年《纲要》提法不同的"绿色学校"概念。2009年，全国绿化委员会、教育部、国家林业局三部委联合在河北省香河一中开展了"弘扬生态文明、共建绿色校园"的实践活动。

　　绿色校园的"绿色"源自西方国家二十世纪六十年代末兴起的"绿色运动",原意为"生态"或"环境保护",后来"绿色"变成了"可持续发展"的替代词。"绿色"作为一种理念,是指人类按自然生态的法则,创造有利于大自然生态平衡,实现社会、经济和环境之间协调发展的理念,象征着自然界物种之间、人与自然之间的和谐与共生。

　　"校园"一词来源于拉丁语,意为一个连绵不断的绿色的场地。它被用以专指学院或大学的校园是在18世纪后期,从描述普林斯顿大学校园环境的文字中而来。校园的字意有三个层面:一是界定了绿色的场地,二是建筑物及周边绿地景观结合起来的氛围,三是任何环境中一个相对固定的部分。因此通常所说的大学校园包含了规划、建筑和景观等多方面的内容,由于大学与城市密切的地缘关系,更介入了错综复杂的城市性、社会性的成分,需要综合的、整体的考虑。

　　关于绿色校园的阐述,与其相近的概念有"绿色大学""绿色学校""生态学校""绿色教育"等,通过分析文献发现,几个概念所要表述的内涵基本一致。前清华大学校长王大中院士认为"绿色大学"建设,就是"围绕人的教育这一核心,将可持续发展和环境保护的原则、指导思想落实到大学各项活动中,融入到大学教育的全过程"。《全国环境宣传教育行动纲要(1996—2010年)》指出,绿色学校是指学校在实现其基本教育功能的基础上,以可持续发展思想为指导,在学校全面的日常工作中纳入有益于环境的管理措施,并不断地改进,充分利用学校内外的一切资源和机会,全面提升师生环境素养的学校。北京林业大学的盛双庆、周景认为,绿色校园建设主要是以生态文明建设为目的,发挥学校教育的基础性作用,在学校教育、科研和管理的各个环节贯彻可持续发展观,宣传绿色、践行绿色,在推动绿色环保理念中发挥引领作用,为生态文明建设提供智力支持。按照中国城市科学研究会绿色建筑与节能专业委员会2013年发布的《绿色校园评价标准》中给出的定义,绿色校园是"在其全寿命周期内最大限度地节约资源(节能、节水、节材、节地)、保护环境和减少污染,为师生提供健康、适用、高效的教学和生活环境,对学生具有环境教育功能,与自然环境和谐共生的校园"。

　　绿色校园具有以下基本特征:第一,可持续发展是绿色校园建设所要实现的根本目的,是绿色校园建设的主要指导思想和原则,它融会在大学的教学、科研、管理以及校园建设等各项活动中;第二,绿色教育是绿色校园建设的基础,通过课堂教学、社会实践和环境宣传教育活动培养学生环境保护意识与可持续发展观;第三,运用科研技术提高资源的利用效率,为学校和社会提供节能产品和技术;第四,在绿色校园内,人与人、人与自然和谐共处,表出现良好的生态和谐性。

二、绿色校园的建设意义

教育的功能在于育人,学校是传播人类精神财富,培养学生良好行为习惯的场所。因此在学校中开展环境教育,将可持续发展的思想渗透到学校日常管理实践的各个方面,从而培养学生的环境意识和参与能力,是绿色校园工作最重要的功能。创建绿色校园活动,不仅是学校实施素质教育的重要载体,而且是当前在学校中开展环境教育的一种有效方式。

①促进学校加深对环境保护的认识,培养师生正确的环境价值观。创建绿色校园活动,通过加深师生对可持续发展理论和当前所面临环境问题的认识,提高他们的环境意识,引导他们树立正确的环境价值观,使其更加关注身边的环境状况,更加重视履行保护环境的责任。

②促进学校提高环境教育水平,引导学生全面发展。创建绿色校园活动扩大了学校与社会、家庭和学生的交流,增强了学校与社区、政府、企业和社会团体的合作,学校可以从中获得最新的、专业的环境教育资料和信息,不断充实和提高自身环境教育的理论水平和实践水平,从而引导学生素质全面发展。

③促进学校提高环境管理水平,营造优美校园环境。在创建绿色校园活动中,学校通过采取节纸、节水、节电、节约粮食等措施,一方面明显地减少浪费,缩减学校财政开支,培养师生的良好行为习惯,另一方面改善了学校内部管理,完善学校的基础设施,营造优美校园环境。促进学校主动参加社会活动,树立学校自身形象。

④在创建绿色学校活动中,学校更加主动地参与社会活动,有更多的机会展现学校的风采和特色,有更多的机会获得各种荣誉和奖励,能够让师生体会到成功感和荣誉感,有利于树立学校的形象,有利于发展和提高学生的综合素质。

第二节 绿色校园的具体表现

一、绿色校园的建设内容

1. 绿化校园

绿色校园建设，离不开绿色景观建设。景观生态化虽然不是绿色校园建设的全部，但景观建设首先是校园的形象，人们进入校园的直观生态印象即绿色植物的建设成就。高的绿化率不仅是绿色校园的直观宣传，也是绿色校园的关键。其次景观建设也是绿色校园建设的重要组成部分。建设绿色校园的目的即保护环境，而绿色景观本身就有吸收二氧化碳、降低噪音、净化灰尘的作用，因此，加强景观建设是高校绿色校园建设本质和现象的统一。在景观建设中，要丰富校园景观生态型的建设，包括生物多样性、标志性景点建设等。

增加生物多样性，以促进植物配置合理性、科学性为重点，以建设多物种和谐共生的校园一体化生态系统为目标，研究景观布局合理性、适应性，促进校园生态景观与人文景观协调统一。生物多样性不仅丰富了景观的可观赏性、提升了景观品位，也使景观改善自然环境的功能加强。要加强生物多样性，需要合理地搭配不同科属的植物，交叉使用陆地和水环境，引入鱼类等动物，以建成贴近自然的景观。在增加树种的同时，通过立体绿化、屋顶绿化、河道绿化等多种方式，将"生态和谐"概念内化于园林景观建设方面，使景观观赏性和以人为本的实用性相结合、植物多样性与和谐共生相结合、校园建设与节约环保相结合。

标志性景观也是绿色校园建设的一部分，有的景点虽然对净化空气和节能减排无实际促进作用，但优秀的景点往往彰显较强的人文气息，有助于陶冶情操，提升人们对自然和对生活的热爱，可以促进高校生态文明建设。标志性景点的建设也需要运用多种元素，如草坪、大树、雕塑、花朵等。草坪中央的一尊历史名人的雕塑、一处立于滨水区之上的亭楼、历史遗迹等，均可以成为高校的标志性景点，如清华大学的"荷塘月色"、武汉大学的"樱园"等，这些优美的景点，丰富了高校绿色校园文化的内涵，提升绿色校园建设的深度和广度。

清华大学校园内的大部分景观建设，很好地体现了人与环境和谐相处的理念。表现在较高的绿化覆盖率、生物多样性、景观布局的宜居性和关键景点的优美性上。高覆盖率的绿色植物是绿色校园最直观、最基础的体现。绿色植物不仅美化环境、放松心情、缓解疲劳，还可以净化空气，减低二氧化碳含量。我国自古有植树的传统，清华大学在建校之初便广植林木，绿化率保持在较高水平。根据我国学校项目规划实践，当绿地率达35％时可达较好的空间环境效果，清华大学很早就超过了该标准。自恢复高考以来，清华大学的校园绿化率持续上升，这种上升是学校持续定期开展植树活动的成果。自绿色大学建设以来，校内树木引种、植被养护均得到了长足的发展，绿化成绩不断提高。至2010年，清华大学校园的植物种类包括水生、陆生等达到1210种，共有乔木4.5万株，灌木23.5万株，竹子8.7万棵，宿根花卉4.4万株，色块27.4万株，树龄在百年以上的古树240棵，校内的绿化面积超过140万平方米，绿化覆盖率达到57％，是北京市绿化覆盖率最高的校园之一（图14-1）。另外还有各种藤木、草类等植物。植物的多样性，为清华校园打造出各类不同景观的生长环境。如高大乔木的树林、三季花开的花坛、荷花、水草和鱼类共生的荷塘、点缀各类灌木的草坪以及独立苍天的粗壮的古树等，这多种多样的植物群落，使校园不同区域景色各异，观赏性极高。较高的绿化率使清华校园一年四季均被绿色环绕，春夏秋冬，花开不断，不仅美化了校园，愉悦了师生，而且净化了校园的空气。

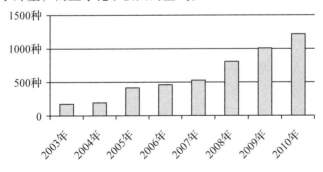

图14-1 清华校内的植物多样性变化图

（转引自：邰皓《高校绿色校园建设问题研究——以清华大学为例》）

2. 绿色建筑

因为简单的绿化建设比较容易实现，而绿色建筑、植物多样性等更生态的建设标准则实施起来较为困难。以绿色建筑为例，2006年6月1日，我国正式实施《绿色建筑评价标准》，对建筑的节地、节能、节水、节材等性能均有所规定，校内绿色建筑不仅应遵循上述标准，而且需要在建筑造型上具备创新。同时，建筑上的保温材料、雨搭设施等不过是为了节能而使用的技术手段而已，事实上，在建设的总体规划时期，就应当做出校园内的人文建筑和自然环境更好的结合的设计，解决好建筑群的整体空间布局等问题，才是决定节能效果的根本举措。要把握好这些特点，要达到这些要求，需要设计师的巧妙构思。

节能减排建设是我国当前大力推行的产业发展政策，对于缓解资源紧张和降低化石能源的排放污染等有重要作用，同时，节能减排又是一项可以获得经济效益的产业发展政策，是生态建设中的主要内容。在学校，节能主要包括节约电能、水资源和热资源，减排主要包括降低生活污水排放，减少固体生活垃圾的总量。加大节能减排力度，就需要改变旧的能源使用体系和三废排放管理模式，打造新的能源方案和三废排放方案。目前可以替代化石能源的新能源较多，包括风能、太阳能、核能等，可具体应用到校园节能减排中的项目包括风能和太阳能照明，地热能供暖、沼气能等。目前有较多的大学已经建设了类似项目，如清华大学便开展了风能、太阳能和地热能的应用实践。利用节能设备代替非节能设备也是节约能源的重要举措。这些设备包括漏水率更低的管网、智能水龙头、节能灯、太阳能热水器、余热回收锅炉等。另外，通过优秀的设计，合理地布局建筑物的通风走廊、改善建筑物的采光，使用新型的环保材料作为建筑物的建筑材料，均有利于建筑的节能。建筑的设计中，除了力学特征的计算，也要加入风路的设计。根据校园所在区域的季风特点，在冬季要避免冷风直灌室内空间，在夏季则应保持公共区域的季风风路的畅通。在采光上，要尽量使用自然光，避免因采光不足而浪费的电能。因此可以改变建筑结构，使外墙可以开更多的窗口，或在高深的建筑中，设计天井，便于采光。利用工业废弃物、农作物秸秆、建筑垃圾、淤泥为原料制作的墙体材料、保温材料等建筑材料，以工业副产品石膏制作的石膏制品或生活废弃物经处理后制成的建筑材料，均可增加建筑的环保性，起到节能减排的效果。

中国和意大利共同建设的中意清华环境节能楼在2006年7月正式建成。这是一座办公楼，它的建设过程当中融入了绿色、生态、环保、节能等理念，是一座"绿色建筑"的典型建筑。它严格遵循可持续发展原则，充分体现人与自然融合的理念，通过科学的整体设计，集成应用了自然通风、自然采光、低能耗围护结构、太阳能发电、中水利用、绿色建材和智能控制等国际上最先进的技术、材料和设备,充分展示人文与建筑、环境及科技的和谐统一。据统计,相对于其他同等规模的建筑来说,该楼可节约 70% 左右的能源。楼内实现分质供水,产生的污水经处理后可回用(图 14-2)。

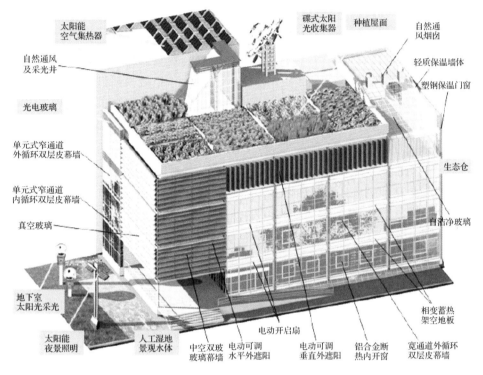

图 14-2 清华大学超低能耗示范楼

(转引自:邰皓《高校绿色校园建设问题研究——以清华大学为例》)

3. 绿色管理

减少三废排放。学校人员集中,生活废水和垃圾的总量较大,在此集中处理三废物质,有利于降低环境治理成本,缓解市政压力。在校内修建小型的污水处理设施,减少废水排放和回收中水用于绿化灌溉是一举多得的节能减排方案。高校同时可将废水处理设施作为环保方面的科研对象和学生环保的实习基地。污水的循环利用是目前绿色校园建设中的重点和难点。生态型的污水处理系统包括雨水收集、中水回流、污水净化、喷灌等多个系统结合,管网设计复杂,投资需求高,运行维护成本高。通常,能建立污水处理系统的高校,绿色校园建设成就均较高,如清华大学和天津大学、对外经贸大学等均修有污水处理站。即使是清华大学,其雨水收集系统仍有待升级建设,但这些工程一旦建成，会立即大大提升校园的整体形象，降低资源使用成本，使绿色校园的级别提升。在生活垃圾的处理上，学校应倡导学生开展垃圾分类和垃圾回收的活动，减少垃圾总量，降低垃圾处理的难度。通过节能减排活动的开展，学校将降低能源和资源消费的成本，培养学生的环境保护意识，促进校园生态环境的改善。

节约用电。例如，2010年，清华大学开展高效节能灯改造，更换日光灯管10万支，每年可为学校节约用电约300万度，节电效果明显，节约办学经费200余万元。在路灯控制方面，学校采用新型智能路灯控制器替代原有时钟机构控制器，进行了长短灯的尝试，即前半夜正常照明，保障师生的出行，后半夜采用间隔亮灯、单侧亮灯等方式，在满足夜间道路照明的前提下，尽可能节约电能。同时学校也大量引进太阳能、风能节电设备，如节电器、风力发电装置等。清华大学核研院在昌平校区建立了聚风型风力发电机示范中心，安装了13台1千瓦聚风型风力发电机，引起了国际风能界的极大关注。

节约用水。例如，清华大学对校园基础给水设施持续改造、先后在生活和办公启动了中水回用工程建设，雨水收集回用工程以及管网节水改造工程。其中生活和办公用水经生物膜反应器净化，成为可供人体直接接触的合格中水。在雨水利用上，建设了紫荆公寓中水站工程、一号楼雨水泵房工程、微

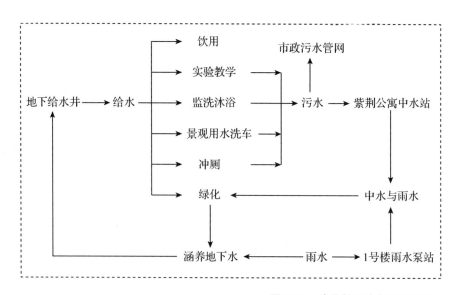

图 14-3　清华校园水循环利用图
（转引自：邰皓《高校绿色校园建设问题研究——以清华大学为例》）

电子所废水收集利用工程以及河道雨水利用工程，以上工程每年节约的水资源达 44 万吨。在管网改造上，校园加大投资修建了地下雨水收集池、中水循环管网、草坪喷灌管网等。经改造后，校园全年用水总量实现连续五年低于 500 万吨的优异成绩，低于北京市水务局下达的计划用水指标，给水管网漏损率由 39% 逐渐降至 4.1%，满足《城市供水管网漏损控制及评定标准》中规定的上限值要求。未来，清华大学园区内还将积极加强水资源循环利用的研究和建设，改进现有污水处理系统，推进雨污水回用工程建设。实现学校人均用水量比 2009 年降低 15%，雨污水综合利用量达到 250 万吨/年（图 14-3）。

4. 绿色教育

在开展绿色教育的过程中，需要一支高素质具有"绿色意识"的教师队伍，这对于培养"绿色人才"有着非常重要的作用。而学生是校园的主体，也是绿色校园建设的执行者，学生的环境素质从根本上决定了绿色校园建设的成败。例如，生活垃圾的资源化利用首先必须实现垃圾的分类收集，而垃圾的分类收集与学生的配合密切相关，否则生活垃圾的资源化处理将无从谈起；学校的节能更离不开学生的支持和参与，学生离开教室时随手关灯，随手关电脑等，虽只是举手之劳的事，但如果没有那种意识，我们的节能也只能纸上谈兵，而且收效甚微。

培养师生可持续发展理念，要通过教学实践和开展各种形式的环保活动实践来实现。在全校广大师生中大力提倡环保意识和可持续发展意识，努力将这种全方位的意识教育渗透到各个学科领域内，并结合具体的实践环节，为环境和社会的可持续发展奠定人才基础。清华大学面向全校学生开设的国家精品课程"环境保护与可持续发展"，该课程对当今我国和世界环境现状进行了分析，提出了当今环境保护存在的问题与困难，同时也提出了环保问题所面临的重大机遇。另外，还着重阐述了开展可持续发展战略的重要性，并对如何具体地实施可持续发展战略进行了详细的阐述。将环境保护或生态文明知识与院系专业相结合，使学生更容易吸收。如水利系开展水资源与水危机课程、生命学院开展生态学课程、热能系开展能源与可持续发展课程、汽车系开展汽车发展与能源环境课程、化学系开展催化剂与能源、生态和环境课程、人文社会学院开展生态伦理学课程等。

开展丰富多彩的生态文化主题活动，围绕"普及生态环保知识、树立生态文明价值观、养成绿色生活方式、提升生态文化审美"等方面内容，结合各种生态方面的节日世界湿地日；植树节；世界森林日；世界水日；世界气象日；

世界卫生日;世界地球日;国际生物多样性日;世界无烟日;世界环境日;世界防治荒漠化和干旱日;世界人口日;国际臭氧层保护日;世界清洁地球日;世界动物日;国际减轻自然灾害日;世界粮食日等),利用演讲、辩论、征文、摄影比赛、知识竞赛等教育活动,举行科普宣传等文化活动,培养学生的生态文明意识,普及生态文明知识。

除了理论知识的学习,开展可持续发展的社会实践活动同样能促进学生生态意识的提升和环保知识的加强。如开展大气 PM2.5 值的测量、参观国际节能环保展览会、以学校为阵地,向社会传播生态文化等。学生参与社会的环保活动,将有利于未来直接服务社会生态文明建设,同时又可反哺校园绿色生态建设。未来节能与环保技术的普及,必须依靠掌握了这些技能的学生。绿色校园的建设,在为广大师生提供良好的工作、学习和生活环境的同时,综合运用和展示国内外环境保护的先进技术,使之成为面向全校师生以及社区群众进行环境保护教育和可持续发展教育的基地,实现绿色校园与所在社区的共同发展与良性循环。

5. 大学生生态文明行为养成

20 世纪以来,大自然的"报复",促使人们开始反思违背生态规律的行为,有识之士的呼吁逐渐形成了共识,人们加大了对生态问题的关注,但是要达到"在全社会牢固树立"的要求,还必须从生态文明行为的养成抓起。生态文明行为的养成,就是在生态文明观的指导下,通过对人们的日常行为进行有组织、有计划的培养和训练,使生态文明行为成为自觉的稳定的行为习惯,从而将生态文明规范内化为自身的道德素质。对于肩负历史重任的大学生,尤其具有时代价值。

在日常生活中,生态文明行为养成主要是践行绿色、低碳、环保的生活方式,也就是不利于环境保护的事坚决不做,不利于环境保护的物品坚决不用,不利于环境保护的食品坚决不吃。提倡绿色生活方式,具体到我们每个人身上,可能都是些举手之劳的小事;破坏生态环境,落到我们每个人的头上,也是一项不起眼的小事。但是,正是这些点滴小事,却成了破坏环境的罪魁祸首。因此,每位大学生都应当从自己身边的小事做起,自觉抵制那些直接或间接危害环境的事情发生,少用甚至不用一次性筷子、方便饭盒、塑料袋,不乱扔废弃物,不在公共场所吸烟,尽量使用无氟冰箱、空调器,使用无磷洗衣粉,家庭装修时尽可能地考虑环境的保护因素,平时注重节约用水……,这些简单的生活习惯,并不需要我们刻意去做什么,只要我们有一点保护环境的意识，养成一种绿色生活方式，生态环境恶化的局面就可以得到遏制，我们的家园就可以逐渐恢复其本来的面目，我们的生存环境就可以得到极大的改善。世界本来就是绿色的，作为生活在地球上最具有智慧的人，理当具有绿色的生活方式，与大自然和谐相处，走可持续发展之路。

绿色、低碳、环保代表着更健康、更自然、更安全的生活目标，同时也是一种低成本、低代价的生活方式。在日常生活中我们可以通过以下方式来保护我们的地球：

①随手关灯、关电源、拔插头，这是第一步。

②每张纸都双面打印，相当于保留原本将被砍掉的森林。

③少用纸巾，重拾手帕，保护森林，低碳生活。

④不坐电梯爬楼梯，省下大家的电，换自己的健康。

⑤绿化不仅是去郊区种树，在家种些花草一样可以，还无须开车。

⑥一只塑料袋5毛钱，但它造成的污染可能是5毛钱的很多倍。

⑦完美的浴室未必一定要有浴缸；已经安了，未必每次都用；已经用了，请用积水来冲洗马桶。

⑧关掉不用的电脑程序，减少硬盘工作量，既省电也维护你的电脑。

⑨相比开车来说，骑自行车上下班的人一不担心油价涨，二不担心体重长。

⑩没必要一进门就把全部照明打开，人类发明电灯至今不过130年，之前的几千年也过得好好的。

⑪考虑到坐公交为世界环境做的贡献，至少可以抵消一部分开私家车带来的优越感。

⑫请相信，痴迷皮草那不过是一种返祖冲动且不人道。

⑬可以这么认为，气候变暖一部分是出于对过度使用空调、暖气等的报复。

⑭尽量少使用一次性牙刷、一次性塑料袋、一次性水杯……，因为制造他们所使用的石油也是一次性的。

⑮如果你知道西方一些海洋博物馆里展出中国生产的鱼翅罐头，还会有这么好的食欲吃鱼翅捞饭么。

⑯未必红木和真皮才能体现居家品味，建议可使用竹制家具，因为竹子比树木长得快。

⑰其实利用太阳能这种环保能源最简单的方式，就是尽量把工作放在白

天做。

⑱肉食至少伤害三个对象：动物、你自己和地球。

⑲婚礼仪式不是你憋足 28 年劲甩出的面子，更不是家底积累的 PK，如今简约、低碳才更是甜蜜文明的附加值。

⑳认为把水龙头开到最大才能把蔬菜盘碗洗得更干净，那只是心理作用，并不代表它的真实成就。

㉑可以理直气壮地说，衣服攒够一桶再洗不是因为懒，而是为了节约水电。

㉒把一个孩子从婴儿期养到学龄前，花费确实不少，部分玩具、衣物、书籍用二手的就好。

㉓如果堵车的队伍太长，还是先熄了火，安心等会儿吧。

㉔定期检查轮胎气压，气量过低或过足都会增加油耗。

㉕定期清洗空调，不仅为了健康，还可以省下不少电。

㉖一般的车用 93#油就够了，盲目使用 97#可能既废油，还伤发动机。

㉗跟老公交司机学习如何省油：少用急刹，把油门松了，靠惯性滑过去。

㉘有些人，尤其是女性，洗个澡用掉四五十升水，洁癖也不用这么夸张。

㉙科学地勤俭节约是优良传统；剩菜冷却后，用保鲜膜包好再送进冰箱，热气不仅增加冰箱做功，还会结霜，双重费电。

㉚其实空调外机都是按照防水要求设计的，给它穿外套，只会降低散热效果，当然费电。

㉛洗衣粉出泡多少与洗净能力之间无必然联系，而低泡洗衣粉可以比高泡洗衣粉少漂洗几次，省水、省电、省时间。

㉜洗衣机开强档比开弱档更省电，还能延长机器寿命。

㉝电视机在待机状态下耗电量一般为其开机功率的 10% 左右，这笔账算起来还真不太小。

㉞如果只用电脑听音乐，显示器可以调暗，或者干脆关掉。

㉟如果热水用得多，不妨让热水器始终通电保温，因为保温一天所用的电，比一箱凉水烧到相同温度还要低。

㊱洗干净同样一辆车，用桶盛水擦洗只是用水龙头冲洗用水量的 1/8。

㊲可以把马桶水箱里的浮球调低 2 厘米，一年可以省下 4 立方米的水。

㊳建立节省档案，把每月消耗的水电煤气也记记账，做到心中有数。

㊴买电器看节能指标，这是最简单不过的方法了。

㊵实验证明，中火烧水最省燃气。

㊶10 年前乱丢电池还可能是无知，现在就完全是不负责任了。

㊷随身常备筷子或勺子，已经是环保人士的一种标签。

㊸冰箱内存放食物的量以占容积的 80% 为宜，放得过多或过少，都费电。

㊹开短会也是一种节约，照明、空调、扩音用电等都能省下来。

㊺没事多出去走走，“宅”在家里是很费电的。

㊻非必要的话，尽量买本地、当季产品，运输和包装常常比生产更耗能。

㊼多植树为你排放的二氧化碳埋单，排多少，吸多少。

㊽衣服多选棉质、亚麻，不仅环保、时尚，而且优雅、舒适。

㊾烘干真的很必要吗？还是多让你的衣服晒晒太阳吧。

㊿在后备箱里少放些东西吧，那也是重量，浪费汽油资源，还易被盗。

(51)降低衣物洗涤频率。

(52)碗筷清洗不用或少用清洁剂。

(53)洗澡时少用或不用洗洁用品。

㊿购买(大量)散装的物品。当你购买大量的你能用到的散装商品，可以减少在包装上面的浪费。美国大约三分之一的垃圾来自这些包装，在我们每消费 1 美元中就有 10 美分是花在这些我们要扔掉的包装上。

(51)购买可循环使用的产品。如果没有购买可循环产品的市场，那就没有可循环利用的动机，购买那些由可循环的材料做成的商品就达到了这个目的。买那些可循环材料做成的物品吧！

(52)少购买一次性产品。可任意使用的剃须刀、照相机、塑料杯和塑料碟子等都是我们贪图方便而破坏环境的例子。这些东西出厂后，在你手上稍作停留，然后就直接变成垃圾。买那些可以长久使用的物品(不要害怕洗餐具)，用布做的毛巾和餐巾代替各种各样的纸巾。可能或者不得不用纸巾时，必须确定这些纸是由百分百可循环材料制造的。

(53)用可充电的电池。常规的电池含有镉和汞，必须以危险的垃圾标准来处理掉它。可充电电池寿命更加长久，花费更少且不会给河流带来毒物的污染。购买可充电的电池吧！

(54)买二手的或者翻新的物品。用二手的书可以解救树木，翻新的电器节省你的金钱。当你购买在线拍卖品或者购买二手商品，你就通过使物品最大化的利用为减少污染出了一份力。购买翻新的物品吧！

(55)购买水流小的淋浴喷头。在龙头中安装通风发散装置和安装低流量的淋浴喷头可以减少50%家庭水费的支出，同时也节约了水资源。

(56)用能量利用率高的用品。例如，当你在换洗衣机、干衣机、冰箱或者其他的家具的时候，始终要寻找那些贴有“能源之星”标签的。因为这种商品达到了美国环保署和能源部门的能源效率标准。你这样做不仅减少了二氧化碳的释放，而且你将享受节约能源花费而得到的快乐。

(57)购买简洁的日光灯。这是你所能做的节约能源和节省钱的最简单的事之一。简洁的日光灯寿命是白炽灯的10倍以上。用简洁的日光灯每替换三个白炽灯，一年内可以节省60美元和136千克的二氧化碳排放。

(58)用天然的、无公害的物品代替化学制品家具和杀虫剂。按照美国环保署的说法，美国家庭中拥有的污染物是其他国家和地区家庭的2至5倍，究其原因是家庭清洁剂和杀虫剂用得比较多，且留有很多残余物。当前美国一年要用约36280吨的杀虫剂，大部分都会被排入河流以及渗入到地下水中。请购买那些无毒害的清洁产品和利用那些天然的方法来消灭害虫。

(59)买轮胎要选寿命长的或者翻新的。例如，在美国每年要丢弃30亿个轮胎且以每年两亿个的数量递增。它们污染了垃圾掩埋地，带来了火灾和浪费了石油。当你买轮胎的时候，要尽你所能买那些最耐磨的，并且保证胎的气要足，这样可以减少磨损和节省汽油。通过胎面翻新每年为美国节省约15亿升的石油。

还有上百种方法可以帮你减少污染、节约能源和抵抗全球气候变化，即便是只有一半的人按照列表上的方法去做，其所带来的好处也是无穷的，无论是对当代还是对于未来。

第三节　建设绿色校园的建设路径

现代社会人们越来越深刻地认识到学校在环境保护和促进可持续发展方面的优势。这种优势的发挥与绿色校园建设是紧密相连的。建成环境清洁优美、生态良性循环的“绿色校园”，对我国可持续发展战略的实施将起到良好的示范作用和带动作用。下面从国外及国内绿色校园建设的典型案例来阐述绿色校园的建设路径。

一、国外绿色校园建设案例

1. 哈佛大学

哈佛大学被认为是美国开展最广泛的绿色校园项目的大学，其绿色行动得到了美国各界的认可及赞扬，为哈佛大学赢得更高的声誉。哈佛大学的绿色行动可追溯到1991年。那年哈佛环境委员会成立，鼓励在全校范围内开展与环境相关的活动及学术研究。最近三任校长都热心支持绿色行动。还有，哈佛几乎所有的院系都承诺过减少对环境的负面影响。

从2000年3月到2001年6月期间，哈佛制订绿色校园建设的战略规划，同时绿色校园推进组织（HGCI）命名成立，HGCI是一个跨系的组织，它是一个主任双重汇报制度，既向联合主席汇报也向行政机构和各系汇报。HGCI还建立了基于商业化基金运作，遍及全校的参与及学习运作机制。这一运行机制有两个关键因素：第一是无利息的环境信贷基金，它是一个周转使用的信贷基金，一般金额是在300~500美元范围内，只要大学成员被该节约项目确认都能获得不多于5年的贷款，1993~1998年的试验阶段认为是很成功的，通过这个机制大约240万美金投资到32个环保项目中，平均投资回报率高达34%，每年可节约达88万美元。环境效益的回报也是很显著的——每年减排二氧化碳880万吨；第二个因素是HGCI建立各学院的参与机制，从事战略性的教育、培训、鼓励活动和信息交流，执行广阔范围的审计、研究、评估、实验和环境信息系统的发展、项目推广等。

哈佛大学的绿色校园日常运行包括部分教育与约定、教师研究合作、综合管理、战略发展、市场与交流、外部合作者。绿色借贷基金为校园活动提供资金支持。基本原则是支持的项目必须是减少学校的环境影响，在五至十年甚至是更少的时间内得到回收，其每个项目节省所获得的收益归还贷款。

哈佛绿色校园建设的最主要的特点是公众广泛参与。首先，学校建立公众参与的组织，与遍及全校的众多的学生、教师和职工共同工作。综合考虑许多部门和学院对组织提出的建议，建立了许多咨询团队、工作团队和指导团队，主任直接面对所有的团队，确保信息分享和跨委员会沟通的有效性。其次，学校还提供了一系列公众参与的平台，如研究生绿色生活、校园节能项目、绿色之杯等。最后，提供了完善的公众参与信息分享平台，在哈佛网站可找到正在进行的绿色校园建设的任何项目，并且有链接能让公众对每个项目活动有深入的了解和参与项目的途径，在网站上也能找到在绿色校园建设"我该如何做"的可操作的指导信息。

2. 加州大学

2002年1月，加州大学开始全面推行可持续发展战略，一份研究报告——《加州大学可持续发展措施》提交到校长办公室，引起了全校上下师生对可持续发展的关注。报告提出加州大学推行可持续发展校园的一些基本原则和建议措施，正式地引入了校园可持续发展的管理理念。

如伯克利分校（UCB），在2002年2月的第二届伯克利循环校园会议上也提出可持续发展战略，经过几年的实践之后，如推行楼宇管理、阳光活动、绿色采购、可持续交通、废弃物循环管理和节能管理等，伯克利分校发展到校级政策推动系统层可持续发展。

和全球环境问题的焦点一致，加州大学的可持续发展强调温室气体的消减工作。在具体表现上，如加大伯克利分校将可持续能力分成几个部分，能源、水、交通、采购与废弃物、建筑环境、食物、科研与文化、土地利用和健康与舒适。

加州大学可持续发展推进的主要特点有自上而下与自下而上结合，学校高层领导的重视，学生社团组织也起了很大作用，如基本情况的调查、项目可行性分析、与各部门的沟通、数据分析与情景预测等。学校的重要机构都是由教师、学生和行政人员组成。

二、国内绿色校园建设

国内绿色校园建设起步较晚，并且和国外的建设相比起来规模较小，基本仅仅只停留在项目层面的建设上。但随着节约型社会建设的起步，绿色校园也成为目前高校建设的发展方向。

1. 清华大学

从1998年开始，清华大学就实施创建"绿色大学"示范工程，并视为清华大学成为世界一流大学的重要组成部分，宗旨是围绕培养具有绿色意识人才这一核心，把环境保护及可持续发展的思想贯彻到"科研""教学"和"校园建设"的各项工作中去。绿色大学的建设主要是从"绿色教育""绿色科技""绿色校园"三方面开展，这三方面有各自的指导思想和战略目标。

首先是推进"绿色教育"。指导思想是大力推进环境保护及可持续发展意识教育，用绿色教育思想来培育人，培养出具有环境保护意识及可持续发展意识的人才，让他们成为我国进行环境保护及实施可持续发展战略的技术骨干和核心力量，其建设目标为建立和完善"绿色教育"的教学体系，把关于环境保护与可持续发展战略渗透到技术科学、人文和社会科学和自然科学等专业教育之中，列入人才培养方案，使之成为学生的基础知识及综合素质培养的重要组成部分。

然后是发展"绿色科技",指导思想是将科学研究和成果立足于减少环境污染、改善生态环境、保护自然资源、推动社会和国民经济持续发展。战略目标是通过推动绿色科技成为国家科技创新的示范基地、环境保护及可持续发展新技术产生和推广基地,使成为地区和国家经济发展和社会进步的动力。

最后是改善"绿色校园"。指导思想及战略目标是在绿色校园建设中运用和展示国内外环保和可持续发展的先进技术,建立环境友好、清洁优美的生态校园示范区,不仅为广大师生提供良好的学习工作和生活环境,还用绿色校园示范熏陶人。

2. 同济大学

①学校领导的高度重视。同济大学的历任领导在近年来都十分高度重视节能减排的工作。例如,有的校长经常检查并部署校园的节能减排工作。有的校长本身就是能源管理专家,不仅对节能减排的重要性有深刻的认识,还熟悉各种节能管理技术。

②健全的能源管理机构和专业管理队伍。在2002年1月,同济大学成立独立的能源管理中心年又成立了校节能管理委员会,成为学校节能管理的决策机构,负责制定学校重大节能政策。这一组织结构,为节能的管理制度和政策的有效实施奠定了基础,并且节能办55名员工中,多数具有专业技能知识与工作经验,确保了该机构的工作能力。

③学科优势和信息收集处理的能力。同济大学在节能减排领域内具有很大学科优势,为开展各种绿色校园建设提供了有力的技术支持,并且校园节能办通过各种渠道收集了各种节能技术和节能方面的信息,发掘和实施了一批有巨大节能潜力的项目,取得了很好的社会经济效应。

④注重全过程管理和成本收益的分析。校园节能办不仅强调对已有设备的日常节能管理,还注重在新建项目和更新改造项目过程中,强化节能效益的分析,做到节能规划先行,使得大部分项目的节能投资都能在短期内收回成本。

⑤节能认知培养。建立节能科教基地,开展示范技术、提高节约意识、普及节能科技等一些节能主题的活动,引导学生自发开展节能督察活动。

⑥运用各种经济激励手段。在日常管理中,为了充分调动全校师生和职工的积极性,节能办及各个部门充分运用了各类经济手段,不但大大减少了浪费,而且提高了能源利用率。

大学生生态文明行动倡议书

树立和谐理念，牢记环保使命，提高生态素养；
弘扬生态文化，助力生态科研，投身生态实践；
发挥模范作用，践行绿色生活，承担青年责任。

——中国高校生态文明教育工作协作组发起单位：北京大学、复旦大学、武汉大学、北京林业大学、东北林业大学、福建农林大学、浙江农林大学、首都经济贸易大学、江西环境工程职业学院、湖南环境生物职业技术学院。

2015 年 10 月

参考文献

王革化. 新能源概论[M]. 北京：化学工业出版社，2006.

栾贵勤. 爱护我们的地球家园[M]. 长春：吉林教育出版社，2003.

李立志. 环境[M]. 北京：化学工业出版社，2012.

王延贵，王莹. 我国四大水问题的发展与变异特征[J]. 水利水电科技进展，2015(16)：1-6.

贾绍凤，刘俊. 大国水情 中国水问题报告[M]. 武汉：华中科技大学出版社，2014.

王腊春. 中国水问题[M]. 南京：东南大学出版社，2007.

吴季松. 水！最受关注的66个水问题[M]. 北京：北京航空航天大学出版社，2015.

彭立新，周和平. 中国水问题面面观[M]. 北京：中国农业科学技术出版社，2009.

邓建胜. 绿水青山就是金山银山[N]. 人民日报，2015-3-27(16).

陈健飞. 美丽中国之健康的土壤[M]. 广州：广东科技出版社，2013.

黄昌勇. 土壤学[M]. 北京：中国农业出版社，2000.

赵其国，骆永明，滕应. 中国土壤保护宏观战略思考[J]. 土壤学报，2009，46(16)：1140-1145.

孙向阳. 土壤学[M]. 北京：中国林业出版社，2005.

张太平. 美丽中国之生态恢复[M]. 广州：广东科技出版社，2013.

孔海南，吴德意. 环境生态工程[M]. 上海：上海交通大学出版社，2015.

张洪江. 土壤侵蚀原理[M]. 北京：中国林业出版社，2007.

刘梅. 发达国家垃圾分类经验及其对中国的启示[J]. 西南民族大学学报(人文社会科学版)，2011，32(10)：98-101.

万金泉，王艳. 美丽中国之清洁生产[M]. 广州：广东科技出版社．2013.

张小平，赵春虎. 美丽中国之节约能源[M]. 广州：广东科技出版社，2013.

丁晓雯，柳春红. 食品安全学[M]. 北京：中国农业大学出版社，2011.

陈长宏，张科，陈环. 食品的细菌污染及预防[J]. 现代农业科技，2011(4)：349.

孙若玉，任亚妮，张斌. 生物性污染对食品安全的影响[J]. 食品研究与开发，2015(11)：146-149.

李兰扣. 食品的化学性污染的危害及防治[J]. 科技风, 2012(19): 112.

尹伊君. 食源性疾病的控制[J]. 质量论谈, 2011(16): 16.

孙宝国. 躲不开的食品添加剂[M]. 北京: 化学工业出版社, 2012.

人民教育出版社历史室. 世界近代现代史[M]. 北京: 人民教育出版社, 2000.

林红梅. 生态伦理学概论[M]. 北京: 中央编译出版社, 2008.

余谋昌. 走出人类中心主义[J]. 自然辩证法研究, 1994(7): 8-14.

韩立新. 环境价值论——环境伦理: 一场真正的道德革命[M]. 昆明: 云南人民出版社, 2005.

解秋风. 东西方生态伦理思想与生态文明建设[D]. 泰安: 山东农业大学, 2010.

高超. 生态学与生物中心主义[D]. 开封: 河南大学, 2011.

许健. 国际环境法学[M]. 北京: 中国环境科学出版社, 2004.

马克思恩格斯选集第1卷[M]. 北京: 人民出版社, 1995.

戴丽. 绿色工业如何发展成为重要议题[J]. 节能与环保, 2014(2).

青海环保网: http://www.qhepb.gov.cn/zt/xhjj/sdsf/200908/t20090806_15561.html.

中国环境产业网: http://www.huanjingchanye.com/html/industry/2014/0916/2050.html.

赵树丛. 全面提升生态林业和民生林业发展水平为建设生态文明和美丽中国贡献力量[J]. 林业经济, 2013(1): 3-8.

梁丹. 生态文明与中国林业现代化[J]. 林业经济. 2013(1): 28-35.

贾治邦. 生态文明建设的基石——三个系统一个多样性[M]. 中国林业出版社, 2011.

陈洪波, 潘家华. 我国生态文明建设理论与实践进展[J]. 中国地质大学学报(社会科学版), 2012(5): 13-17.

程红. 发展现代林业与建设生态文明[J]. 生态文化, 2010(1): 4-12.

王正平. 生态文明的哲学基础[N]. 解放日报, 2008-4-4.

田文富. 生态文明建设的路径选择探析[J]. 辽宁师范大学学报(社会科学版), 2008, 31(2): 1-3.

孙晶. 现代林业与生态文明建设的关系探析[J]. 现代农业科学, 2016(1): 196.

罗贤宇. 论现代林业发展与生态文明建设[J]. 山西农业大学学报(社会科学版), 2014, 13(1): 89-94.

李雪婷, 陈珂. 森林生态安全研究进展[J]. 中国林业经济. 2015(6).

陈洪波, 潘家华. 我国生态文明建设理论与实践进展[J]. 中国地质大学学报(社会科学版). 2012, 12(5): 13-17.

白光润. 生态旅游[M]. 福州: 福建人民出版社, 2002.

http://www.moa.gov.cn/govpublic/KJJYS/201303/t20130304_3237659.htm.

李克明. 美丽乡村提出的过程、意义及内涵[N]. 毕节日报, 2014-9.

国家质检总局、国家标准委：《美丽乡村建设指南》（GB/T 32000-2015）国家标准。

中国农业技术网：http：//www.chinanyjs.com/news/20815803.html.

禹杰．美丽乡村建设的理论与实践研究——以玉环县为例［D］．金华：浙江师范大学，2014．

赵霞．传统乡村文化的秩序危机与价值重建［J］．中国农村观察，2011(3)：80－86．

韩子荣，连玉明．中国社区发展模式——生态型社区［M］．北京：中国时代经济出版社，2005．

保罗·朗格朗．终身教育导论［M］．北京：华夏出版社，1988．

桑宁霞．社区教育概论［M］．北京：中国社会科学出版社，2002．

韩子荣，连玉明．中国社区发展模式——学习型社区［M］．北京：中国时代经济出版社，2005．

［美］菲利普·库姆斯．世界教育危机——八十年代的观点(1985)［M］．赵宝恒，李环等译．北京：人民教育出版社，1990．

Roseland Mark, Toward Sustainable Communities: A Resource Book for Municipal and Local Governments [M]. Canada: NationalRound Table on the Environment and the Economy, Ottawa, 1992.

Calthorpe, Peter, Harrison Fraker, The Pedestrian Pocket Book: A New Suburban Design Strategy[M]. New York: Princeton Architectural Press, 1989.

Calthorpe, Peter. The Next American Metropolis: Ecology, Community, and the Amcrican Dream [M]. New York: Princeton Architectural Press, 1993.

王玲．大学生生态教育研究［D］．合肥：合肥工业大学，2009．

陈一．生态社区构建理论初探［D］．广州：华南师范大学，2008．

施晓春，周鸿．神山森林传统的传承与社区生态教育初探［J］．思想战线，2003，29(1)：51－54．

颜悦南，许汝罗．论城市生态社区的生态文化建设［J］．南京邮电大学学报(社会科学版)，2006，8(4)：59－62．

金辉．上海市社区教育理论研讨会综述［J］．上海教育科研，1995(1)：18．

厉以贤．社区教育的理念［J］．教育研究，1999(3)：20－24．

黄正福．高校生态教育浅析［J］．黑龙江教育学院学报，2007，26(2)：26－27．

李高峰．国际视野下的生态教育实施与展望［J］．中国校外教育，2008(51)：13－14．

杨焕亮．生态教育策略研究［J］．小学教育科研论坛，2004，(2)．

环保部给力环境 NGO，十二五构建环保社会组织系［EB/OL］．(2011-01-11)[2010-12-3]http：//finance.jrj.com.cn/2011/01/1101518952721.shtml.

百度百科，生态[EB/OL].[2010-07-09]http://baike.baidu.com/view/10382.html.

中国社区教育网[EB/OL]. http：//www.ccedu.org.cn/

城市环境与城市生态学[EB/OL]. http：//wenku.baidu.com/view/7748db2fbd64783e09122bf5.html? from = search

邰皓. 高校绿色校园建设问题研究——以清华大学为例[D]. 长春：东北师范大学，2014.

游小容. 绿色校园建设规划——以兰州大学为[D]. 兰州：兰州大学硕士学位论文，2011.

肖忠优等. 构建生态高职的探索与实践——以江西环境工程职业学院为例[M]. 北京理工大学出版社，2013.